▼
天津市重点出版扶持项目

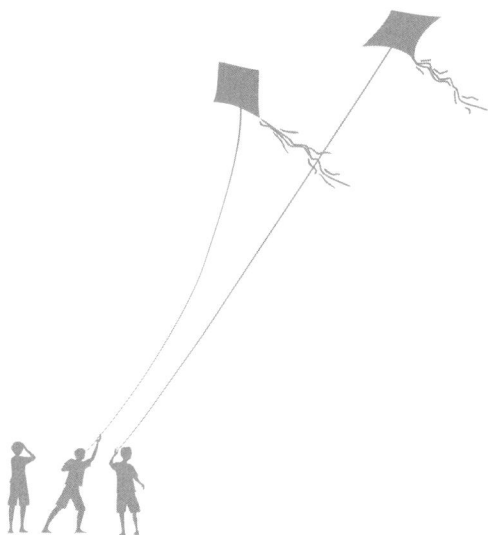

美好生活的向往与实现

沈湘平　邓莉　秦慧源——著

天津出版传媒集团

天津人民出版社

图书在版编目(CIP)数据

美好生活的向往与实现 / 沈湘平, 邓莉, 秦慧源著
. -- 天津 : 天津人民出版社, 2021.3
ISBN 978-7-201-16729-9

Ⅰ.①美… Ⅱ.①沈… ②邓… ③秦… Ⅲ.①社会主
义建设—现代化建设—研究—中国 Ⅳ.①D61

中国版本图书馆 CIP 数据核字(2020)第 239101 号

美好生活的向往与实现
MEIHAO SHENGHUO DE XIANGWANG YU SHIXIAN

出　　版	天津人民出版社	
出 版 人	刘　庆	
地　　址	天津市和平区西康路35号康岳大厦	
邮政编码	300051	
邮购电话	(022)23332469	
电子信箱	reader@tjrmcbs.com	

责任编辑	郑　玥
装帧设计	明轩文化·邵亚平

印　　刷	天津新华印务有限公司
经　　销	新华书店
开　　本	710毫米×1000毫米　1/16
印　　张	17
插　　页	2
字　　数	220千字
版次印次	2021年3月第1版　2021年3月第1次印刷
定　　价	68.00元

前　言

　　经过新中国成立七十多年,特别是改革开放四十多年的不懈奋斗,我国经济实力、科技实力、国防实力、综合国力进入世界前列,国际地位得到前所未有的提升,各方面的面貌也发生了前所未有的变化,中华民族迎来了从站起来、富起来到强起来的伟大飞跃,迎来了民族伟大复兴的光明前景——我们进入了新时代。

　　正如党的十九大报告指出的,我们进入新时代的一个重要根据是社会主要矛盾发生了关系全局的历史性变化,由原来的人民日益增长的物质文化需要同落后的社会生产之间的矛盾,转化为人民日益增长的美好生活需要和不平衡不充分的发展之间的矛盾。在党的十九大报告中,14次提到"美好生活";在阐述"不忘初心、牢记使命"的主题时,特别强调全党要"永远把人民对美好生活的向往作为奋斗目标";报告最后还以为"实现人民对美好生活的向往继续奋斗"结束。党的十九大报告将"美好生活"激活为时代热词。事实上,早在2012年11月15日,刚刚当选为十八届中共中央总书记的习近平就庄严宣示:"人民对美好生活的向往,就是我们的奋斗目标。"当时,各大媒体都以此作为标题进行了报道。然而许多人,包括专家、学者都未曾料到,"美好生活"会成为中国共产党一个非常核心的政治术语,关于"美好生活"的一系列论述会成为习近平新时代中国特色社会主义思想的重要组成部分。

歌德在《浮士德》中有句名言:"理论是灰色的,生活之树长青。"在马克思主义的视野中,理论和生活的关系从来是辩证的,真正科学管用的理论归根结底来自人民的生产生活实践,而任何思想理论只要抓住人的根本,就能说服人,就能像闪电一样彻底击中素朴的人民园地。马克思主义给中国带来的巨大变化正是理论与生活之间奇妙辩证法的生动见证。人民群众都切身体会到了生活的巨变,并被激发出日益增长的对更好生活的向往。也正是在生活实践中,人们逐渐澄明了美好生活的意义。同时,没有正确的理论就没有正确的实践。在现代社会,任何事情一经主题化,都首先变成一个理论问题。从理论上廓清美好生活的相关问题,这正是实现人民对美好生活向往的一项基础性工作。

古今中外的人们都向往美好生活,那么究竟什么是美好生活?新时代人民的美好生活需要日益增长,具体体现在哪些方面?具有什么样的特征?当前,又有哪些因素制约着我们实现美好生活?我们怎样才能使自己的生活变得更加美好幸福?这一系列问题是正确理解中国共产党人初心与使命,准确把握新时代社会主要矛盾,实现社会主义现代化和中华民族伟大复兴必须回答的问题,也是值得每一个向往幸福美好生活、正在为自己的幸福美好生活奋斗的人深思领悟的问题。

目　录

第一章　人类对美好生活的永恒追求 / 001

一、中国古人的向往 / 003

二、西方世界的追寻 / 014

三、马克思主义经典作家的描述 / 029

四、中国共产党人的自觉 / 040

第二章　美好生活的本质内涵 / 059

一、美好生活相关概念辨析 / 061

二、美好生活的不同学科视野 / 065

三、美好生活的不同主张 / 080

四、美好生活的公共理解 / 089

第三章　美好生活的现实诉求 / 099

一、新时代人民美好生活需要的特点 / 101

二、更好的经济生活 / 108

三、更好的政治生活 / 115

四、更好的文化生活 / 123

五、更好的社会生活 / 132

六、更好的生态环境 / 140

七、更好的自由全面发展 / 149

第四章　实现美好生活的制约因素 / 159

一、不平衡不充分的发展 / 161

二、主体美好生活之间的冲突 / 171

三、高度现代性导致的生存焦虑 / 180

四、大众文化的深刻影响 / 186

五、个体素质的局限 / 193

第五章　走向美好生活的发展观 / 201

一、传统发展观的回顾与超越 / 203

二、新时代中国的美好生活发展观 / 212

三、在构建人类命运共同体中促进人类美好生活 / 220

第六章　创造幸福美好的人生 / 233

一、正确认识自己以明了幸福的真谛 / 235

二、正确认识世界以廓清幸福的前提 / 243

三、智慧地与世界辩证和解 / 252

结　语　为幸福美好生活而奋斗 / 261

后　记 / 265

第一章 CHAPTER ONE

人类对美好生活的永恒追求

美好生活是人类社会的永恒追求，无论在哪个时代，无论是中国还是西方，只要人们摆脱了纯粹的生存需要，就会走向对美好生活的自觉寻求。古今中外的思想家对什么是美好生活、怎样实现美好生活等问题进行了丰富而深入的探讨，这些思想无不带有时代与文化的烙印。在今天看来，有的观点已经落后于时代，但是这些思想展现了人类追寻美好生活的历程，对它们的回顾与梳理可以帮助我们深入地理解美好生活问题。

一、中国古人的向往

与世界上任何一个民族一样，美好生活是中华民族几千年来始终追寻的目标，美好生活不仅是中国古人自然生发的美好愿望，也是中国历史上诸多思想家、政治家十分关注并深入探讨的问题。

(一)早期诗歌对美好生活的最初描述

在理论与哲学的反思之前，人们对美好生活的向往一开始往往是以素朴的、文学艺术的方式来表达。中国是诗歌的国度，中国古人对美好生活的描述最早就可以追溯至早期的诗歌。

在被视为中国诗歌之祖的先秦诗歌《击壤歌》中，描绘了这样的生活场景："日出而作，日入而息。凿井而饮，耕田而食。帝力于我何有哉！"这首诗歌已有 4000 年历史，其中描绘的是先民最普通的生活，也是古人生活的理想。在作者看来，如果能过上这样自由自在的生活，就是美滋滋的生活，帝王的权力也无需艳羡。

中国最早的诗歌集《诗经》，也包含着大量人们向往和追求美好生活的思想。比如，《魏风·硕鼠》中将统治者比作硕鼠，对统治阶级的盘剥进行了辛辣的讽刺与批判，表达了对"乐土""乐国""乐郊"的向往："硕鼠硕鼠，无食我黍！三岁贯汝，莫我肯顾。逝将去女，适彼乐土。乐土乐土，爰得我所。硕鼠硕鼠，无食我麦！三岁贯汝，莫我肯德。逝将去女，适彼乐国。乐国乐国，爰得我直。硕鼠硕鼠，无食我苗！三岁贯汝，莫我肯劳。逝将去女，适彼乐郊。乐郊乐郊,谁之永号?"值得一提的是,自《诗经》始,"乐"就始终贯穿在中国人对于美好生活的理解中,可能正如李泽厚先生所说,中国文化是一种乐感文化,这种文化培育了中国人乐观豁达的人生态度,提倡追求内心喜乐的生存方式。

在《诗经》的《国风·王风·兔爰》中还有如下诗句:"有兔爰爰,雉离于罗。我生之初,尚无为;我生之后,逢此百罹。尚寐无吪!有兔爰爰,雉离于罦。我生之初,尚无造;我生之后,逢此百忧。尚寐无觉!有兔爰爰,雉离于罿。我生之初,尚无庸;我生之后,逢此百凶。尚寐无聪!"这首诗将小人比作兔,将君子比作雉,诗中谈到小人逍遥自在,君子却遭受磨难,可见当时社会的黑暗;又将"我生之初"与"我生之后"进行比较,刻画出人们在历史变迁中人生境遇的改变,表达了对现在所处社会的厌恶,以及对过去没有战乱、灾害、劳役,自由自在的美好生活的怀恋。

此外,《诗经》还最早提出了"小康"的社会理想。《诗经·大雅·民劳篇》中有"民亦劳止,汔可小康,惠此中国,以绥四方"。意思是说老百姓太劳苦了,应该得到安乐的生活,这样才能国家强盛、四方安定。"小康"思想在中国历史上影响深远,在现代中国更是被共产党赋予了新的时代内涵。

这些早期诗歌都反映了古代劳动人民对美好生活的向往,是中华民族关于美好生活设想的胚芽。当然,限于当时劳动阶层的认识水平,他们对于理想社会的设想比较简朴、感性,还远远没有达到形成明确而完整的认识的程度。

(二)先秦诸子百家对美好生活的积极寻求

先秦诸子百家关于美好生活的思想十分丰富,并且影响深远。春秋战国时期,生产力迅速发展,整个社会开始明显的分化,西周的分封制开始瓦解。

周王室日益衰微、大权旁落,天子已不能驾驭诸侯,各诸侯将封地视为己有,各诸侯国之间互相征伐、抢夺土地,战争频繁、民不聊生。无论是统治阶级,还是士人阶层、劳苦大众,对这种社会转型与历史转折中的混乱不堪都感到手足无措,诸子百家于是纷纷提出自己的学说,积极寻找美好生活的可能,其中最具代表性的是儒家、墨家和道家。

首先应当提及的是儒家。儒家的创始人孔子曾经多次描述他心中的美好生活场景。比如,在与弟子子路的一次交谈中,"子路曰:'愿闻子之志。'子曰:'老者安之,朋友信之,少者怀之。'"(《论语·公冶长》)在孔子看来,老人能安度晚年、人与人之间相互信任、年少者能得到长者的关怀就是理想的美好生活。在《论语·季氏》中,孔子又谈到财富平均、社会安定的理想蓝图:"丘也闻有国有家者,不患寡而患不均,不患贫而患不安。盖均无贫,和无寡,安无倾。"在孔子看来,这种美好生活只有在"天下有道"的社会中才能实现。那么什么样的社会状态是"有道"呢? 孔子说:"天下有道,则礼乐征伐自天子出。天下无道,则礼乐征伐自诸侯出。自诸侯出,盖十世希不失矣;自大夫出,五世希不失矣;陪臣执国命,三世希不失矣。天下有道,则政不在大夫。天下有道,则庶人不议。"(《论语·季氏》)可见,"天下有道"是这样一种社会状态:制作礼乐和出兵打仗都由天子作主决定,天子行使最高权力,国家政权不落入大夫手中,国家政权稳定、老百姓生活安定,老百姓也就不会议论国家政治。"天下有道"就是天子占据绝对权威、以礼乐治国,整个社会处于一种稳定的等级伦理秩序中,而这种"天下有道"的现实模版就是夏、商、周三代。孔子身处乱世,当时诸侯纷争、礼崩乐坏、尊卑失序,孔子对自己所处时代的判断是"天下无道",因此他对夏、商、周三代向往不已,将三代视为最理想的社会。孔子曾言:"周监于二代,郁郁乎文哉! 吾从周。"(《论语·八佾》)意思是说,周朝的礼仪制度是在对夏、商二代继承的基础上发展而来,十分丰富与完备,因此自己遵从周礼。这就是说,要实现"天下有道",就应当效法周公,以礼乐对社会秩序进行重建,才能达致如周朝般人伦有序、社会和谐稳定的理想状态。

在孔子之后,孟子提出了以"仁政"为核心的"王道乐土"的理想社会,荀子提出了以"明君之治"实现"圣王之道"的理想社会,他们的思想各有独特之处,但是总体上继承并发展了孔子开创的儒家传统:一是将尧、舜、禹和文、武、周公的时代视为理想社会的现实原型,美好生活就是对"道"的恢复、对"周礼"的重建、对上古圣贤之世的再现。二是儒家关于美好生活的理解强调等级伦理秩序,各色人等尊卑有秩、上下和爱。三是儒家认为个体的德性与理想社会密切相关,个体要进行严格的道德修行,通过"为仁"来实践礼乐,个体成为"君子""圣贤"的过程就是构建上下有序、万民和乐、处处充满雅颂之声的美好生活的过程。

与儒家一样,墨子及其后学也继承古圣先贤之道,提出了兼爱天下的美好生活蓝图。在《墨子·兼爱下》中,关于美好生活是什么、怎么实现美好生活有这样的阐述:"故兼者,圣王之道也,王公大人之所以安也,万民衣食之所以足也,故君子莫若审兼而务行之。为人君必惠,为人臣必忠;为人父必慈,为人子必孝;为人兄必友,为人弟必悌。故君子莫若欲为惠君、忠臣、慈父、孝子、友兄、悌弟,当若兼之不可不行也。此圣王之道,而万民之大利也。"(《墨子·尚同上》)在墨子看来,美好生活应当是政治统治稳定、老百姓生活富足的社会,在其中,君主仁慧、臣子忠诚、父亲慈爱、子女孝敬、兄友弟恭。要实现这样的美好生活就必须要实行"兼爱"的圣王之道。与儒家认为传统的伦理政治秩序的衰落是当时天下大乱的原因不同,墨子认为,天下大乱的根源有两个:一是"不相爱",因此只有兼相爱、爱人如爱己、人与人和睦相处、互相扶持才能消除祸乱;二是没有绝对的权威,没有统一的思想与行为的标准,因此,应当在"尚贤"的基础上统一于一个至高无上的统治者,统治者"治天下之国,如治一家,使天下之民,如使一夫"。(《墨子·尚同下》)

尽管与孔子、墨子同处乱世之中,但是道家对任何具体的社会改革理论与方案都没有兴趣,道家主张"道法自然"。在道家看来,社会的混乱是由自然属性的丧失引起的,试图用道德说教和外在规定来恢复社会秩序不仅不可能,而且会引起更多的混乱。对于这个混乱的社会,老子的主张是复归到自然状态。以人类远古原始社会状态为理想,老子描绘了他心中的美好生活图景:"小国寡民,使有什伯之器而不用,使民重死而不远徙。虽有舟舆,无所乘之,虽有甲兵,无所陈之。使人复结网而用之。甘其食,美其服,安其居,乐其俗。邻国相望,鸡犬之声相闻,民至老死不相往来。"(《道德经·第八十一章》)在老子看来,美好的生活就是回到结网记事的原始生活状态,人民生活在国土小、人口少的国度,自然不用乘坐车船;没有冲突纠纷、没有苛刑暴政,生活纵然简朴,人们仍然感到安逸而快乐,整个社会民风淳厚,兵甲自然没有存在的必要;国家与国家之间虽然相隔不远,但是没有任何交往,当然也就没有任何冲突。可见,老子和孔子一样追求"天下有道",但是他认为,"有道"的标准不是是否有严格的伦理政治秩序,而是"道法自然",即以自然秩序为基础达到人类社会与自然界的和谐。

值得指出的是,"道法自然"的原则被老子的后学庄子进行了改造与发挥。庄子对理想的社会生活蓝图没有兴趣,他反对把自己卷入社会政治生活,在他看来,个人生命在艰险危恶的世道中犹如蚁蝼般脆弱,只有关心养生与处事,追求内在的自我、保持内心的平静,才能在乱世中自我保全。庄子追求的是塑造一种天、地、人"齐一"的"无我"状态,他认为一个人如果能超越事物间的差别,就能达到绝对的自由与快乐,个体生活的逍遥就是庄子心中的美好生活。庄子开创了一个与儒家完全不同的所谓"出世"和"避世"的传统,自战国时代起,中国的士人阶层中就出现了一批旷达不羁的"另类",以一种"出世"的姿态独立于世。比如,汉代兴起的新道家追求一种超越事物差别之后、不依循他人意旨的自由自在的生活方式;在政权更迭最频繁的魏晋时期,有一批士人避世入林,追求内心的自在与真性情的释放,"越名教而任自然",形成了魏晋士人独一无二的风貌。

(三)《礼记》对先秦诸家关于美好生活思想的综合

如前所述,儒家希望构建的美好生活是理想人格与理想社会的统一,提出要通过个体德性的严格修行来构建美好生活;墨家描绘出兼爱天下的美好生活蓝图,提倡"兼爱""非攻"与"尚同"的原则;道家将原始社会中的自然状态视为美好生活的原型,提出以自然秩序为基础实现人类社会与自然界的和谐统一。这些思想对后来的思想家、学者和整个中国文化产生了不同程度的影响,儒家、墨家和道家思想同时也相互影响。成书于西汉的《礼记》虽然被认为是儒家经典,但深究其中的思想则可以看出,《礼记》实则是以儒家为主、各家思想杂糅的结果,《礼记·礼运》中提出的"大同""小康""大顺"的美好生活图景就是如此。

大同社会、小康社会被认为是事实上曾经存在的不同历史时期,三皇五帝时期是大同社会,而夏、商、周三代则是小康社会。关于大同社会,《礼记·礼运》中如此描述:"大道之行也,天下为公。选贤与能,讲信修睦,故人不独亲其亲,不独子其子,使老有所终,壮有所用,幼有所长,鳏寡孤独废疾者,皆有所养。男有分,女有归。货,恶其弃于地也,不必藏于己;力,恶其不出于身也,不必为己。是故,谋闭而不兴,盗窃乱贼而不作。故外户而不闭。是谓大同。"这就是说大同社会是大道施行的社会,权力与财产都为人们所共有;品德高尚、富有才能是选拔人才的标准;人与人之间讲求诚信、社会氛围和睦;

人们各尽其力、合理分工、互助互利；社会秩序安定、没有暴乱与战争。

《礼记·礼运》这样描述小康社会的图景："今大道既隐，天下为家，各亲其亲，各子其子，货力为己。大人世及以为礼，城郭沟池以为固，礼义以为纪；以正君臣，以笃父子，以睦兄弟，以和夫妇，以设制度，以立田里，以贤勇知，以功为己。故谋用是作，而兵由此起。禹汤文武成王周公，由此其选也。以著其义，以考其信，著有过，刑仁讲让，示民有常。如有不由此者，在执者去，众以为殃。是谓小康。"小康社会与大同社会有诸多差异：从"大道既行"到"大道既隐"，从"天下为公"到"天下为家"，从"人不独亲其亲，不独子其子"到"各亲其亲，各子其子"等等。概括而言，最重要的差别在于两个方面：一是从权力与财产的公有转变为私有；二是从自然纯朴的人际关系转变为以"礼"来维系的伦理政治秩序。由于现实条件所限，大同社会可望不可及，小康社会固然并不完美，但它被认为是一种现实可求的美好生活。

在《礼运》中，"大同"和"小康"主要是从社会政治层面来描绘不同层级的美好生活图景，"大顺"的设想则将人与自然的关系包含在内，描绘了整个世界的美好图景。"大顺"不仅意味着个体健康、家庭和睦、国家与天下以礼法为序，还特别强调了要遵守自然规律。在《礼运》的篇末，作者指出："故圣王所以顺：山者不使山川，不使渚者居中原，而弗蔽也；用水、火、金、木、饮食必时；合男女，颁爵位，必当年德，用民必顺。故无水、旱、昆虫之灾，民无凶、饥、妖孽之疾。故天不爱其道，地不爱其宝，人不爱其情。故天降膏露，地出醴泉，山出器车，河出马图，凤凰、麒麟皆在郊椒，龟、龙在宫沼，其余鸟兽之卵胎，皆可俯而窥也。则是无故，先王能修礼以达义，体信以达顺，故顺之实也。"这是说，圣人使天下"大顺"的表现是：第一，顺应地利，不改变人们的居住习惯；第二，顺应天时，"用水、火、金、木，饮食必时"；第三，顺应人情，让男女适龄婚配，颁授爵位要与年龄和德行相当，在农闲时才役使民众。顺应了地利、天时与人情，就会出现上天降下雨露、地上涌出甘泉、山中出现珍宝等各种祥瑞之相。

《礼运》的作者借孔子之口阐述了"大同""小康"和"大顺"思想，但不难看出，这些思想以儒家思想为主体，也对其他各家思想进行了吸收与借鉴。如大同社会中"故人不独亲其亲，不独子其子"中的"博爱"思想与墨家的"兼爱"颇有关联，"选贤与能"则吸收了墨家的"尚贤"思想；《礼运》的作者认为小康社会是大同社会的退化，这种思想和《老子》书中所讲的"大道废，有仁义。智慧出，有大伪。六亲不和，有慈孝。国家混乱，有忠臣"十分接近，"大顺"一词则最早见于老子的《道德经》："玄德深矣，远矣，与物反矣，然后乃至大顺。"可见，《礼记》中关于"大同""小康""大顺"的描述是先秦各种关于美好生活设想的总结与概括。

（四）"大同"思想的传承与中华民族对美好生活的不懈追求

中华文化中关于美好生活最具代表性的理解就是"大同"。自《礼运》提出"大同"以来，古代中国乃至近现代中国都深受其影响。中国知识分子特别是儒家知识分子一直将大同社会视为最完美的理想社会，小康社会是达到大同社会的过渡环节，"大顺"所强调的人与自然关系的和谐则被视为对"大同"理想的重要补充。千百年来，中国人以"大同"来怀念过去、反思现实、展望将来，在历代思想家、政治家规划的美好生活的蓝图中，在劳苦大众争取美好生活的斗争中，在诸种相互影响与各具特色的阐释中，"大同"思想得到了传承与发展。

在西汉时期，由于官方的扶持，儒家在诸家学说的纷争中逐渐占据"独霸"地位，儒家对美好生活的理解成为主流。在《春秋繁露·王道》中，董仲舒融合了《礼运》中的"大同""大顺"思想，描绘了一个人们生活美好富足、仁义道德达到很高水平、人与自然和谐统一的理想蓝图。"五帝三王之治天下,不敢有军民之心,什一而税,教以爱,使以忠,敬长老,亲亲而尊尊,不夺民时,使民不过岁三日。民家给人足,无怨望忿怒之患、强弱之难,无馋贼妒疾之人,民修德而美好,被发衔哺而游,不慕富贵,耻恶不犯。父不哭子,兄不哭弟。毒虫不螫,猛兽不搏,抵虫不触。故天为之下甘露,朱草生,醴泉出,风雨时,嘉禾兴,凤凰麒麟郊于游,囹圄空虚,画衣裳而民不犯,四夷传译而朝,民情至朴而不文。"

东汉末年,何休对《春秋公羊传》中的"所见、所闻、所见闻"加以发挥,提出了"三世说"。他认为社会进步分为三个阶段,即"衰乱世""升平世""太平世"。何休这样描绘他心中的"升平世"和"太平世":在衰乱世,仅以王道治理鲁国;至升平世,王道由鲁国推行至诸夏各国,但没有推广至边远民族,尚且内外有别;而发展到太平世,王道普及边远民族,没有大小远近的区别,整个天下得到很好的治理。可见,"升平世"大致相当于小康社会,"太平世"则大致相当于大同社会,并且是超越民族、地域的天下大同的设想。

除儒家外,汉代的道教对"大同"思想也有发挥。大约成书于东汉后期的道教经典《太平经》提出了"万年太平"的理想:"太者大也,言其积大如天,无有大如天者。平者言治,太平均,凡事悉治,无复不平。""太平"是这一理想的根本特点,天下大治、人人平等,其中的平均主义对中国历代的农民起义有着重要影响。在中国两千多年的封建社会中,农民根本谈不上拥有美好生活,他们受到层层盘剥、生活艰难,一旦遭遇天灾,或是生逢暴政与乱世,农民的生活就更是难以为继,劳苦大众为了生存只能奋起反抗。农民起义的初衷不过是希望实现生活温饱、财富均衡,这种呼声和"大同""小康"理想本身有共通之处,而人人平等的观念更是特别能激起老百姓奋起反抗的决心。东汉晚期的黄巾起义直接受到了《太平经》的影响,张角依据《太平经》创立太平道，喊出"苍天已死，黄天当立，岁在甲子，天下大吉"的口号。其后，又有唐朝的黄巢提出"天补均衡"，北宋初年王小波、李顺提出"吾疾贫富不均，今为汝均之"，明朝末年李自成领导的起义军劫富济贫、均田免赋等等。人人平等、财富平均，没有剥削、压迫与战争，拥有安定幸福生活的太平世界是中国人最朴素的向往，广大农民敢于反抗封建统治与剥削，在历史上书写了一部可歌可泣的追求美好生活的农民起义史。

　　秦汉之后，中国进入了政治社会动乱频繁的魏晋时期，这一时期思想领域十分活跃，道家学说，特别是庄子的学说对这一时期人们的思想、文化乃至生活方式的影响最大。道家著作《列子·杨朱》中阐述的态度在魏晋时期十分具有代表性："夫善治外者，物未必治而身交苦；善治内者，物未必乱而性交逸。以若之治外，其法可暂行于一国，未合于人心，以我之治内，可推之于天下，君臣之道息矣。"这就是说，善于治理身外之物的人，不仅外物未必能治好，自己还可能身受其苦，最重要的是要修养自己的内心。不迎合别人、不役于外物，听从自己的内心，追求率性自由的生活是魏晋时期诸多士人认同的观点。比如，道家学说这一时期的代表人物向秀和郭象发挥了庄子的"逍遥游"，认为一个人在超越事物间的差别之后，就可以实现一种无拘无束的"任我"境界，实现终极的快乐和自由。魏晋时期的很多士人持消极避世的态度，将对理想社会的向往寄于梦境般的幻想。比如，东晋鲍敬言曾描绘了一个"无君无臣"的乌托邦社会，"曩古之世，无君无臣，穿井而饮……干戈不用，城池不设"[①]。东晋诗人陶渊明在其《桃花源记》及附诗中也描绘了一个没有剥削、没有压迫、不存在国家制度、无贫富贵贱之分、人人劳动、丰衣足食、生活安逸的"世外桃源"。

---

① （晋）葛洪：《抱朴子·外篇第四十八卷·诘鲍》，上海古籍出版社，1990年，第314页。

589 年，在经历几个世纪的分裂之后，中国又先后统一在隋、唐的统治之下，儒家思想再次成为国家确认的官学，在宋明时期发展至新的高度。一方面，与秦汉儒家一样，宋明的儒学家也推崇上古三代圣王之治，向往其时人人各安其位、各尽其力而没有私心的理想社会，主张《大学》中的"八目"（格物、致知、诚意、正心、修身、齐家、治国、平天下），强调将个体的道德外延至国家、天下，追求内圣外王。另一方面，宋明儒学很大程度上受到了道家和佛教的影响。与道家注重修养内心、追求终极的快乐，佛教引人成佛、向往极乐世界相一致，宋明儒家特别关注如何成圣和如何寻求生活的快乐。自程颢、程颐二人始，儒家分成了两个不同学派，即程颐创立、朱熹集大成的"程朱理学"，程颢创立、陆九渊和王阳明完成的"陆王心学"。两个学派都共同关注如何成圣的问题，不过前者认为成圣的途径在于专心致志、心无旁骛地"格物致知"；后者则认为理在每个人心中，只要恢复本心，每个人都能成为圣人。"寻孔颜之乐"是宋明儒学的一个重要命题，程颢曾说："昔爱学于周茂叔，每另寻仲尼、颜子乐处，所乐何事。"《论语》中有很多孔子和弟子们讨论"乐"的对话，这些对话常常被当时的儒学家引用。在程颢看来，圣人之所以乐，是因为圣人以己为乐、与道一体，实现了天人合一的超功利境界。事实上，在周敦颐、邵雍、程颢等儒学大家那里，"寻孔颜乐处"不仅是一种理论上的探求，更是一种真实的生活实践，周敦颐曾写出《陋室铭》这样的名篇表白心志，邵雍自号"安乐先生"，程颢也有诗云："闲来无事不从容，睡觉东窗日已红。万物静观皆自得，四时佳兴与人同。"

中国人民再次掀起对"大同"理想的热望是在中华民族陷入危难的清朝末年。从 1840 年鸦片战争开始，中国进入近代社会，也逐渐沦落为一个半殖民地半封建国家，救亡图存与绘制理想社会蓝图成为有机统一的时代课题。"大同"理想在这一过程中得到了升华与系统的建构，甚至有一些具体的原则得以实施。鸦片战争 10 年后爆发了近代中国历史上规模最大、影响最为深远的太平天国起义。在对理想社会的追求上，太平天国起义糅合了"大同"理想、历史上农民起义一以贯之的平均主义、西方的基督教教义。定都天京(今南京)后颁布的《天朝田亩制度》是中国农民起义中第一个完整的理想社会方案，提出了"有田同耕，有饭同食，有衣同穿，有钱同使，无处不均匀，无处不饱暖"，从而将平均主义发挥至顶峰。

此外，近代改良主义的重要代表人物康有为对"大同"进行了系统总结与建构，其代表作《大同书》二十余万字，对"大同"社会的经济制度、政治制度，乃至于婚姻、家庭等社会生活与个人生活的方方面面都进行了详细阐述，可以说是一部关于"大同"理想社会的百科全书。由于时代与阶级的局限性，康有为构建大同社会的探索不可避免地走向失败，但是他的"大同"思想达到了中国古人关于美好生活设想的最高峰，也激励着中国人民继续寻求美好生活。

二、西方世界的追寻

西方文化是人类思想宝库当中十分珍贵的内容，也是对人类历史进程特别是近现代影响最为巨大的部分。相比而言，西方世界对于美好生活的探讨较为完整与丰富，为我们更好地理解美好生活问题提供了宝贵的思想资源。

(一)古希腊神话中的美好生活:"黄金时代"

古希腊是西方文化的发源地,古希腊神话则构成了古希腊文化的重要部分与突出特色,西方人关于美好生活的描述最早就可追溯至这种最古老的文学形式。

在古希腊神话中,人类依次经历"黄金时代""白银时代""青铜时代""英雄时代""黑铁时代",其中"黄金时代"是最初也是最为美好的时代。在"黄金时代",人、神和平共处,人在神创造的世界中过着无忧无虑的生活。人们不用辛苦劳动,因为大地不需耕种就可以长出足够的食物,到处都是丰硕的果实和牛羊;人们不知道病痛、不会衰老,永远充满活力,整日享受美味佳肴和快乐的生活;即便死亡也毫无痛苦,因为死亡只是一种安祥的长眠。"黄金时代"固然完美,但它最终按照神的旨意在一亿年后走到尽头,在古希腊神话中,人类始终匍匐在神的脚下,即便在人类拥有勇敢、公正等美好品质的"英雄时代",那些英雄也只有在经历了战争与灾难去世以后,才能在神所赏赐的极乐岛过上幸福而宁静的生活。

(二)古希腊哲学关于美好生活的两种理解

自苏格拉底始,哲学家们将目光从追求世界的自然本原转到人及其生活,从而开启了西方世界对美好生活的哲学探索。

苏格拉底提出了"认识你自己"这一哲学主题,其明确的意思是"人是什么"及"人应该过什么样的生活"。苏格拉底认为,"未经审视的生活是没有价值的",美好生活应该是一种反思的、哲学的生活,"认识你自己"就是利用理性来反思和寻找"公正""勇气""节制""虔诚"等美德,这种反思显然并不仅仅指向自身,而是指向关于自身和共同体生活的一系列信念、价值和原则,美好的生活包含个体灵魂的完善和有秩序的城邦生活两个有机统一的方面。

柏拉图对于美好生活的理解同样包含个体与城邦两个层面。他强调美好生活一定是正义的。柏拉图认为一个人灵魂的各个部分都实现了自己的功能，那这个人就实现了全面的德性，也就达到了内心和谐、健康和幸福的美好生活；正义是好社会的标志，神用不同材料塑造了具有不同本性的各个等级，当各个等级按其本性各安其分、各司其职，很好地履行自己的功能时，这个城邦就是和谐、有序、正义的"理想国"。人们常常把柏拉图提出的"理想国"与中国文化中的"大同"理想相提并论。值得一提的是，在柏拉图的设计中，为了防止统治阶层为自己谋取私利，理想国的统治阶层排除一切私人因素，实行共产公妻制度，"必须妇人公有，儿童公有，全部教育公有……这里的一切都是大家公有，没有什么是私人的"①。正是因为这一思想，柏拉图既被视为"共产"的最早提出者，也是使"共产主义"常常遭受误解的始作俑者。

亚里士多德关于美好生活的看法包含理想与现实两个维度。亚里士多德认为，人的一切活动都追求某种善，而人所追求的终极的善就是幸福，所谓幸福就是按照美德或德性活动。最为幸福的生活是沉思的生活，但这种生活方式带有半人半神的意味，并非真正现实可欲的美好生活。因此，在现实的维度上，国家是为了人们达到终极目标而存在的机构，人们可以通过参加政治生活来实现幸福。

应当说，在上述几位古希腊哲人那里，关于到底什么是美好生活并没有达成完全一致的意见，但他们都乐于提出一种关于美好生活的普遍理想，并且都赞同美好生活是完美的个体德性与理想的社会（城邦）生活的统一，这种理解与中国古人十分相似，也奠定了西方社会关于美好生活理解的主流方向。

---

① ［古希腊］柏拉图：《理想国》，郭斌和等译，商务印书馆，1986 年，第 312 页。

与古典哲学致力于构建美好的城邦,认为只有在美好的城邦中才能实现个体幸福不同,晚期希腊主要将美好生活理解为个体生活的幸福。在经历了战争的洗礼、城邦的沦陷之后,晚期希腊人对昔日为之奋斗的"理想国"感到失望,成为了心灵得不到宁静的"精神病人"。在这样的时代,哲学不再像古典哲学时期聚焦于如何建构一个美好的城邦, 而是转向关注人的内心世界,医治人的心灵痛苦。伊壁鸠鲁学派、斯多葛学派以及怀疑论者面对同一时代症候开出了不同药方。伊壁鸠鲁学派的哲学被称为快乐哲学,伊壁鸠鲁告诫希腊人,心灵快乐才是医治痛苦的良药,应该通过一种审慎的生活追求个体自身"身体的无痛苦"和"灵魂的无干扰"。斯多葛学派认为追求德性是解脱之途,斯多葛学派试图展现的是个体的德性,这个德性只在"你"身上展现并使"你"始终一致,是个体性的内在体验,个人的幸福与自足不依赖于任何外在的事物,完全在于内心的宁静,"当心灵完成了自己的工作,坚定地固守于自身内部之后,最高之好就已经完满地实现了"①。怀疑论者想解答的问题同样是帮助个体摆脱灵魂的困扰,实现宁静,在他们看来,"最高的善就是不作任何判断,随着这种态度而来的就是灵魂的安宁"②。事实上,无论是西方还是中国,在社会动荡、个体无法掌控自己与国家命运的背景下,对政治生活感到失望,从而回归个体生活,寻找纯粹私人的快乐与幸福的观点往往就会应运而生。这样的观点当然同样影响深远,但是在中西方文化中都未成为主流。

(三)中世纪基督教与教会哲学视野中的美好生活

基督教是西方文化重要的精神根基,与西方文化的进展有着千丝万缕的联系。在中世纪的一千多年里,基督教对人们的影响渗透至生活的方方面面,

---

① 《塞涅卡伦理文选》,中国社会科出版社,2005 年,第 353 页。
② 《西方哲学原著选读》(上),商务印书馆,1981 年,第 177 页。

直到今天,基督教仍然是西方社会的主流宗教,基督教对美好生活的理解也始终影响着西方。

基督教也把幸福看成是美好生活的顶点,但是基督教对于美好生活的理解与古希腊哲学有着明显的区别。首先,基督教包含一个在天堂中实现永恒幸福和最美好生活的承诺。根据《圣经》对天堂的描述,天堂是没有忧伤、痛苦、死亡,完全圣洁、永生美好的地方。人们必须虔诚地信神与行善,才能在世界终结、上帝对人类进行末日审判时获得升入天堂的资格、永享安乐。

其次,人追求幸福的方式是由他被上帝创造出来的方式决定的。在基督教的理论中,上帝创造了人类和整个世界,作为上帝的创造物,人的一切活动都是上帝预先规定的,人追求幸福的原因、追求幸福的方式都是如此。著名的教会哲学家奥古斯丁认为,上帝按照自己的形象创造了人类,但与上帝是全知全能的完美存在不同,人类是不完美和有限的存在,上帝创造人类时赋予人类的这种本性决定了人类必然追求幸福,而且也只有在上帝之中才能找到幸福。"幸福生活就在你(上帝)左右,对于你、为了你而快乐;这才是幸福,此外没有其他幸福生活。谁认为别有幸福,另求快乐,都不是真正的快乐。"[1]奥古斯丁认为,我们每个人都希望得到幸福,但是如果我们只是爱物品、爱他人、爱自己,我们不可能得到幸福,因为这些具体的事物都是有限的,我们往往在这些有限的事物上投注了超过正当限度的爱,从而走向放纵,导致痛苦和不幸。只有把最终的爱献给上帝,我们才能过上幸福生活,因为只有无限的上帝能满足我们心中对无限的需要。

最后,国家的作用是保障共同的美好生活。在基督教的理论中,宗教的地位高于政治机构,但是世俗国家仍然有存在的必要,因为国家可以通过制

---

① 转引自宋希仁:《西方伦理思想史》,中国人民大学出版社,2003年,第132页。

定法律等种种途径来限制恶,维护和平、形成和谐的社会关系,尽可能防止对美好生活的危害。

(四)近代西方对美好生活的理性主义构想

就时间的长短而言,近代在西方的历史上是一段远远短于中世纪的历史时期,而就思想进展的速率与复杂性而言,近代西方又远远超过中世纪。西方思想史纵然繁杂,但其最大的特色却不难把握,那就是在资本主义产生与发展的背景下,摆脱宗教的束缚,回归古希腊的理性主义精神,相信理性的谋划才是美好生活坚实的基础。

14—16世纪被称为文艺复兴时期,在这期间,欧洲的社会政治与文化发生了重大的变化。在漫长的中世纪,西方的整个社会文化氛围受到教会的严格统治,文艺复兴时期,随着古希腊学术的复兴、近代科学的兴起以及宗教改革的进行,人们逐渐从非宗教的观点出发来理解人及其美好生活。15世纪意大利人文主义的代表人物皮科认为,人并非是被预先规定好的存在,恰恰相反,我们是一种特殊的存在,这种特殊性在于我们有其他存在物都不具备的选择自己命运的能力,并且这种能力没有任何界限。因此,我们应当为我们拥有这种能力骄傲,并将其运用到最好。16世纪法国人文主义思想家蒙田复兴了古希腊的怀疑主义,他认为,在人们企图超越日常经验去洞察事物的内在本性时,人们内心的宁静遭到了破坏,而心灵宁静的丧失会迅速表现为社会动乱。因此,对任何理论都应当采取一种询问而非持续不变的信仰态度,要回到自己的生活中,享受一切快乐和自然乐趣,不断地发现和感受世界的丰富性,这样才能获得心灵的宁静、感到真正的幸福。

特别值得一提的是,现代政治哲学的奠基者马基雅维利,他对古典哲学和基督教的美好生活理念都不满意。他一方面指出基督教伦理只适用于大众,因为它是一种保障社会和平的必要手段,统治者应根据需要调整自己的行为、不受道德法则的约束;另一方面指责古典哲学中关于美好生活的方案是不可能实现的乌托邦,人们应当调低期望,定位于追求一个社会可能实现的最高目标。马基雅维利的上述观点代表了现代政治思想最有力的趋势之一:从道德转向制度,即认为相比道德,制度是现实的美好生活更为可靠的保障。在他之后,霍布斯、洛克、孟德斯鸠、伏尔泰等诸多思想家都表现出了这种趋势,更多地讨论应当构建什么样的国家与政体以保障正常有序的社会生活。

经历了文艺复兴时期对中世纪神学正统观念的反叛、对人的热情讴歌之后,欧洲人开启了一个新的哲学繁荣时期,涌现了培根、笛卡尔、霍布斯、洛克、斯宾诺莎、莱布尼茨、贝克莱、休谟等一大批思想巨人。为新兴自然科学的产生与发展所激励的哲学家普遍相信,通过对理性的运用,人类可以揭开宇宙的奥秘,人类社会将不断发展与进步,人们应当用理性来谋划社会生活的各个领域。近代英国经验论的开启者培根提出了"知识就是力量"这一最为人熟知的响亮口号,他批判了宗教和经院哲学给科学研究活动造成的危害,揭示出使人们的认识陷入迷信、谬误、偏见与诡辩的根源。认识论是培根哲学也是这一时期西方哲学的核心论题,但是对于认识论问题的讨论的意义不止于认识论,其根本目的在于帮助人们找到正确地运用理性获得可靠知识的方法,推进知识的发展,使人们更好地认识、支配和利用自然,为人类自身谋福利。唯理论的著名代表人物之一,17世纪荷兰最伟大的哲学家斯宾诺莎认为,人与动物一样都有情感,都愿趋乐避苦,但人还有理性,因而人能认识万物,理解和控制我们自己的情感,成为自由的人。在斯宾诺莎看来,只有理性能引导我们走向自由和幸福,当人们通过理性的认识达到对神的爱,就会达到最高的善、得到永恒的快乐。

在 18 世纪的法国,科学与进步的大旗承担了教化大众的任务,掀起了启蒙运动。启蒙思想家普遍抱有对理性的乐观主义和历史进步主义的信念,他们积极探求社会发展规律、寻找改变社会状况的出路,形成了影响深远的社会政治学说。孟德斯鸠认为,宇宙万物都有法则,人类社会也有其固有的规律,人类社会之所以会治理不善、出现种种问题,原因就在于人类并不总是按照规律行事,因此只有找到人类社会的规则才能实现善治。孟德斯鸠认为,人类在进入社会状态之前处于按照人的自然本性即“自然法”生活的自然状态,但是由于人的本性中有过社会生活的愿望,人类必然从自然状态过渡到社会状态,于是就产生了政府与法。只有当人们制定的法律以自然法为基础,体现出国家政体、气候土壤、生活方式、风俗习惯及宗教等各种因素,即合乎“法的精神”时,法律才是合理的,也才能构建出最好的社会制度,使社会得到很好的治理。与孟德斯鸠一样,伏尔泰也把自然法看成是人为法的基础和根据,他认为人为法越接近自然法,社会就越公正和谐,最好的社会就是不同身份地位的人都能得到平等的保护。卢梭同样是法国启蒙运动中的杰出代表,但他一方面和同时代人一样看到了人类理性的成就,另一方面还敏锐地意识到了现代社会隐含的危险。他认为,文明与自然之间存在深刻的矛盾,艺术和科学的进步使人们偏离了人生而追求自由的本性,社会的发展伴随着人类道德的败坏、社会不平等的深化。每个个体都以“公意”为指导、在立法与守法相统一的基础上实现真正的自由平等是卢梭心中的理想社会,这一理想的历史模型就是古希腊的城邦。

在个体主义高扬的时代实现和谐有序的共同生活是近代以来的哲学家共同面对的问题。在 19 世纪的英国,以边沁、密尔为代表的功利主义从一个人人皆知的简单前提——每个人都追求快乐和幸福——出发,走向对最大多数人及人类幸福的关注。在 18 世纪末至 19 世纪初的德国,超越个体幸福的共同的美好生活是德国古典哲学家追求的目标。德国古典哲学的开创者康德曾经表明，追求幸福是人们的本性，而自己主要的兴趣就是未来生活中的至善，"成为幸福的，这必然是每一个有理性但却有限的存在者的要求，因而也是他的欲求能力的一个必不可免的规定根据"[①]。但是康德认为，幸福并不是"至善"，只有当一个人的幸福与他具备的德性严格成比例才是最理想的，即一个人对"至善"的占有。并且人类理性的真正目的也并非追求个体的幸福，我们每个人都欲求幸福，要满足这种欲求就不可避免地需要他人的帮助，因此使他人幸福既是义务又是目的。在康德那里，道德与幸福统一、自己的幸福与他人的幸福统一，即共同的美好生活，才是人类理性的最高目的和最高的善。

另一位德国古典哲学的代表人物费希特把人类历史划分为无辜状态、恶行开始状态、恶贯满盈状态、说理开始状态、说理完善状态和圣洁完满状态六个时期，这也是人类运用理性能力的进展过程，人类越是能普遍按照理性的准则行事，人类社会的状况就越美好。无辜状态和说理完善状态下都遵循理性的准则，区别在于无辜状态中理性通过自然规律和力量发生作用，人们只是本能地运用理性，而在说理完善状态下人们是自由自觉地运用理性，以理性为准则处理一切人类关系，构建起一个自由平等、互利互爱的理想社会。在费希特看来，自己所处的时代是第三个时期，一方面每个人都自私自利、从自身出发，另一方面人们摆脱了权威，开始萌生出自觉的理性，因此费希特对当时德国的现实进行了严厉的批判，号召德国人民向旧时代告别，实现民族解放、追求理想社会。作为德国古典哲学的代表人物中唯一一位唯物主义哲学家，费尔巴哈强调基于肉体的生命和生活是幸福最基本的条件，但他同时

---

① 李秋零主编：《康德著作全集》(第5卷)，中国人民大学出版社，2007年，第26页。

还强调每个人自己追求幸福和他人追求幸福的和谐统一。费尔巴哈认为，每个人都有平等地追求幸福的欲望与权利："我的权利就是法律所承认的我的追求幸福的愿望，我的义务就是我不得不承认别人追求幸福的愿望。"①因此，他主张每个人都要自我节制、给人以爱，建立一种爱的宗教，用爱来解决人与人之间的冲突，使每个人都能最大限度地实现自己的幸福，从而构建一种美满和谐的社会状态。

（五）空想社会主义的美好生活蓝图

伴随着资本主义的产生与发展，社会分化与不平等日益突出，批判资本主义社会、规划美好的未来生活蓝图的社会主义产生与发展起来。在西方近代关于美好生活的阐释中，空想社会主义是其中的重要组成部分，也是马克思主义的重要理论渊源之一。

社会主义源起于 1516 年人文主义者莫尔的《乌托邦》（全名为《关于最完全的国家制度和乌托邦新岛的既有益又有趣的全书》）。"乌托邦"源自拉丁文的"upopia"，原意为没有的地方，这也是所谓"空想"社会主义的来历。莫尔生活于 15 世纪末 16 世纪初，此时欧洲处于封建主义生产方式向资本主义生产方式转变的早期，英国作为资本主义起步较早的国家，纺织业迅速发展，由于耕地被圈占，农村劳动力过剩，大量农民流离失所。在《乌托邦》中，莫尔严厉地指责资本主义原始积累中"羊吃人"的血腥做法，揭示了资本主义社会的两极分化，"一面穷困不堪，而另一面又是奢侈无度"②。莫尔认为，社会各种罪恶的根源是其社会制度，即私有制，只有废除私有制，人类才可能获得幸福。在书中，莫尔还进一步思考了取代现有社会的具体方案，描绘了一个比柏

---

① 《费尔巴哈哲学著作选集》（上卷），荣震华、李金山等译，商务印书馆，1984 年，第 432 页。

② ［英］莫尔：《乌托邦》，戴馏龄译，商务印书馆，2011 年，第 22 页。

拉图的"理想国"更完美的国家。

莫尔将自己的社会理想寄托于这个虚构的国家,在乌托邦中,实现了财产公有、全面的平等,人们各尽所能、按需分配。作为空想社会主义的始祖,莫尔直面英国当时的社会不平等现象,并将私有制视为社会分化的根源,他显然已经超越了同时代的人文主义者,但是囿于时代的局限或现实的考虑,莫尔采取了虚幻的文学形式,没有明确提出要以"乌托邦"取代资本主义制度,也没有提出如何实现这一社会理想的具体意见。不过,可能恰恰因为这一点,《乌托邦》一方面切合了人们对于现实社会的不满、对完美社会的向往这一真实需要,另一方面这部伟大著作在诞生之初也并未引起统治当局的特别反感,因而得以广泛传播、风靡一时。

在莫尔去世102年之后,意大利的空想社会主义者托马斯·康帕内拉写作了《太阳城》,他和莫尔一样试图告诉人们现存社会的不合理,一个没有阶级剥削与压迫、没有贫富对立,人人以劳动为荣的光明、温暖的人类未来即将到来。早期空想社会主义思潮的另一位代表人物托马斯·闵采尔诞生于德国,与莫尔、康帕内拉以著作来表明自己的社会理想不同,闵采尔是投身到农民战争中,通过一篇篇农民起义的战斗檄文阐明自己的思想。在闵采尔看来,德国当时的社会不啻于人间地狱,他理想中的社会是"千年太平王国"。闵采尔不再假托他人之口来阐述理想社会的蓝图,他直言"千年太平王国"不是虚无缥缈的"天堂",不是在来世才能实现,他需要人们自己动手来建立,即用暴力的手段来推翻旧世界、建立新世界。

空想社会主义思想的产生与发展是同资本主义产生与发展的不同阶段相适应的。16至17世纪,即阶级剥削与反剥削斗争初露端倪的资本原始积累阶段,产生了早期空想社会主义。18世纪,随着资本主义生产方式的发展与资产阶级逐渐占据统治地位,无产阶级逐渐成熟与壮大起来,随之产生了反映他们的思想与要求的第二代空想社会主义理论,即恩格斯所谓的"直接的共产主义理论",其主要代表有英国的温斯坦莱、法国的梅叶、摩莱里、马布利和巴贝夫等。这一时期的空想社会主义超越了早期主要将社会理想寄托于虚构的乌托邦、停留于对理想社会的描绘,他们开始从理论上探讨和论证消灭私有制、实现社会平等等问题。他们指出,私有制是经济上的不平等、政治上的不平等的根源,他们直接批判资本主义制度,提出消灭阶级差别、实行绝对平均主义的共产主义。

这些空想社会主义者不仅在理论上推进了空想社会主义的发展,而且对底层的劳苦大众抱有深切的同情,把共产主义作为实践问题提出来,为人民美好生活的实现作出切实的努力。比如温斯坦莱在他出版的表达空想社会主义思想的《自由法》中,提出理想的社会是"真正自由的共和国",他批判资产阶级的自由观,认为真正的自由的基础是使用土地的自由,因此在真正自由的理想社会中,生产资料公有,劳动产品实行按需分配,而生活资料则属于私人,个人可以自由支配。这种把生产资料和生活资料区分开来,指出只有生产资料应当实行公有制的观点是温斯坦莱的重要创新。莱斯坦莱同时还是"掘地派"的领袖之一,他带领一批贫苦农民共同开垦荒山,共同占有、生产、共享劳动成果,过着一种原始共产主义式的生活。又比如马布利,他虽然和以往的空想社会主义者一样批判私有制、描述未来的理想社会,但是他在两个方面都有创见。在对私有制的批判上,他以丰富的历史知识为基础,描述了私有制的起源、发展与后果,而且他直接批判资本主义的私有制。在对未来理想社会的设想中,他认为原始公有制社会是人类的"黄金时代",但是这个时代一去不复返,现实的办法是制定社会改革的纲领,推进社会改革,建设新的"完美共和国"。

19世纪三四十年代是空想社会主义发展的顶峰时期,这一时期的空想社会主义是马克思主义三个直接理论来源之一。随着源起于英国的工业革命在欧洲大陆迅速发展,资本主义制度的各种弊端暴露得日益彻底,无产阶级与资产阶级的矛盾在各个国家逐渐上升至首位。无产阶级自产生起就遭受剥削与贫困的折磨,因而有改变命运的强烈愿望,但是当时的无产阶级在政治上十分幼稚,没有采取独立政治行动的能力,亟须理论与实践上的指导。当时,欧洲社会上一些思想家对无产阶级的苦难处境十分同情,认真地思考劳动人民贫困的根源、探索变革现存社会制度的途径,创造出批判的空想社会主义,其中最主要的代表人物是圣西门、傅立叶和欧文。

批判的空想社会主义者的突出特点就是反映劳动群众特别是无产阶级对资本主义社会的不满,比如欧文在他最后一部著作,也是最成熟的著作《新基督教》中,直接以无产阶级代言人的身份发声,提出他的最终目的就是实现工人阶级的解放。欧文还认为人类社会历史是有规律可循的,社会会朝着越来越合理的方向发展,他提出,任何一种社会制度都是暂时的,从而否定了资本主义制度的永恒性,这些观点都直接地影响了马克思主义创始人。乐于进行共产主义试验也是这一时期的空想社会主义者的一大特点,傅立叶、欧文都依据自己对于理想社会的构想进行了试验。傅立叶的试验是建立人们自愿组成的协作组织"法郎吉",人们在协作社里共同劳动、共同生活、合理分配,虽然傅立叶深信自己的努力必将把人类引向幸福与和谐,但他的试验最终却因难以维持而宣告结束。欧文则先后进行了"新和谐公社""劳动产品公平交换所""协和大厦"等多次试验,试图构建出新社会制度的典范进而推广至整个世界,使人类早日过上幸福和谐的美好生活,但是这些试验都无一例外地失败了,欧文本人也为此散尽家财。

毫无疑问,空想社会主义的理论与实践都存在重大的局限性,但是空想社会主义是近代一些思想家对人类未来的严肃探讨与天才般的设想,也是他们对美好生活的朴素信仰与执着追求，其中包含着许多宝贵思想的萌芽，深刻地影响现代理论与实践的进展。

（六）现代西方对美好生活的多元见解

人们对于美好生活的寻求在不同时代有不同特征，比如古希腊人对于美好生活的理解与德性、共同生活紧密相联，中世纪人关于美好生活的理解则笼罩在宗教精神之下，近代西方特别是自启蒙运动以来，人们则普遍相信通过理性的谋划可以实现美好生活。与历史上的这些时代相比，现代西方人和哲学家们对于美好生活的理解难以用上述任何一个特征来概括，产生于各个时代与文化背景下的美好生活理念共时地存在于现代西方社会，多元化可能是对这一状况最适当的描述。

在现代西方社会，美好生活是一个难题，也是普通个体与哲学家们的核心关切。在上帝被拉下神坛之后，理性取而代之，但是马上就遭受质疑与批判，现代社会生活的复杂程度远超任何一个时代，社会能够提供的价值选择越来越多，再也没有一个具有普遍性的美好生活方案可以赢得人们的普遍认同。在诸多对于美好生活的见解中，我们可以大致概括出以下五种主要但并非彼此完全区隔开来的潮流：

第一，发展主义和工具主义视野下的美好生活。在理论上对理性主义及其后果的反思早已开始并且十分深刻，但是在资本逻辑下，这种反思显然没有也不可能彻底地贯彻到行动中。今天，不能片面追求物质满足与经济效益，应当追求可持续发展、和谐共在至少成为了一种政治正确。但是将自然作为掠夺对象、竭泽而渔以满足自己贪欲的生活模式仍然大有市场，只不过这一切发生得更为隐蔽，许多西方国家借助全球化将发展的代价、贪欲的后果转嫁给其他民族和地区。

第二，政治自由主义视野中的美好生活。自由主义是当代西方主流意识形态，它以自由作为核心价值追求，主张每个人都有选择生活方式的自由，任何组织、个人都不能干涉这一自由。在政治自由主义的视野下，什么是美好生活、是否以及怎样实现美好生活都是无需讨论的私人话题。比如，对当代影响最大的政治自由主义的代表罗尔斯认为，一个正义的社会不应该以任何特定的善观念为基础，而应当在各种道德理论间保持中立，使每个人都可以自由平等地形成关于善的理解。这样，什么是美好生活应该由个体自身来认定，国家只需要在人们共同认可的原则下提供维持基本政治秩序的保障。在此基础上，个体完全依据自己的判断和能力、不受干涉地享受私人的幸福。

第三，古典政治哲学的美好生活观念的当代复兴。古典政治哲学的核心论题十分明确，那就是美好生活问题。不过，在当代社会，自上而下地推行一种美好生活的模版已经不可能。在被自由主义覆盖社会生活方方面面的西方社会，公共政治生活的衰落、个体生活的无序与放纵令众多有识之士忧心忡忡，人们逐渐意识到，个体的美好生活并非私人议题，它依赖于和谐有序的共同生活，人们的生活方式也需要一些共同价值的引导。在这种背景下，对自由主义的批判应运而生，古典政治哲学中关于美好生活的观念开始复兴，施特劳斯、哈贝马斯、泰勒、桑德尔、麦金泰尔等当代著名哲学家都是这股潮流中的重要代表人物。

第四，审美化的美好生活观念。在焦虑、浮躁的现代社会中，人们对不得不投身于其中的日常生活感到厌烦，很多人被海德格尔提出的"诗意的栖居"所鼓励，认为审美化的优雅而精致的生活就是美好生活。英国学者迈克·费瑟斯率先提出了日常生活审美化，在现实生活中，消弥生活与艺术之间的距离，将艺术生活化或将生活艺术化，着迷于精致的小玩意儿，成为很多人从无聊的日常生活中摆脱出来的途径。

第五,宗教意义上的美好生活方案。尽管现代科学技术已经发展至十分高的水平,但是宗教在现代社会仍然没有丧失其存在的必然性与必要性。信仰自由是个体的基本权利,不同宗教都提出了自己的美好生活方案,并为不同数量的人群所信奉与追求,宗教仍然并将持续对人们的生活形成广泛的影响。

三、马克思主义经典作家的描述

马克思主义是关于共产主义的学说,马克思、恩格斯开创的共产主义事业本质上就是实现全世界人民美好生活的事业。在对前人一些合理思想进行吸收的基础上,马克思主义强调通过改造世界的现实运动,来实现每个人自由全面发展的共产主义美好生活图景。

(一)为人类美好生活奋斗的初心

美好生活是马克思自青年时期就已关注的重大问题。1835 年,17 岁的马克思在他的高中毕业论文《青年选择职业的考虑》中第一次表述了他对于美好生活的理解:"人只有为同时代人的完美、为他们的幸福而工作,自己才能达到完美。"[1]显然,马克思并未被个人主义、个体利益至上的时代洪流所吞没,他没有赞同流俗的观点,也没有关于自己的自私考虑,而是具有一种关

---

① 《马克思恩格斯全集》(第 1 卷),人民出版社,1995 年,第 459 页。

注整个人类的境界。在马克思看来,美好生活不仅仅是个体完善、个人生活的美好,还在于他人的幸福、共同生活的美好,并且他认为,二者在个体为人类幸福而工作的过程中会实现统一。不过,此时的马克思虽然激情澎湃,但对自己应当追求何种美好生活,又应该如何投身于这种人类幸福的事业并不真正明确。

1842 年,在自己的博士论文《德谟克利特的自然哲学和伊壁鸠鲁的自然哲学的区别》中,已经熟读黑格尔哲学并且受到青年黑格尔派深刻影响的马克思这样概括伊壁鸠鲁的自由观:"对人来说在他身外没有任何善;他对世界所具有的唯一的善,就是旨在做一个不受世界制约的自由人的消极运动。"[1]马克思对伊壁鸠鲁把自由看成是人内心与外界对立的宁静的观点十分不满,他认为逃离社会生活、对外在的世界漠不关心,仅仅藏身于私人领域享受心灵的宁静并不是真正的美好生活。因此,在博士论文中马克思就确立了把追求每个人的自由作为其价值目标,在其后的现实行动中,他投身于公共生活,用理论关照现实世界,寻找个体自由的实现途径。

(二)对资本主义社会的批判与共产主义美好生活必然来临的科学 预见

在马克思生活的年代,西方主要资本主义国家先后进行了资产阶级革命,迈入资本主义蓬勃发展的时期。因此,马克思亲眼目睹了资本主义的快速发展及种种罪恶,并对资本主义社会进行了严厉的道德谴责和深刻的哲学批判。

马克思认为,资本主义是一个异化、颠倒和极端不公的社会,在其中,无

---

[1] 《马克思恩格斯全集》(第 40 卷),人民出版社,1982 年,第 78 页。

产阶级受到非人的摧残与残酷的剥削，"工人生产得越多，他能够消费的越少；他创造价值越多，他自己越没有价值、越低贱；工人的产品越完美，工人自己越畸形；工人创造的对象越文明，工人自己越野蛮；劳动越有力量，工人越无力；劳动越机巧，工人越愚笨，越成为自然界的奴隶"①。马克思对于早期资本主义严重不公和工人阶级的艰难处境感到愤愤不平，他认为，对于当时的工人阶级而言，资本主义社会就是人间地狱。在资本主义私有制条件下，劳动者和自己的劳动产品相异化，劳动作为人的本质活动仅仅是维持肉体生存的手段，劳动者被视为从事劳动的动物，人的需要和整个生活被片面化为物质需要。这种异化并非仅仅存在于工人身上，资本主义社会中人的存在是一种普遍异化的、片面的、非自由的存在，资产阶级也不能幸免。

在现代分工体系中，人的活动被限制在特定范围之内，本该十分丰富的生活与生命变得片面而单调。人的行为受到种种外在、异己的力量特别是资本的支配，人的一切感觉、思维与行动都打上了资本的烙印。资本按照自己的本性塑造了整个世界，永不停歇、追求增殖的资本运动给人类社会带来诸多问题与危机：资本破坏了一切美好的关系，将人与其他一切对象的关系都还原成"交换关系""占有关系"，人和人的关系被颠倒为物的关系，"它使人和人之间除了赤裸裸的利害关系，除了冷酷无情的'现金交易'，就再也没有任何别的联系了"②；人将自然视为征服与利用的对象，人与自然的关系处于紧张与对立中，资本的增殖本性使生态危机不可避免；由于资本对利润的疯狂追求，人与人之间、不同国家与地区间都处于激烈的竞争与频繁的冲突中，竞争的结果必然是整个世界的两极分化和动荡不安。

与空想社会主义者不同，唯物史观的确立使马克思、恩格斯对资本主义

① 《马克思恩格斯全集》（第3卷），人民出版社，2002年，第269页。
② 《马克思恩格斯选集》（第一卷），人民出版社，2012年，第403页。

的批判与对未来社会的展望建立在科学的理论基础之上。马克思、恩格斯认为,人的一切历史均以生产生活资料的生产活动为基本前提,但人们的物质生产方式不仅仅是维持肉体存在的手段,它还是人的活动方式和生活方式,归根结底是人类的生活总体状况的现实基础和决定性因素。因此,要理解一个时代人的生活状况、推动这一时代人类生活的全面变革,就必须从它的物质生产活动出发。资本主义生产方式曾经起过非常革命的作用,它促使资本主义的利益关系取代了封建的关系,带来了生产力的巨大发展,改变了整个世界的格局,使人类从地域史、民族史转变为世界史。但是资本主义私有制下以物的占有为目的的生产与生活方式始终是狭隘的、片面的,资产阶级所有制将逐渐不能适应生产力快速发展的要求,成为生产力发展的阻碍。资产阶级自身也完全不能支配这种生产与生活方式,资本主义社会必然不可避免地陷入混乱,周期性的商业危机就是最好的证明。由于其内在矛盾,危机的常态化是资本主义社会生活图景的重要特征,资本主义生产方式的活力终将黯淡,资产阶级终将灭亡。资本主义生产方式在其历史发展进程中必然失去存在的合理性,一种对社会生活进行全面变革的要求必然产生。当资产阶级在全世界确立其统治的同时,它也在世界范围内创造了与自己对立的力量,即无产阶级,资本主义生产方式越扩展,无产阶级就越壮大,无产阶级受到的剥削与伤害就越多,也就生发出越来越强烈的变革要求。由于无产阶级一无所有,无产阶级的这种变革要求必然要付诸真实的行动,即彻底的革命。通过对资产阶级生产方式的反思与批判,马克思、恩格斯指出,新的社会形态与生活样态,即共产主义必然产生。

(三)对共产主义美好生活图景及其实现路径的描述

关于人类未来理想社会的图景及其实现路径,马克思、恩格斯在不同时期的著作中进行了各具特色的阐述。

在《1844 年经济学哲学手稿》中，马克思设想的共产主义是一个这样的社会："共产主义是私有财产即人的自我异化的积极的扬弃，因而是通过人并且为了人而对人的本质的真正占有；因此，它是人向自身、向社会的即合乎人性的人的复归，这种复归是完全的，自觉的和在以往发展的全部财富的范围内生成的。这种共产主义，作为完成了的自然主义=人道主义，而作为完成了的人道主义=自然主义，它是人和自然界之间、人和人之间的矛盾的真正解决，是存在和本质、对象化和自我确证、自由和必然、个体和类之间的斗争的真正解决。它是历史之谜的解答，而且它知道它就是这种解答。"①在这段话中，马克思第一次比较集中地阐述了共产主义的美好生活图景：

第一，共产主义是人对人的本质的真正占有。在马克思看来，在资本主义的私有制下，人日益脱离人的本质，陷入一种片面的、贫乏的、非人的生活。而在共产主义社会中，通过对私有制和异化劳动的扬弃，人的一切感觉和特性都得到解放，人与对象的关系从直接、片面地占有到审美和全面地拥有，人的本质和生活的片面性被克服，人的生命和生活的多样性得到恢复，实现了真正的人的自由本性。

第二，共产主义是人类历史财富的保存。与以往的空想社会主义强调新旧社会的断裂、对私有制进行片面的批判，并且主要是停留在道德层面的谴责不同，马克思认为，人类历史是一个连续的、辩证发展的过程，共产主义不是凭空产生的，它在人类以往发展的基础上产生，人类以往的一切积极成果，包括私有制下创造的文明成果都应当得到保存。

第三，共产主义是人与自然、人与人、存在和本质、对象化和自我确证、自

---

① 《马克思恩格斯全集》（第 3 卷），人民出版社，2002 年，第 297 页。

由和必然、个体和类六大矛盾得到解决的和谐社会。在《1844 年经济学哲学手稿》中，马克思构建了关于人类美好生活的哲学式的理想，他认为，人类的过去就是人的自我和生活的异化，人类的未来则是人的本质和美好生活的复归。人应该拥有一种扬弃了私有财产和自我异化，消除了人与自然、他人、自身矛盾，自由、全面体现人的本质的、丰富的、真正的人的生活。

在《1844 年经济学哲学手稿》中，马克思确立了共产主义的美好生活理想，但是这一理想的确立更多地是基于理论上的逻辑推演，即这一理想在很大程度上是一种价值论意义上的"应当"。在他与恩格斯合著的《德意志意识形态》中，一种对于共产主义的现实理解才真正形成。在《德意志意识形态》中，马克思这样描绘共产主义的美好生活场景："任何人都没有特殊的活动范围，而是都可以在任何部门内发展，社会调节着整个生产，因而使我有可能随自己的兴趣今天干这事，明天干那事，上午打猎，下午捕鱼，傍晚从事畜牧，晚饭后从事批判，这样就不会使我老是一个猎人、渔夫、牧人或批判者。"①在这里，马克思并不是要表达美好生活就是个体在生活方式的选择上的随心所欲，而是说在共产主义社会人们实现了生命与生活的多样性与丰富性，即每个人都能摆脱外在的强制，实现自由全面发展。在这里，马克思、恩格斯事实上指出，每个人的自由全面发展是共产主义的核心要义。

更为重要的是，基于对人类历史的唯物主义理解，共产主义不是与人们的现实生活无关的想象，它是基于当下物质生活条件下必然产生的全面变革的要求，资本主义生产方式本身的内在矛盾使这种变革的要求产生。正因为此，马克思、恩格斯指出："共产主义对我们来说不是应当确立的状况，不是现实应当与之相适应的理想。我们所称为共产主义的是那种消灭现存状况的

---

① 《马克思恩格斯选集》（第一卷），人民出版社，2012 年，第 165 页。

现实的运动。这个运动的条件是由现有的前提产生的。"①显然，与马克思、恩格斯的共产主义理论相比，以往的各种共产主义的"空想"性质十分明显，因为他们不理解现实的人的生活，不能从人的物质生产活动出发来理解人及其历史，从而不能对共产主义产生的基础、实现的条件与路径得出正确的认识，他们的共产主义理想只能是一种关于美好生活的虚幻预言，他们只能在观念中构想美好生活，将之付诸实践则统统遭受失败。

从《1844年经济学哲学手稿》到《德意志意识形态》，马克思主义的共产主义理论不断超越以往的社会主义理论，也不断地走向自我发展与成熟。在《共产党宣言》中，马克思主义的共产主义美好生活图景才得到完整展现。共产主义是《共产党宣言》的灵魂与核心，如果说马克思在之前的著作中已经说明了共产主义是一种全面的、总体的社会变革，那么在《共产党宣言》中，马克思、恩格斯则对这场社会变革如何具体展开进行了描述、规划和论证。

在马克思、恩格斯的理解中，共产主义首先是现实的革命，它产生的现实基础是现代资产阶级所有制，以及已经产生的无产者及他们之间的联系；它的基本要求是在生产力高度发达、资产阶级与无产阶级矛盾十分尖锐、私有制成为生产力发展的阻碍时，消灭私有制建立公有制；它最近的目标是推翻资产阶级的统治，建立无产阶级政权；它的最高目标是实现每个人自由全面发展的自由人联合体，实现个体的自由全面发展与美好的共同生活的统一，"代替那存在着阶级和阶级对立的资产阶级旧社会的，将是这样一个联合体，在那里，每个人的自由发展是一切人的自由发展的条件"②。马克思、恩格斯还从多个方面对共产主义的美好生活图景进行了描绘，对共产主义生活方式的实质与特征进行了概括：生产力高度发达，社会财富极大丰富；消灭了一切

① 《马克思恩格斯选集》(第一卷)，人民出版社，2012年，第166页。
② 《马克思恩格斯选集》(第四卷)，人民出版社，2012年，第647页。

人剥削人、人压迫人、人奴役人的现象;恢复了人的独立性和个性,每个人都成为自由发展的有个性的个人;消灭了私有制,建立了生产资料社会所有制;劳动不再是谋生手段,而是作为人的自由自觉的活动;人类摆脱了盲目必然性的统治,自觉地构建人与自然、人与社会、人与自身之间的和谐关系等。《共产党宣言》的诞生标志着科学社会主义学说的成熟,作为世界无产阶级政党的第一个理论和实践纲领,它拉开了国际共产主义运动的帷幕。其后,共产主义从一个飘荡在欧洲上空的"幽灵",发展为一种世界性的洪流,深刻地影响着人类历史的进程。

除了《共产党宣言》中阐述的上述观点,马克思、恩格斯还在《法兰西内战》《哥达纲领批判》《反杜林论》《社会主义从空想走向科学》等多部经典著作及一系列文章中论及了共产主义革命的具体方式、途径,以及共产主义生活方式的一些其他特征。

巴黎公社革命失败以后,在《法兰西内战》中,马克思总结巴黎公社的首创经验,指出无产阶级必须打破资产阶级国家机器,建立新的真正由人民当家作主、为人民服务的国家政权,在此基础上改造资本主义生产关系的私有性质,逐步消灭阶级,最终实现共产主义。

在《哥达纲领批判》中,马克思第一次提出了共产主义的不同发展阶段及其主要特征。马克思指出,在资本主义社会向共产主义社会转变的过程中存在一个过渡时期(后来列宁认为这一时期是社会主义社会),这一时期社会生活的各个方面都带有旧社会的痕迹:生产力发展水平不高,社会财富尚未极大丰富;实行生产资料社会所有制;劳动仍是主要谋生手段,脑力劳动与体力劳动的差别仍然存在,产品实行按劳分配;人们的思想意识仍然受旧社会的影响;建立人民当家作主的民主社会制度,国家仍然存在并保留着部分旧国家的职能。过渡时期结束后共产主义社会也可分为第一阶段和最高阶段,两个阶段在生产力水平、社会分工、分配制度、人的思想意识等各个方面的发展程度存在差异。而在共产主义社会的高级阶段,则是这样一种情形:"在迫使个人奴隶般的服从分工的情形已经消灭,从而脑力劳动和体力劳动的对立也随之消失之后;在劳动已经不仅仅是谋生的手段,而且本身成了生活的第一需要之后;在随着个人的全面发展,他们的生产力也增长起来,而集体财富的一切源泉都充分涌流之后——只有在那个时候,才能完全超出资产阶级权利的狭隘眼界,社会才能在自己的旗帜上写上:各尽所能,按需分配。"①只有到了这一阶段,真正的平等、每个人的自由全面发展才能实现,而传统意义上的国家将完全消亡。

在《反杜林论》中,恩格斯对圣西门、傅立叶、欧文三大空想社会主义者进行了中肯的评价,肯定了他们在反映劳动人民建立美好生活的心声、唤醒人民反对资本主义上所起的积极作用,认为他们对未来社会的设想具有合理性,承认空想社会主义是科学社会主义的思想来源。恩格斯还进一步预言了共产主义社会的主要特征:无产阶级取得国家政权后,首先实行生产资料公有制,使生产资料成为国家财产;国家有计划地组织生产,消除了生产的无政府状态,消灭了商品生产与商品交换;消灭了阶级与阶级差别,国家走向消亡;在共产主义的不同发展阶段,消费品分别实行按劳分配与按需分配;生产力高度发展,人们享有丰富的物质与精神生活等等。

依据唯物史观所揭示的人类发展的一般规律,在批判当时欧洲资本主义社会的基础上,马克思、恩格斯既描绘了共产主义的美好生活图景,又对共产主义的实质与达成理想的路径进行了具体的探索;既确立了全人类解放的最终目标,又指出了这一目标的实现以高度发达的物质生产力为基础。在他们

---

① 《马克思恩格斯选集》(第三卷),人民出版社,2012 年,第 364~365 页。

这里,共产主义一开始就是从现实的人及其生活出发,从而具有理想与现实的双重维度。但是一方面,马克思、恩格斯对于未来社会只是描绘出大致轮廓,并没有明确说明具体内容,关于这一点,在恩格斯1893年对一位记者提问的回答中可以得到理解:"我们是不断发展论者,我们不打算把什么最终规律强加给人类。关于未来社会组织方面的详细情况的预定看法吗?您在我们这里连它们的影子也找不到。"①另一方面,由于当时的时代局限性,马克思、恩格斯关于共产主义的设想也难免有缺陷与不足,但是他们对于未来理想社会的设想总体上是科学的,合乎人类社会历史发展的必然规律与趋势,而那些理论上的缺陷与不足则在他们自己的理论进展中,也在其后的共产主义理论与实践的进展中得到不断的修正与补充。

(四)列宁对共产主义美好生活的描述

马克思、恩格斯开创了人类解放的事业,他们使社会主义由空想走向科学。随着马克思、恩格斯相继辞世,科学社会主义理论和国际共产主义运动都跌入了低谷,列宁在此时继承和推进了马克思、恩格斯开创的伟大事业,使共产主义由理论走向现实,建立了人类历史上第一个社会主义国家。列宁真诚信奉马克思主义,他为两位伟大的思想家所描绘的人类未来美好生活图景所激励,研读了大量的马克思、恩格斯的著作。但是正如邓小平所说:"列宁之所以是一个真正的伟大的马克思主义者,就在于他不是从书本里,而是从实际、逻辑、哲学思想、共产主义理想上找到革命道路。"②列宁积极地投身于社会主义革命与建设的实践,把马克思主义和俄国实际相结合,在此过程中他著书立说,将马克思主义的共产主义理论进一步丰富与发展。

① 《马克思恩格斯文集》(第4卷),人民出版社,2009年,第561~562页。
② 《邓小平文选》(第三卷),人民出版社,1993年,第292页。

值得注意的是,列宁在理论与实践探索中,对未来共产主义社会的美好生活场景有许多具体的设想。

在1894年的《什么是"人民之友"以及他们如何攻击社会民主党人?》中,列宁认为马克思所设想的"自由人联合体"就是一个按社会主义原则组织起来的联合体。

在1903年的《告贫苦农民》中,列宁指出:"我们要争取新的、更好的社会制度:在这个新的、更好的社会里不应该有穷有富,大家都应该做工……这个新的、更好的社会就叫社会主义社会。"①

在1905年的《对维·加里宁〈农民代表大会〉一文作的两处增补》中,列宁分析了未来社会的经济特征:"社会主义要求消灭货币的权力、资本的权力,消灭一切生产资料私有制,消灭商品经济。社会主义要求把土地和工厂交给按照总计划组织大生产(而不是分散的小生产)的全体劳动者。"②实行生产资料公有制与计划经济,没有贫富差别,人人劳动,没有剥削与压迫,没有商品生产与交换的社会主义就是当时列宁向往的未来完美社会。

1917年,在《无产阶级在我国革命中的任务》中,列宁的认识发生了重大变化,他指出:"人类从资本主义只能直接过渡到社会主义,即过渡到生产资料公有和按每个人的劳动量分配产品。我们党看得更远些:社会主义必然会逐渐成长为共产主义,而在共产主义的旗帜上写的是:各尽所能,按需分配。"③

在1919年写作的《伟大的创举》中,列宁把共产主义理解为基于先进技术与工人自觉奉献创造出来的劳动生产率:"共产主义就是利用先进技术的、自愿自觉的、联合起来的工人所创造的较资本主义更高的劳动生产率。"④

① 《列宁全集》(第7卷),人民出版社,1986年,第112页。
② 《列宁全集》(第12卷),人民出版社,1987年,第75页。
③ 《列宁全集》(第29卷),人民出版社,1985年,第178页。
④ 《列宁全集》(第37卷),人民出版社,1986年,第19页。

在《俄共(布)第八次全国代表会议文献》中,列宁又从倡导共产主义道德的角度把"共产主义"理解为自愿地、无报酬地或无报酬差别地为社会劳动。列宁还常常谈到,共产主义就是苏维埃政权加全国电气化。

列宁对共产主义社会中的美好生活的设想无疑带有十分明显的时代铭印,他的这些认识直接地是从他当时面对的革命与建设实际出发的,这些认识是在实践中对共产主义和未来的美好生活蓝图的理解的时代化与具体化。应当肯定,列宁所作出的理论与实践上的努力,回答了在落后国家如何建设社会主义的问题,使人类在对美好生活的现实寻求中迈出了重要一步,同时也给中国人民追求美好生活提供了重要启迪。

四、中国共产党人的自觉

中国共产党以马克思主义为指导,以共产主义为最终奋斗目标。共产主义社会的美好生活不是一蹴而就的,也不是不顾现实条件勉强按照某种理想的蓝图就能构建出来的。"美好生活"既是中国共产党远大的社会理想,又是切近时代的现实实践,这种实践具体地体现为中国共产党为让人民生活得更加美好所作的种种努力。中国共产党从创立、领导革命到建设和改革,所作的一切努力,都是为了让中国人民生活得更加美好,都是在不同历史条件下追求共产主义、带领中国人民走向美好生活的历史实践。以毛泽东、邓小平、江泽民、胡锦涛、习近平为主要代表的中国共产党人为实现人民的美好生活进行了积极的理论与实践探索。人民的美好生活是中国共产党人一以贯之的追求,是中国共产党人始终为之奋斗的目标。

（一）为中国人民谋幸福、为中华民族谋复兴的初心与使命

在近代以后中国社会的剧烈运动中，在中国人民反抗封建统治和外来侵略的激烈斗争中，在马克思列宁主义同中国工人运动的结合过程中，中国共产党应运而生。带领中国人民走向美好生活、使中华民族摆脱被奴役与压迫的命运走向复兴，是中国共产党最初与最朴素的追求。

资本主义生产方式的产生与发展使人类进入一个全新的历史时期，整个世界都逐渐被卷入由欧洲开启的现代化进程。这个进程给先发国家带去更快的发展与惊人的财富，但给古老的中国带来的却是侵略、掠夺与深重的民族灾难。当资产阶级在其逐利本性的支配下在世界范围掠夺原料产地、建立全球市场时，中国成为了西方列强掠夺的对象。马克思也曾将目光投向遥远的东方，他充满同情地谈道："摇摇欲坠的亚洲帝国正在一个一个地成为野心勃勃的欧洲人的猎获物。"①在遭遇先进生产方式时，"以手工劳动为基础的中国工业经不住机器的竞争。牢固的中华帝国遭受了社会危机"②。西方列强的侵略加速了中国的衰落、加重了中华民族的灾难，促使中国传统的社会经济结构与建基于其上的封建王朝加速崩溃。经受西方列强争相侵略和欺凌的中华民族陷入了生死存亡的危急境地，中国知识分子和众多有识之士不得不开始探索救亡图存和民族复兴的道路。

中国人对现代化道路的探索是一段艰辛的历程，由于没有真正深刻了解当时中国的现实和整个世界的现实，各种尝试都不免遭受失败。俄国十月革命之后，少数先进知识分子，如李大钊、陈独秀、毛泽东等人接受了马克思主义，试图走一条和西方现代化道路完全不同的路——在马克思主义指导下的

---

① 《马克思恩格斯选集》（第一卷），人民出版社，2012 年，第 822 页。
② 《马克思恩格斯全集》（第 10 卷），人民出版社，1998 年，第 277 页。

"俄国人的路"。中国共产党以马克思主义为指导,实现共产主义是她的最终奋斗目标。但是在整个民族面临亡国亡种的威胁,整个国家战事连绵,整个社会动荡不安的时期,对于绝大多数的中国人而言,个体的生命存在尚且难以保全,最基本的安全需求都无法得到满足,根本谈不上美好生活。要实现中国人民的美好生活,首先就要使中国的穷苦百姓摆脱压迫与剥削,使中华民族摆脱落后挨打的命运。

在旧中国,束缚生产力进步、阻碍社会进步,并使中国人民的生活陷入悲惨境地的就是帝国主义、封建主义与官僚资本主义的共同统治。因此,早在党的二大制定的党的最低纲领中,中国共产党就提出了要带领中国人民推翻帝国主义和封建主义的革命任务。在党的七大上,中国共产党将"全心全意为人民服务"写进党章总纲,从此"全心全意为人民服务"就成为了党的根本宗旨。就像自己的纲领、党章所宣称的那样,在领导革命的时期,中国共产党克服了千难万苦,许多优秀的共产党员完全不顾自己个人生活的幸福,为了革命理想、为给广大人民创造美好生活而抛头颅、洒热血。方志敏曾在《可爱的中国》一文中这样描述他期盼中的未来中国:"我们相信,中国一定有个可赞美的光明前途……到那时,到处都是活跃跃的创造,到处都是日新月异的进步,欢歌将代替了悲叹,笑脸将代替了哭脸,富裕将代替了贫穷,康健将代替了疾苦,智慧将代替了愚昧,友爱将代替了仇杀,生之快乐将代替了死之悲哀,明媚的花园将代替了凄凉的荒地!"[1]这段话里表达的是所有中华儿女对美好生活的向往,激励了无数青年投身革命,为中国人民的美好生活而艰苦奋斗。

---

① 江西省委党史研究室编:《方志敏文集》,江西人民出版社,1999年,第141页。

（二）毛泽东与中国的革命和建设

与马克思一样，毛泽东自青年时期就对人生意义的问题进行了深入思考，他在阅读自己的老师翻译的《伦理学原理》一书时，曾有感而发地写下这样的批注："一切之生活动作所以成全个人，一切之道德所以成全个人，表同情于他人，为他人谋幸福，非以为人，乃以为己。"[①]在毛泽东看来，社会生活的根本目的当然是成全个体的人生意义，实现个体的幸福，但个体幸福的达成只有通过为他人谋幸福才能实现。当马克思主义在俄国胜利时，毛泽东冥思苦想的"中国向何处去"这一时代论题终于有了答案。从此，毛泽东将实现共产主义、为人民谋幸福作为自己的毕生志业。人民的幸福高于个体幸福，一个人只有坚持为人民的幸福而奉献，在为人民谋幸福的实践中才能实现个人的幸福，为了人民的幸福可以牺牲自己的幸福，这种信念贯穿着毛泽东领导中国革命与建设的全过程。

毛泽东自觉地继承了马克思主义的基本立场、观点与方法，在结合中国具体实际的基础上，带领中国人民探索实现美好生活的道路。

第一，在全面分析国际国内形势的基础上，毛泽东作出只有社会主义才能使中国人民赢得美好生活的正确论断。在资本主义列强四处扩张、争相掠夺殖民地，而中国生产力水平又十分落后的条件下，资本主义列强不会允许，中国自身条件也不可能使中国成为一个独立的资本主义国家。俄国十月革命以后，马克思主义的真理性在革命实践中得到验证，社会主义的优越性得以展现，特别是由于俄国同样是经济落后国家，俄国的胜利对中国人民的激励作用十分巨大，毛泽东谈道："苏联建成社会主义的伟大历史经验，鼓舞着

---

① 《毛泽东早期文稿》，湖南人民出版社，1990年，第184页。

我国人民,它使得我国人民对于在我国建成社会主义充满了信心。"①毛泽东坚信,走俄国人的路可以使中国人民实现民族独立与解放,在摆脱半殖民地半封建社会的境地的基础上,才谈得上中国人民的美好生活。在马克思主义的指导下,基于中国的特殊国情,毛泽东指出,在无产阶级领导下的中国革命,首先要进行民主主义革命,经由新民主主义社会这一过渡阶段,再经过社会主义革命建立社会主义社会。通过长达 28 年的浴血奋战,中国共产党取得了新民主主义革命的胜利,建立了中华人民共和国,实现了民族独立与人民解放,开启了历史的新征程。

第二,为人民的美好生活奠定各项基本条件。毛泽东曾经充满感情地谈到他的希望:"中国人民将会看见,中国的命运一经操在人民自己的手里,中国就将如太阳升起在东方那样,以自己的辉煌的火焰普照大地,迅速地荡涤反动政府留下来的污泥浊水,治好战争的创伤,建设起一个崭新的强盛的名副其实的人民共和国。"②毛泽东认为,只有当政治上、经济上具备了一切条件的时候,中国社会才能实现向社会主义社会的转变,中国人民才会迎来新的美好生活。因此,新中国成立以后,在新民主主义革命完成后,中国共产党确立了人民民主专政的国体。在此基础上,建立了人民代表大会制度的根本政治制度,中国共产党领导的多党合作和政治协商制度、民族区域自治制度的基本政治制度。自此以后,中国的一切发展有了根本的政治前提和政治基础。在人民民主专政的基本保障下,中国人民不仅成为了政治上的主人,也第一次成为了追求和创造自己的美好生活的主人。

对于一个马克思主义政党来说,特别是对于当时连人民基本的生存需要都难以满足的中国共产党来说,一旦夺取政权,首先就要集中力量解放生产

① 《毛泽东文集》(第 6 卷),人民出版社,1999 年,第 431 页。
② 《毛泽东选集》(第四卷),人民出版社,1991 年,第 1467 页。

力、发展生产力,提高人民的物质生活水平,之后才谈得上逐步满足人民美好生活的其他需要。毛泽东谈道:"为什么要革命,为了使中华民族得到解放,为了实现人民的统治,为了使人民得到经济的幸福。"①新中国成立以后,毛泽东适时地用和平方式实现了社会主义的三大改造,建立了社会主义基本经济制度,致力于为人民的美好生活奠定物质基础。在全国胜利前夕,毛泽东就谈到党的工作重心要转移到恢复生产事业上来,他认为:"如果我们在生产工作上无知,不能很快地学会生产工作,不能使生产事业尽可能迅速地恢复和发展,获得确实的成绩,首先使工人生活有所改善,并使一般人民的生活有所改善,那我们就不能维持政权,我们就会站不住脚,我们就会要失败。"②新中国成立以后,我们党一开始就把保障人民生活当作头等大事来抓,努力恢复和发展生产,最终实现了经济局面的稳定和人民生活水平的稳步提高。虽然后来党的工作一度偏离科学理论的指导与实际情况,但是在建国后的不到三十年的时间里,在一穷二白的基础上,我国建立起了一个独立的、比较完整的工业体系和国民经济体系本身已经是了不起的成就。

第三,对中国未来美好生活图景的设想。在毛泽东看来,一穷二白的中国恰如一张白纸,可以画出美好生活的最新、最美图画。作为中国未来美好生活的蓝图,社会主义社会具有这样一些基本特征:首先是生产力高度发达、经济高速增长,充分满足人民的需要。毛泽东提出"四个现代化"的发展战略,并且多次明确强调,社会主义革命的目的就是要解放和发展生产力,要提高和发展生产力就要大力发展科学技术。毛泽东指出,社会主义生产关系的优越性就在于,"能够容许生产力以旧社会所没有的速度迅速发展,因而生产不

---

① 《毛泽东文集》(第1卷),人民出版社,1993年,第21页。
② 《毛泽东选集》(第四卷),人民出版社,1991年,第1428页。

断扩大,因而使人民不断增长的需要能够逐步得到满足的这样一种情况"①。

其次是独立自主的社会主义。在毛泽东看来,马克思主义当然具有普遍真理性,苏联的社会主义模式也可提供重要的借鉴,但是中国的国情是独特的,中国的历史与文化、中国面对的问题和矛盾都是独特的,这就内在地蕴含着走民族自主的社会主义道路的要求。因此,毛泽东强调要由中国人自己来认识自己的国情,不能成为任何国家与力量的附庸,要靠自己的力量探索建设社会主义的独特方法。

再次是公平正义、人民民主的社会。公平正义是社会主义社会追求的价值目标,毛泽东的追求就是以经济公平为基础的社会主义。社会主义社会应当建立社会主义公有制,使人民在财产占有、产品分配上尽可能实现公平,与之相应的,人与人之间平等友爱、共同奋斗。毛泽东还认为,社会主义社会应当真正体现人民的利益,是人民群众真正当家作主的社会,也是广泛实现了经济民主、政治民主、文化民主与社会民主的社会。

最后是由社会主义"新人"构成的全新的世界。在毛泽东看来,培养和造就社会主义"新人"是社会主义的应有之义。他认为,改造客观世界和改造主观世界是相互统一的,因此不仅要改造客观世界,还要改造主观世界,即构建社会主义价值观念体系,提升人们的道德水平与精神境界,提高人们认识与改造世界的水平与能力,使人们在革命与建设中始终保持一种斗志昂扬、奋发向上的精神状态。这样,中国社会将成为一个"六亿神州尽尧舜"的新世界。

总之,把中国建设成为一个文明、民主、富强的社会主义现代化国家,使中国人民过上幸福美好的生活是毛泽东不懈奋斗的目标。为了实现这一目标,毛泽东从各个方面进行了大量的理论与实践探索,在这一过程中,确实出

---

① 《毛泽东文集》(第7卷),人民出版社,1999年,第214页。

现了一些困难、挫折乃至错误,但是历史地看,在毛泽东的领导下,中国共产党在各个方面取得的成就十分显著,为改革开放后的发展、为中国人民的美好生活打下了坚实的基础。

(三)邓小平与中国特色社会主义

党的十一届三中全会后,为了使人民过上美好幸福的生活,党重新认识了国情,作出将党的工作中心转移到经济建设、实行改革开放的重大历史决策,开辟了中国特色社会主义道路,也开启了中国人民持续稳定地追求美好生活的发展历程。

在经历诸多磨难之后,邓小平对毛泽东革命与建设时期的经验与教训进行了总结,对社会主义的本质特征进行了概括。在邓小平看来,贫穷不是社会主义,在马克思、恩格斯对于社会主义的设想中,高度发达的生产力、极大丰富的物质财富是基本前提。因此,邓小平指出:"社会主义的首要任务是发展生产力,逐步提高人民的物质和文化生活水平。从一九五八年到一九七八年这二十年的经验告诉我们:贫穷不是社会主义,社会主义要消灭贫穷。不发展生产力,不提高人民的生活水平,不能说是符合社会主义要求的。"[1]邓小平还谈道:"按照历史唯物主义的观点来讲,正确的政治领导的成果,归根结底要表现在社会生产力的发展上,人民物质文化生活的改善上。如果在一个很长的历史时期内,社会主义国家生产力发展的速度比资本主义国家慢,还谈什么优越性?我们要想一想,我们给人民究竟做了多少事情呢?我们一定要根据现在的有利条件加速发展生产力,使人民的物质生活好一些,使人民的文化生活、精神面貌好一些。"[2]在邓小平看来,社会主义和美好生活简单

---

①　《邓小平文选》(第三卷),人民出版社,1993年,第116页。

②　《邓小平文选》(第二卷),人民出版社,1994年,第128页。

明了、真实可寻,它就在人民群众的现实生活中,它就是在物质生活富裕的基础上文化生活、精神生活的共同丰富。因此,当前的任务十分简单,那就是不断发展以满足人民不断增长的物质文化需要,促进人民美好生活需要的满足。

基于中国实际与社会历史发展趋势的科学判断,邓小平描绘了以共同富裕、社会主义现代化为主要目标的美好生活蓝图。

一是共同富裕。在邓小平看来,社会主义不仅是富裕的社会,而且是共同富裕的社会,这是社会主义制度区别于其他一切剥削制度的根本区别。邓小平谈道:"社会主义的特点不是穷,而是富,但这种富是人民共同富裕。"[1]根据中国社会生产力发展水平和各地区发展不平衡的实际,共同富裕不可能马上达成,因此他提出让一部分人先富起来,先富带动后富,进而实现共同富裕。虽然为了实现共同富裕,在大力发展经济的过程中,不免出现人们富裕程度、不同地区发展水平与速度的差异,但绝不能出现两极分化。当然,所谓的共同富裕绝不仅仅是指物质财富的富裕,还应当包括精神文化生活的不断丰富、个体自身的不断完善、民主政治的进步等方面的内容。

二是社会主义现代化。"文化大革命"十年内乱导致中国国民经济体系几近崩溃,大量人口生活贫困,连基本的温饱问题都没有得到解决。与之相对的,西方资本主义国家正处于经济发展的黄金时期,进入了现代化阶段。在了解了世界发展形势,以及中国与世界的差距之后,邓小平提出了把全党的工作中心转移到"四个现代化"上来的主张,他指出:"在二十世纪内,全面实现农业、工业、国防和科学技术的现代化,把我们的国家建设成为社会主义的现代化强国,是我国人民肩负的伟大历史使命。"[2]邓小平认为:"社会主

---

① 《邓小平文选》(第三卷),人民出版社,1993年,第265页。

② 《邓小平文选》(第二卷),人民出版社,1994年,第85~86页。

义本身是共产主义的初级阶段，而我们中国又处在社会主义的初级阶段，就是不发达的阶段。一切都要从这个实际出发，根据这个实际来制订规划。"①根据我国人口多、底子薄，将长期处于社会主义初级阶段的客观实际，邓小平指出，中国要搞的现代化是合乎中国国情的现代化，他用"小康"这一寄托了中国人民关于美好生活想象的概念来描述中国式的现代化目标，"我们要实现四个现代化，是中国式的四个现代化。我们的四个现代化的概念，不是像你们那样的现代化概念，而是'小康之家'"；"就算达到那样的水平，同西方来比，也还是落后的。所以，我只能说，中国到那时也还是一个小康的状态"②。

在邓小平的规划中，小康当然不是中国社会发展的终极目标，但却是中国现代化进程中必经的重要阶段，中国的发展应该分阶段、有步骤，应该先用20年的发展达到小康水平，然后再继续向更高程度的现代化奋斗，邓小平的这一战略构想被概括成"三步走"，在党的十三大上得到了完整阐述。按照邓小平提出的"三步走"构想，中国社会走上了正确、可行的发展道路。

作为邓小平关于美好生活的规划的两个主要目标，共同富裕与社会主义现代化从根本上是统一的，共同富裕是从人民的利益与愿望出发来阐释社会主义现代化的根本目的；社会主义现代化是从社会总体状况来阐述实现共同富裕的社会前提，它们共同构成了邓小平关于中国发展目标和人民美好生活的基本设想。

邓小平用简朴的话语说明了社会主义的本质，指明了中国社会主义建设的奋斗方向，人民的美好生活是邓小平最深的关切。党的十一届三中全会之后，邓小平指导全党进行了一系列深入全面的改革，中国人民走上了富裕之路和幸福之路，开启了中国特色社会主义现代化道路。总的来说，基于特定历

---

① 《邓小平文选》（第三卷），人民出版社，1993年，第252页。
② 《邓小平文选》（第二卷），人民出版社，1994年，第237页。

史阶段的实际情况，以邓小平同志为主要代表的中国共产党人主要关注经济发展，关注如何让人民富起来，从而为人民的美好生活赢得更多的物质保证。

（四）江泽民与全面建设小康社会

改革开放后，根据中国经济社会发展的新进展，以江泽民同志为主要代表的中国共产党人适时地提出了全面建设小康社会的奋斗目标，使中国人民的美好生活图景更加清晰、具体与全面。

党的十三届七中全会对小康的内涵作了详细的描述：所谓小康水平，是指在温饱的基础上，生活质量进一步提高，达到丰衣足食。党的十五届三中全会通过了《中共中央关于农业和农村工作若干重大问题的决定》，在其中专门对农民的小康生活进行了描绘：广大农民温饱有余，生活资料更加丰富，居住环境有一定改善，健康水平和受教育程度进一步提高。到了21世纪，在完成"三步走"战略的第二步战略目标，即人民生活总体水平达到小康的基础上，在党的十六大报告中，江泽民提出全面建设小康社会的目标。经过20年的改革开放，中国人民在传统社会中孜孜以求的小康梦想成为了现实，但是总体小康意味着我们国家当时处于低水平、不全面、不平衡的小康社会，更高水平、更全面、更平衡的全面小康理想应运而生。

全面小康首先意味着更高水平的小康社会。具体而言，就是要在21世纪的头20年，国内生产总值比2000年翻两番，人均收入达到3000美元，即达到中等收入国家的平均水平，进入经济更加发展、民主更加健全、科技更加进步、文化更加繁荣、社会更加和谐、人民生活更加殷实的更高水平的小康社会。其次，全面小康意味着经济、政治、文化等社会生活各个方面的全面发展，具体而言，就是社会主义民主更加完善，社会主义法治更加完备，社会秩序良好；人民安居乐业，接受良好教育，实现人的全面发展；生态环境得到改善，人与自然更加和谐；整个社会走上生产发展、生活富足、生态良好的文明发展道路。最后，全面小康还意味着发展走向均衡。具体而言，就是工农差别、城乡差别、地区差别扩大的趋势逐步缩小，社会保障体系比较健全，家庭财产普遍增加，广大人民过上更加富足的生活。正如江泽民指出的："实现了全面建设小康社会的目标，我们的祖国必将更加繁荣富强，人民的生活必将更加幸福美好，中国特色社会主义必将进一步显示出巨大的优越性。"[1]

在党的十六大报告中，江泽民还同时提出，促进人的全面发展是社会主义的本质要求，是全面建设小康社会的目标。江泽民指出："我们建设有中国特色社会主义的各项事业，我们进行的一切工作，既要着眼于人民现实的物质文化生活需要，同时又要着眼于促进人民素质的提高，也就是要努力促进人的全面发展。这是马克思主义关于建设社会主义新社会的本质要求。我们要在发展社会主义社会物质文明和精神文明的基础上，不断推进人的全面发展。"[2]江泽民认为，经济、社会、文化的发展与人的发展互为前提，人越全面发展，就能创造越多的物质与精神财富，人民的生活就越富足；社会越发展，就越能给人的全面发展提供条件。进入小康社会，人民基本解决温饱问题，为人的全面发展打下了基本的物质基础，但是要实现人的全面发展，仅仅达到总体小康水平仍然不够，只有在全面发展的社会，个体的物质生活、政治生活、文化生活才能极大丰富，个体才能实现全面发展。中国社会的现实发展状况，人的发展的内在要求都是走向更高水平的发展，即全面建设小康社会。

总的来说，以邓小平同志为主要代表的中国共产党人首先是要拨乱反正，设法使中国走上正确、可行的发展道路，主要关注如何使人民实现温饱，

[1]　《江泽民文选》（第三卷），人民出版社，2006年，第544页。
[2]　同上，第294页。

进而使人民富起来,使人民的美好生活具有基本的物质基础。由于改革开放的推进,我国的经济活力得到激发,人民的生活水平快速提高,"小康"社会对中国人民而言不再是遥不可及的梦想,而是中国特色社会主义建设现实可行的目标。在新的发展阶段,以江泽民同志为主要代表的中国共产党人,一方面更加坚定了只有走中国特色社会主义道路、坚定不移地进行改革开放、一心一意谋发展才能带领中国人民走向美好生活的信念;另一方面则从更多角度来看待现代化与小康目标,也能更具体、更长远地设定关于美好生活的发展规划与蓝图。

(五)胡锦涛与构建和谐社会

进入 21 世纪,以胡锦涛同志为主要代表的中国共产党人,加快推进社会主义现代化进程,带领中国人民为了全面建设小康社会、实现中华民族伟大复兴而努力奋斗。在完成"三步走"第二步战略目标的基础上,基于 21 世纪中国发展的新的阶段性特征,胡锦涛提出了构建社会主义和谐社会的新构想。

随着改革开放的进一步推进,我国的经济、政治、文化建设都取得明显成效,人民生活在进入 21 世纪时总体达到小康水平。但是与此同时,我国也进入了改革发展的关键时期。以胡锦涛同志为主要代表的中国共产党人对我国的发展实践进行总结,对 21 世纪中国社会新的阶段性特征进行了概括。胡锦涛提出,既要看到改革开放以来的重大成就,又要看到问题与挑战,社会主义初级阶段的基本国情在 21 世纪新阶段表现出了新特征, 即经济体制深刻变革、社会结构深刻变动、利益格局深刻调整、思想观念深刻变化。在这样一个社会转型期,社会生活各个领域的相互适应尚未形成,社会阶层加速分化,利益关系重新调整,思想高度分化,旧的遗留问题与新生问题同时存在。总之,这是一个发展的黄金期,也是一个矛盾凸显期。如果各方面矛盾得到妥善处理,就会迎来快速发展,反之,则有可能走向发展的停滞乃至倒退。在这样的背景下,胡锦涛提出构建社会主义和谐社会的构想。

2004年9月,党的十六届四中全会通过《中共中央关于加强党的执政能力建设的决定》。会议指出:"形成全体人民各尽其能、各得其所而又和谐相处的社会,是巩固党执政的社会基础、实现党执政的历史任务的必然要求。要适应我国社会的深刻变化,把和谐社会建设摆在重要位置,注重激发社会活力,促进社会公平和正义,增强全社会的法律意识和诚信意识,维护社会安定团结。"①明确提出了构建和谐社会的重大战略任务,在胡锦涛的构想中,和谐社会是民主法治、公平正义、诚信友爱、充满活力、安定有序、人与自然和谐相处的社会:"到2020年,构建社会主义和谐社会的目标和主要任务是:社会主义民主法制更加完善,依法治国基本方略得到全面落实,人民的权益得到切实尊重和保障;城乡、区域发展差距扩大的趋势逐步扭转,合理有序的收入分配格局基本形成,家庭财产普遍增加,人民过上更加富足的生活;社会就业比较充分,覆盖城乡居民的社会保障体系基本建立;基本公共服务体系更加完备,政府管理和服务水平有较大提高;全民族的思想道德素质、科学文化素质和健康素质明显提高,良好道德风尚、和谐人际关系进一步形成;全社会创造活力显著增强,创新型国家基本建成;社会管理体系更加完善,社会秩序良好;资源利用效率显著提高,生态环境明显好转;实现全面建设惠及十几亿人口的更高水平的小康社会的目标,努力形成全体人民各尽其能、各得其所而又和谐相处的局面。"②

在胡锦涛看来,实现经济、政治、文化、社会等各个方面协调发展,解决好发展中的利益分配与矛盾冲突问题,实现整个社会的和谐有序发展,归根结

---

① 《十六大以来重要文献选编》(中),中央文献出版社,2006年,第286页。
② 《十六大以来重要文献选编》(下),中央文献出版社,2008年,第651页。

底,是为了使人民群众能过上美好幸福的生活,人民是一切工作的出发点和落脚点。在党的十七大报告中,胡锦涛指出:"党的一切奋斗和工作都是为了造福人民。"①"我们将大力推动经济社会发展,依法保障人民享有自由、民主和人权,实现社会公平和正义,使十三亿中国人民过上幸福生活。"②胡锦涛还对构建和谐社会的指导思想、基本原则、具体举措等进行了系统的论述,从而形成了系统的社会主义和谐社会理论。

和谐是中国传统文化精神的精华,和谐社会是社会主义社会的应有之义。胡锦涛用具有深厚中国传统文化特色的"和谐社会"来概括中国人民的美好生活图景,既是对特定发展阶段中国特色社会主义建设现实目标的设定,又是对社会主义本质认识的深化。和谐社会这一关于美好生活的构想既切中现实状况,又值得人们永恒追求。

(六)习近平关于美好生活的重要论述

党的十八大以来,以习近平同志为核心的党中央自觉地接过历史的接力棒,明确提出了人民对美好生活的向往是党的奋斗目标。习近平始终高度关切人民的美好生活,立足于人民对美好生活的需要和社会发展的实际,提出了一系列关于美好生活的观点,进行了一系列以实现人民美好生活为目的的实践,习近平关于美好生活的重要论述构成了习近平新时代中国特色社会主义思想的重要内容。

首先,习近平的美好生活观体现了以人民为中心的政治情怀。在习近平个人的成长历程中,以人民为中心的政治情怀始终贯彻其中。党的十八大以后,习近平更是无数次地强调人民是历史的创造者,要尊重人民的主体地位,

---

① 《十七大以来重要文献选编》(上),中央文献出版社,2009年,第12页。
② 《十六大以来重要文献选编》(下),中央文献出版社,2008年,第429页。

要一切依靠群众、相信群众,一切为了群众。2012 年 11 月 15 日,习近平在十八届中央政治局常委同中外记者见面会上用十分深情的语言谈道:"人民对美好生活的向往,就是我们的奋斗目标。人世间的一切幸福都需要靠辛勤的劳动来创造。我们的责任,就是要团结带领全党全国各族人民,继续解放思想,坚持改革开放,不断解放和发展社会生产力,努力解决群众的生产生活困难,坚定不移走共同富裕的道路。"①美好生活是人民永恒的追求,而党的任务就是要不断地满足人民美好生活的需要。美好生活的实现需要个体的努力,但更需要中国共产党人继承正确的发展思路,通过不懈的奋斗,去为个体的美好生活创造实实在在的社会条件与基础。将人民对美好生活的向往作为共产党人的奋斗目标,既是习近平对全体党员的殷切期望,也是党对人民的庄严承诺。

其次,习近平提出美好生活问题的现实依据是中国社会主要矛盾的转变。在党的十九大报告中,习近平作出我国进入中国特色社会主义新时代,我国社会的主要矛盾发生了重要转变的论断。经过中国共产党和中国人民的长期努力,我国已经成为世界第二大经济体,并且经济持续稳定在较高水平上增长,14 亿中国人民不仅生活水平总体上实现了小康,而且不久就要全面建成小康社会。除了物质生活水平的提高,党和国家在政治、文化、社会、生态、军事、外交、党的建设等各个方面都取得了历史性成就,为人民提供了更多、更好的资源、产品、服务、机会、保障等等,中国人民因为这些伟大成就而普遍感受到了更多的公平、正义与自由,过上了更体面的生活。在这些伟大成就的基础上,"物质文化需要"与"落后的社会生产"之间的矛盾已经不合乎当下中国的实际,取而代之的是人民日益增长的美好生活需要和不平衡不充

---

① 《习近平谈治国理政》(第一卷),外文出版社,2018 年,第 4 页。

分的发展之间的矛盾。在此基础上,党的工作的重点要求就是全面建成小康社会,不断满足新时代中国人民对于美好生活的需要。

再次,习近平阐释了满足新时代人民美好生活需要的具体要求。习近平认为,经过长期而艰苦的探索与奋斗,中国人民已经实现了一定程度上的美好生活,但人民关于美好生活的需要是发展的,人民不仅对物质文化生活提出了更高要求,而且在民主、法治、公平、正义、安全、环境等方面的要求日益增长,人民向往的是更为美好的生活。基于对中国过去发展成绩、中国当下发展水平、中国人民的现实生活状况的把握,习近平指出:"我们的人民热爱生活,期盼有更好的教育、更稳定的工作、更满意的收入、更可靠的社会保障、更高水平的医疗卫生服务、更舒适的居住条件、更优美的环境,期盼孩子们能成长得更好、工作得更好、生活得更好。"[①]人民需要更加殷实的物质生活、更加健全的政治生活、更加繁荣的文化生活、更加和谐的社会、更加美丽的生态环境,人民追求更多的安全感、归属感、获得感和幸福感,人们期盼自身生活方方面面需要的切实满足,人民向往的是一种整体性的美好生活。

最后,习近平明确了开创美好生活的现实路径。习近平指出:"中国特色社会主义道路是实现社会主义现代化的必由之路,是创造人民美好生活的必由之路。"[②]全党应该以满足人民美好生活需要为一切工作的出发点和落脚点,努力推动各项事业的全面发展,将全面深化改革进行到底,并确保改革发展的成果惠及所有人。"我们要顺应人民群众对美好生活的向往,坚持以人民为中心的发展思想,以保障和改善民生为重点,发展各项社会事业,加大收入分配调节力度,打赢脱贫攻坚战,保证人民平等参与、平等发展的权利,使改革发展成果更多更公平惠及全体人民,朝着实现全体人民共同富裕的目标

① 《习近平谈治国理政》(第一卷),外文出版社,2018年,第4页。
② 《习近平谈治国理政》(第二卷),外文出版社,2017年,第36页。

稳步迈进。"①在综合分析国际国内形势和我国发展状况后,习近平提出了通往美好生活的路线图,那就是 2020 年全面建成小康社会;2035 年基本实现社会主义现代化;2050 年建成富强民主文明和谐美丽的社会主义现代化强国。为了实现这一关于美好生活的规划,习近提出了一系列新理念新思想新战略,进行了许多治国理政的新实践。

美好生活是马克思主义的社会理想,也是中国共产党人由始至终的奋斗目标。一部中国共产党历史,就是一部中国共产党重新找到正确方向、为中国人民的美好生活不断筑牢基础的奋斗史。近百年来,我们的党、我们的国家、中国人民的生活都发生了翻天覆地的变化,但是我们党全心全意为人民服务的宗旨始终没有变,我们党为人民的美好生活而奋斗的初心始终没有变。在革命年代,我们浴血奋战是为了让中国人民站起来;在和平年代,我们发展经济是为了让中国人民富起来;在新时代,我们继续努力奋斗是为了实现中国社会的全面发展和全体人民的共同富裕。让所有中国人民过上美好生活,贯穿于党创业、守业、兴业的全过程。中国共产党在带领中国人民创造美好生活的过程中实现了自我成长、自我蜕变,在人民和历史的选择中取得领导地位并不断得以巩固;中国人民也在中国共产党人的带领下比任何时代都更接近民族复兴的伟大梦想,都更可能实现个体幸福与发展,日益趋近于美好生活的理想。

---

① 《习近平谈治国理政》(第二卷),外文出版社,2017 年,第 40 页。

　　"天下同归而殊途,一致而百虑。"美好生活是人类共同的向往,但是关于什么是美好生活、如何才能实现美好生活,不同时代、不同民族和国家的人们却难以达成共识。人们的社会生活是一个内容复杂的有机整体,从任何一个特殊的立场与视角出发往往只能看到某些侧面,这使得人们对美好生活提出不同的见解是必然的。基于此,我们试图从对美好生活及其相关概念的辨析开始,进而对不同学科视野中、不同主张下对美好生活问题的理解进行分析与综合,最后提炼出我们关于美好生活内涵与特性的观点。

一、美好生活相关概念辨析

美好生活是一个人们在日常生活中常常提及的词,近年来,它更是成为了学术研究、政治话语中频繁出现的概念。我们注意到,不论是作为日常生活中的词汇,还是作为严肃的学术概念与政治词汇,"美好生活"常常与其他概念,特别是"幸福"被不加区分地使用。基于此,在进一步的讨论之前,我们首先对美好生活及相关概念进行必要的辨析。

在汉语中,"美"和"好"都是会意词。《说文解字》分别这样解释它们的含义:"美,甘也。从羊从大。羊在六畜主给膳也。美与善同意。""好,美也。从女子。"这就是说,"美"的本意是羊大肥美能给人以味觉上的快感,而"好"的本意则是女子貌美能给人带来愉悦的感受。"美""好"二字并用则最早出于《庄子·杂篇·盗跖》,孔子称赞盗跖长得魁梧高大、相貌美好、人人喜爱:"生而长大,美好无双,少长贵贱见而皆说之。"在几乎同时代的《九章·抽思》中,屈原反复咏唱"憍吾其美好兮",其中"美好"也是指相貌漂亮。不难看出,"美好"一词在古汉语中是用来形容给人带来愉悦心情的事物,"美好生活"的原初含义就是令人愉悦、快乐的生活状态,这种对"美好生活"的理解是极具中国文化特色的,突出了美好生活中感性的、"乐"的维度。

在《说文解字》里,对于"幸"的解释是"吉而免凶也"。在《小尔雅》中又有:"非分而得谓之幸。"可见,在古汉语中,幸的基本含义是免去灾害或意外地得到。在《说文解字》中也有对"福"的解释:"福,祐也",即福就是得到上天、神灵的庇佑;《老子》中有"祸兮福所倚,福兮祸所伏",就是认为福与祸相对,免于祸患就是福。中国古人有长寿、富贵、康宁、好德、善终为"五福"之说。可见，在古汉语语境中，"幸福"是指人生中一种幸运的、好的或完美的境况。

相对而言，"幸福"的原初词义更多的是对生活的客观状况的描述，没有突出强调某一种好，也没有突出强调主体的感性体验。仅从汉语中两个词的原初词义来看，"美好生活"与"幸福"是词义有部分重合，但又明显不同的两个概念。

作为现代汉语的表达方式，"美好生活""幸福"是在与西方文化和语言的互动中形成自己的含义的。因此，我们还有必要在与西语的对照中来重新理解它们。在英文中，"美好生活""幸福"各自对应着不同的表达方式。"美好生活"一般被译为"good life"，与"幸福"相对的则主要有两个词，"happiness"和"well-being"。其中，"happiness"和"well-being"虽然都被译为幸福，但它们有着重要差别。"happiness"的词源是"happy"，意思是愉快的、幸运的、令人满意的，这是一个用来形容人的情绪与感受的词，当它名词化为"happiness"时，强调的就是人的主观体验上的好。"well-being"意为好的存在状态，但是它可以广泛用于一切事物之上，当然也可用于描述好的生活状态，此时它的意思就是"good life"。好的生活状态（"good life"）不是某个方面或某种特殊的好，是总体上的好，在这种好中，包含着好的生活状态必然引起的情感体验，即"happiness"。简单地讲，"well-being"的含义宽于"good life"，"good life"中则包含"happiness"，"good life"在主观体验的层面就是"happiness"。不难看出，"good life"倒是和古汉语语境中的"幸福"更为接近，古汉语语境中的"美好生活"由于凸显了中国文化中的"乐"的维度和"happiness"更为接近。不过，"幸福"一词的原初语义已经逐渐丧失，在今天人们的表达中，"幸福"主要用于表达一种心理满足、心情舒畅的主观感受与体验。而"美好生活"则是一个既表征了中国文化特色，又意味着总体上好的生活状态的概念。仅从上述的简单分析,我们就不难感受到不同语言间的准确对译十分困难,时代发展、文化互动与交流最后以略显奇怪的方式体现在了语言现象中。

值得一提的是,关于"happiness""well-being"和"good life"的含义,有一个为人们熟知的"公案",即对亚里士多德的"eudaimonia"的翻译问题。"eudaimonia"原意是受神的庇护、有好的运气或生活得好。亚里士多德认为,"eudaimonia"是"至善",即人们追求的最高目标:"就其名称来说,大多数人有一致意见。无论是一般大众,还是那些出众的人,都会说这是幸福,并且会把它理解为生活得好或做得好。"①做得好是指做出优秀的德性行为,活得好是指以一定的外在善为基础将优秀的德性行为持续一生的状态。在英文中,人们总是难免把"eudaimonia"翻译成"happiness",与之相对应的,人们在中文里将其对译为"幸福"。但是按照亚里士多德的意思,"eudaimonia"显然不是形容一种情感状态或主观体验,它是一种客观的、好的人生存在状态,这与"happiness"差异很大,它指的是人生的"well-being",即"good life"。我们认为,亚里士多德实际谈论的不是现代语境下的"幸福",而是"美好生活"。

不难看出,无论是在古汉语的语境下,还是在现代语境下,从词义上对"美好生活"与"幸福"进行区分并不困难。一方面,历史地看,将"美好生活"与"幸福"混同是一个可以理解的语言现象,它表明在生产生活方式的现代转变的基础上,人们对美好生活的理解的感性化、去道德化、私人化的倾向日益明显,因此在严肃的学术讨论中,我们要有意识地对它们进行必要的区分,以明确人们真正讨论的主题。但是另一方面,"美好生活"与"幸福"的确存在深刻的内在关联,这使得关于"美好生活"和"幸福"的讨论不可避免地存在相当高程度的重合。人是感性的存在物,追求愉悦、快乐的感受是人们许多行为最直

---

① ［古希腊］亚里士多德:《尼各马可伦理学》,廖申白译,商务印书馆,2003 年,第 9 页。

接、最原始的动力,从主观感受的层面,使人感到不幸、痛苦的生活绝不可能是美好生活,美好生活当然应该是一种幸福的、快乐的生活,美好生活的具体落脚点是每个个体的幸福,一种生活状态是否美好最终要以人们是否普遍感到幸福与快乐作为评价标准。因此,只要在明确下述四点的基础上,我们将关于美好生活与幸福的思想都纳入探讨范围既是必要的又是可取的:

第一,快乐、幸福是由于需要的满足而产生的主观体验,但是这种主观体验绝大部分时候不可能依赖主体自身就能获得,人必须与外部世界打交道,在社会生活中才能获取满足需要的客观条件与手段。第二,快乐、幸福是个体的、私人的,但是在一个社会中如果仅有一部分人在生活中感受到幸福,而另一部分人则感到不幸,甚至一部分人的不幸是另一部分人实现幸福的条件,这种社会生活状况当然算不上美好。第三,快乐、幸福作为一个心理事实不具有规范性,只要人们的某种需要得到满足,无论这种需要是何种层次的需要,也无论这种需要是否合理、正当,个体都会产生或强或弱、或长或短的快乐情绪,并因而感受到幸福。但是如果人们沉迷于从对某种不合理的需要的满足中来寻求快乐,以损害他人幸福的途径获取个体的快乐,这样社会生活状况自然也算不上美好。第四,从任何一种或几种特殊需要的满足中得到的快乐是片面的、易逝的,而人们的需要和人们的生活却是整体的、可持续的,片面的、短暂的快乐不是真正的幸福,更不是美好生活。

概而言之,从主观体验的层面而言,美好生活最终表现为每个个体的幸福感受,"happiness"是主观的、私人的、个体的、暂时的,"good life"却是主客观、公共性与私人性的辩证统一,也是整体的与持久的。如果将美好生活等同于幸福或快乐,就把它主观化、个体化、相对化和片面化了。美好生活不仅仅是个体对于生活的美好体验,它不等同于快乐或幸福,它是统合了各种"好"的生活状态。美好生活既包含中国传统文化中的"乐"这一美好生活的重要维度，也包含现代汉语中得以凸显的"美"的维度；美好生活是人的生活的好的存在状态（"well-being"），并最终体现为作为主体性幸福的"happiness"。

二、美好生活的不同学科视野

美好生活的内涵、如何才能实现美好生活是人们始终关切的学术话题，在政治哲学、伦理学、美学、宗教学等学科视野下，美好生活更是受到了特别的关注。

（一）伦理学视野中的美好生活

伦理学是关于善的知识，它研究人的行为的目的，即真正的善，以及由此规定的人的行为准则与道德法则。亚里士多德在《尼各马可伦理学》的一开篇就说："每种技艺与研究，同样地，人的每种实践与选择，都以某种善为目的。所以有人就说，所有事物都以善为目的。"①这就是说，人有各种各样的活动方式，各个不同的活动都以某种具体的善为目的，但是在我们活动的目的系列中存在某种最终的目的和最高的善，这个目的是一切其他具体目的的终极目的，这种最终的目的或最高的善就是幸福。如前所述，这里的幸福更多的是指好的生活状态，即美好生活。伦理学研究的目的就是揭示什么样的生活方式才是好的。为了回答这一问题，伦理学研究人的本性、习惯与行为，并基于这些研究提出人类活动的"应当"问题，即人的行为准则与道德法则，以帮助人

---

① ［古希腊］亚里士多德：《尼各马可伦理学》，廖申白译，商务印书馆，2003年，第3页。

们过一种好生活。

传统德性伦理学把美好生活作为其核心论题。德性主义认为,美好生活就是过一种合乎德性的生活,德性与美好生活是内在一致的,德性是美好生活的前提,甚至就是美好生活本身。比如,苏格拉底认为,真正重要的事是要"很好地生活",而很好地生活意味着荣誉地或公正地生活,也就是要根据德性来生活。亚里士多德认为:"最优良的善德是幸福,幸福是善德的实现,也是善德的极致。"①需要指出的是,在传统文化语境中,无论是在中国还是西方,"德性"的含义并不等同于现当代语境中频繁使用的"品德""道德""德行"。比如,在希腊语中,"德性"是指使一个事物状态好并使其自身很好地实现其自身本性的品质,因此对于人而言,德性就是使人成为真正的人、"好人"或实现自我完善的品质;在中国儒家的典籍中有:"故君子尊德性而道问学"(《礼记·中庸》),在这里,"德性"就是指人与生俱来的本性与天性。在传统社会中,德性是多种多样的,那些诸种德性高于众人的杰出者就会受到推崇与赞美,人们以追求德性、不断地自我完善为目标。

显然,合乎德性的含义比合乎道德要宽泛得多,但合乎道德一直是合乎德性的重要方面,也是人们实现美好生活的现实途径。比如,亚里士多德把德性分为理智德性与道德德性,一个人有智慧或一个人能节制自己的欲望,具有勇敢、慷慨、节制等道德德性同样是值得称赞的品质。理智德性要求人们应当过一种沉思的生活,然而沉思的生活或智慧的生活固然是最好的生活方式,但对大多数人而言,这种生活有半人半神的意味,只有少数人能达到。道德的德性则要求人们应当过有德的生活,只要人们关怀自身的完善,就可以在实践中不断地实行它,依靠自己的努力获得道德德性,从而获得幸

---

① [古希腊]亚里士多德:《政治学》,吴寿彭译,商务印书馆,1965年,第364页。

福。中国的儒家伦理同样十分强调个体的道德修养对于获得美好生活的重要意义。中国古人认为，道德并不是对人性的束缚，而是在明了天道和社会人伦关系的基础上培养相应的美德，道德本身合乎人性和人的自我发展的需要。比如，君子是主要由儒家塑造的中国传统人格理想，其中高尚的道德品质是君子的重要要求，孔子说："君子之道者三，我无能焉。仁者不忧、知者不惑、勇者不惧。"（《论语·宪问》）虽然人人都有向善好德的本心，但是只有进行道德修养和道德教育才能使人们本来具有的德性显露出来。

总而言之，在传统的德性伦理中，德性是一系列美好的品质，我们拥有这些品质就可以通过明智的选择和恰当的行为更好地适应人类的生活条件，过一种美好的生活，过一种真正合乎人性并使我们自身不断趋向于完善的生活。但是在伦理学的其他流派中，关于德性与美好生活却作出了其他的理解。

比如，功利主义宣称"幸福"是他们的理论的价值目标。从根本上而言，在功利主义那里，对幸福的讨论取代了对美好生活的关注，这使得他们对于美好生活的理解必然是片面的。著名的功利主义的代表边沁指出，人有趋乐避苦的天性，对人而言，幸福就是快乐和免除痛苦，快乐和痛苦是判断善恶的标准。只要能使人快乐、避免痛苦的行为就是善的，相对的，使快乐减少、痛苦增加的行为就是恶的。密尔则认为，幸福不是简单的快乐，而是一个包含不同层次的快乐，以及追求健康、美德、个体自由的整体，其中具有高级趣味、高尚道德情操的人更有可能享受到高级的快乐。可见，一方面，如果要追问功利主义，什么是美好生活，那么功利主义的回答必定是幸福的生活，而判定一种生活是否幸福，终极标准就是是否能给人带来快乐的情感体验。另一方面，在功利主义这里，德性与幸福当然并非完全无关，但这种相关性是一种外在的相关性，德性不是幸福本身，德性也并不必然带来美好生活，它仅仅是实现幸福的一种工具，或是幸福的一个组成部分。

以康德为代表的义务论又与传统德性伦理及功利主义不同。康德认为，判定一个人的行为是否是道德的，不是像功利主义一样看行为的结果，而是看他是否自觉地遵守道德法则，在康德这里，道德产生于对法则的遵守。康德还认为，德性对于幸福当然十分重要，但它仅仅是配享幸福的资格或合理条件，一个人是否具有德性与他是否能实现幸福没有必然联系，一个有高尚道德的人并不一定能获得幸福。因此，康德提出，伦理学并不能为人们提供获得幸福的手段，伦理学应当放弃对美好生活提出指导。

仅以功利主义和康德为例，我们就能大致看到近代以来伦理学本身及伦理学视野下人们对美好生活的理解发生了重大变化。近代以来，德性的范围被窄化为道德上的德性，道德上的德性又从高尚的美德降格为道德上的正当。随着现代化、全球化的突飞猛进，人类进入了一个"德性之后"的时代，不再有统一的德性观与"好"的观念，特定社会条件下合理的原则规范取而代之。德性乃至于道德与美好生活的关系被逐渐割裂了，传统的德性伦理被以原则和规范为中心的规范伦理学所取代，重要的不是塑造人的内在德性从而获得美好生活，而是制定和遵守合理的规范与法则，达到人与人和谐共处的基本要求。伦理学本身发生的这些变化很大程度上是人类历史发展的必然，但仍然值得反思。德福的内在关系是美好生活被纳入伦理学的讨论范围的重要基础，当两者关系被割裂，恰如康德所言，关于美好生活和幸福，伦理学几乎不再能提供智慧与指导。特别是规范伦理并没有使人们避免道德沦丧、价值迷失的困境，道德问题成为人们实现美好生活的重要难题时，对现代人们沉迷于外在规范的反思就必然产生，对人们一度遗忘的美德的记忆则重新被唤起。在反思与回忆中，思想家们各有主张，但总的而言，人们的基本共识是，无论是个体良好的道德修养，还是社会整体良好的道德状况，都是美好生活的重要维度，只有外在道德规范的完善与个体内在道德品格的培养相辅相成，才能解决道德问题，实现和谐有序的社会生活与个体的自我完善。

（二）政治哲学视野中的美好生活

人是社会存在物，没有离开他人与社会而独立存在的个体；社会不是一个抽象的整体，而是由一个个活生生的个体和他们的活动组成。绝没有一种与社会隔绝的纯粹的私人幸福，也绝不可能有民不聊生的美好社会，因此美好生活不仅仅关乎个体的道德修养，从而也不仅仅是一个伦理学问题，对美好生活的追问不可能超然于社会政治生活之外，美好生活是天然的政治哲学问题。正如当代英国哲学家戴维·米勒所说："我们不能脱离政治、退隐到私人生活中去，也无法想象自己被统治的方式不会对我们的个人幸福产生巨大影响。"①对古典政治哲学心向往之的施特劳斯则认为，政治哲学本身就源起于对美好生活的追问："如果人们把获得有关好的生活、好的社会的知识作为他们明确的目标，政治哲学就出现了。"②应该说，由于人类生活的政治性，美好生活问题在政治哲学中必然占据一席之地，从来没有一种政治哲学否定政治是美好生活的重要组成部分，但是不同的政治哲学对美好生活有不同的理解，我们可以简单地将这些不同见解归于三种对待美好生活问题的不同态度。

第一种态度认为存在一种恒久的、普遍的美好生活，德性是这种美好生活的根本特征。基于这种态度的政治哲学将美好生活作为关注的核心论题，并将是否有利于达致美好生活作为判定一种政治秩序好坏的标准。

---

① ［英］戴维·米勒:《政治哲学与幸福根基》,李里峰译,译林出版社,2013 年,第 3 页。
② ［美］施特劳斯:《什么是政治哲学》,李世祥等译,华夏出版社,2011 年,第 2 页。

苏格拉底、柏拉图、亚里士多德等人开启的西方古典政治哲学是这一态度的典型代表。亚里士多德认为，人类活动的目的就是追求善，即过一种合乎德性的生活，但是"一个人的善离开了家庭和城邦就不存在"①。这就是说，由于人类生活的社会政治性，个体的幸福与德性都依赖于社会政治生活，因此亚里士多德将政治学的目的定位于最高善。"我们在那里说，政治学的目的是最高善，它致力于使公民成为有德性的人、能做出高尚（高贵）行为的人。"②在他看来，只有在最佳政制的安排下，培养个体的德性，公民才能过上好的、有德性的生活。因此，有利于德性的政制就是最好的政制，最好的政制就是实现美好生活的必要条件与手段。基于这样的标准，今天政治现代化普遍追求的民主制度在古希腊背负恶名，因为民主制以自由为目的，这种自由既包含行善的自由，也包含作恶的自由，民主制显然就不是有利于德性的政制；与之相对，贵族共和或混合政制则被认为是最有益于德性的制度，因而是最好的政制。同样，柏拉图构建的"理想国"，在今天的人们看来体现了鲜明的阶级特性，但在柏拉图那里就是最好、最和谐的社会秩序，因为在其中各个阶级各安其位、各尽其职，从而实现了正义这一最高的德性，实现了智慧、勇敢、节制三种美德的统一。

无独有偶，抛开对于美好生活的种种具体描述，在我国的传统文化中，德性不仅是个体理想人格的重要内容，也是社会治理的重要原则。在传统儒家的思维框架下，伦理与政治、个体的道德理想与政治理想紧密相联，一个人不仅要通过"修身齐家"来实现个体自身的完善与家庭的幸福，还要追求"治国平天下"，实现全天下百姓的丰衣足食、安居乐业。与西方古典政治哲学一样，儒家的政治哲学也建立了伦理道德与社会政治秩序的紧密关系，孔子说："道

---

① ［古希腊］亚里士多德：《尼各马可伦理学》，廖申白译，商务印书馆，2003年，第178页。
② 同上，第25~26页。

之以政,齐之以刑,民免而无耻;道之以德,齐之以礼,有耻且格。"这就是强调德治是最好的治理方式,只有通过道德教化使民众知廉耻、是非与荣辱,统治者以身作则,上行下效,才能使民众过上有德性的、和谐有序的社会生活。

第二种态度是放弃对恒久、普遍的美好生活的追求,将自由而非德性作为美好生活的根本价值。基于这种态度的政治哲学认为,美好生活是一个纯粹的私人议题,国家与政府应该放弃对美好生活的指导,政治哲学的议题应当是:为保证个体的自由,国家与政府要采取何种政治体制与制度安排。

在西方,自马基雅维利开始,是否有利于德性作为好政制的标准的观点受到冲击。在马基雅维利看来,古典政治哲学确实是对于最佳政制的描述,问题是,德性是社会可能选择的最高目标,因而实现的可能性极低,最终只能是一种乌托邦。因此,他提出将社会生活的目标定位于社会的实际追求、从而也是更容易达到的目标。自此开始,政治与道德间被撕开了口子,传统古典政治哲学的理想主义虽然并非后继无人,但它的往日荣光确实逐渐逝去。

伴随个人主义的兴起,在科学与历史两大现代世界力量的推动下,第二种态度逐渐成为现代政治理论的主流。自然科学自近代以来的发展使实证成为时代精神,人们关于社会历史的知识也要求按照科学与实证的标准重构;作为实证主义的社会科学的必然结果,历史主义否定一切值得人们永恒追求的普遍价值与事务。在这样的潮流下,探求关于最好的政治秩序的普遍理解、追求一个整体性的美好生活的做法就不合乎科学,从而应当抛弃。古典政治哲学中所谓的有德性的生活,最多不过是多种可能的美好生活方式的其中之一,而且还是一种十分难以实现的生活样式。因此,现代政治理论的基本观点是,不是从道德出发,而是从人的自然本性出发来解释国家的形成与本质,将个体权利居首位,并以个体权利的满足程度和私人利益的实现程度作为判定政治体制好坏的标准,维护个体自由才是社会政治生活的核心。

在这种理解下,个体被认为有能力为自己选择目的及与之相应的生活方式,政府应当承认并相信个体的自由与能力,它的职责不是确立一种特定的关于美好生活的观念,而是在各种价值观间保持中立,提供中立的权利框架。政治统治的基本原则、个体与政府边界的划定、整个政治制度安排都应以是否有利于保证个体选择自己的价值与生活方式的权利来确定。"政府必须在好生活观念上保持中立,以便将个人作为自由、独立并有能力选择自身目标的自我来予以尊重。"①总之,任何人都无法为他人提供关于美好生活的普遍理解,美好生活是政治哲学应当敬而远之的纯粹的私人议题,个体是否能实现美好生活取决于他是否发现和创造出了最适合自己的目标与生活方式。

第三种态度是既承认自由是人类美好生活的根本追求,同时并不放弃对具有普遍性的美好生活的引导,以及对理想形态的美好社会的积极构建。

"价值中立"、放弃提供具有普遍性的美好生活原则在今天似乎理所当然,但是和任何一个时代一样,某一类人、某种生活方式、某些国家与民族在事实上一直明显地主宰着对何为"美好生活"的定义权,从而主导了整个社会生活的价值取向。"价值中立"是可疑的,它使人们陷入了相对主义而失去方向感,这就重新提出了我们生活的终极价值究竟是什么、怎样才能实现这些目标的问题——这种需要吁求以美好生活为核心论题的政治哲学。这一点,国内外不少具有远见卓识的学者已经明确地指出来了。二战结束后,战争的沉痛教训迫使人们重新严肃地思考政治问题,重新思考何为美好生活,何种政治秩序可以使这种美好生活成为可能,政治哲学因此逐渐成为了当今世界

---

① [美]迈克尔·桑德尔:《公共哲学:政治中的道德问题》,朱东华等译,中国人民大学出版社,2013年,第13页。

学术界的显学。政治哲学在当代社会以一种"复兴"的姿态出现,这表明它继承了古典哲学的关于何为美好生活的问题。但是这股复兴的潮流不是对古典政治哲学的简单复制与重现,它并不认为只有一种好的、永远正确的生活方式,而是提出,人们确实需要按照一些美好生活的恒久、普遍的原则来审视自己的生活。在历史与现实的对照中,在诸种美好生活方案的对比中,找到实现美好生活的更具普遍性的启示。

事实上,在政治哲学的当代复兴之前,马克思主义政治哲学已经成为了第三种态度最杰出的代表。在马克思主义看来,不可选择的生活绝不是美好生活,马克思主义追求自由,以每个人的自由全面发展作为根本目标,在其描绘的共产主义理想蓝图中,个体自由自觉地选择自己的生活方式,从而最大限度地展现个性与实现自己的全面发展,这使得共产主义社会呈现出一幅生动而多样的美好生活场景。更为重要的是,马克思主义政治哲学不是空洞地强调自由这一普遍的价值追求,而是强调美好生活的观念与具体的社会历史条件的关系,进而主张通过改变世界的实践,自觉地推动物质生产力与社会的发展与变革,以有利于人的自由全面发展的诸种价值原则为指导,在现实的历史条件下不断趋近于美好生活的目标。马克思主义政治哲学关于美好生活的思想既肯定自由的价值,又没有陷入"价值中立"和相对主义的泥潭,更没有使美好生活沦为一种观念上的建构,而是成为了创造各种美好生活条件、不断走向美好生活的现实的社会运动进程。

(三)美学视野中的美好生活

美学就是关于美的哲学,它以广大的美的领域作为自己的研究对象。美一直是美好生活的一个重要维度,审美活动是人们自觉生活美好的重要源泉。美学作为一门独立的学科出现是 18 世纪中叶以来的事,但是人们从美的角度,或从美学思维出发来思考美好生活问题却历史悠久。

美学史研究普遍认为,希腊人是西方最早发现美、对美进行哲学反思的民族。希腊人特别崇尚形体的优美漂亮,在雅典城邦中,《荷马史诗》是儿童教育的课本,音乐、文法是主要的教育内容,希腊人创造的建筑、诗歌、雕塑等艺术作品今天仍然给我们带来艺术享受,以至于马克思称赞它代表了"一种规范和高不可及的范本"。在希腊人那里,艺术作品不仅仅是审美的对象,审美活动不仅给人带来快乐,它还有重要的社会功能,构成人们实现美好生活的重要部分,是人的完善的重要方面。

比如,柏拉图认为,人最初可以感悟到形体美,透过形体美可以感悟到更普遍的美的形式,再逐步认识到比形体美更可贵的心灵美,然后又进入社会文化领域,体悟行为、制度和各种学问与知识的美,最后达到作为理念的美。在柏拉图那里,美好的事物当然可以给人们带来快乐,但更为重要的是,通过不断的训练和反思,从对可见的、有限的美的体验,升华至更高境界的美、更高境界的人生,成为更理性和更完善的人。正是出于这一考虑,柏拉图批判那些单纯迎合人的情欲、仅以快乐为目的而创造的艺术作品,他提出:"如果为娱乐而写作的诗歌和戏剧能有理由证明,在一个管理良好的城邦里是需要它们的,我们会很高兴接纳它。"[1]亚里士多德也十分重视审美活动对人格养成的积极意义。亚里士多德认为,艺术是人在求知欲的推动下产生的,艺术作品是对人的求知欲的一种满足形式,艺术作品能使人的心灵产生积极的共鸣,人在这种共鸣中得到精神的愉悦。他甚至认为音乐就是人心,"灵魂就是一支旋律"[2]。在西方古典美学中,艺术始终被认为有重要的教化功能,不仅能给人带来快感,而且能给人们实现个体的幸福与美好生活带来益处。

---

① [古希腊]柏拉图:《理想国》,郭斌和、张竹明译,商务印书馆,1986年,第407页。

② 《亚里士多德全集》(第9卷),中国人民大学出版社,1994年,第281页。

中国古代文化同样崇尚美、追求美。中国古人把"玉"作为美的理想，认为玉内部的光彩绚烂至极，但这种光彩又极为含蓄、温和与平淡。这种美既是中国人在艺术中最为推崇的美，也是在理想人格追求中最为向往的美，中国人把君子比喻成玉，"谦谦君子，温润如玉"。在孔子的《论语》中有："子谓《韶》：'尽美矣，又尽善矣'。"孔子对流传于舜帝时期的《韶》评价极高，认为它既在形式上达到了美的极致，在内容上又有着深厚的道德基础，所以称得上尽善尽美。在孔子看来，礼乐制度的核心在于仁，他说："人而不仁，如礼何？人而不仁，如乐何？"（《论语·八佾》）他认为，体现"仁"的音乐可以陶冶人的性情，提高人的修养，有利于维持社会秩序，使社会安定平和。在儒家看来，艺术的主要功能就是形成社会秩序，实现人伦的和谐，这是实现美好生活的重要途径。

如果说儒家美学偏重于审美活动的教化作用，那么道家则更加强调审美活动自身超功利的价值。道家反对世俗的审美和道德教化，主张返璞归真，追求道之美、自然之美或真美，这种美无声无形，不能用经验感知，所以庄子说："天地有大美而不言"，而这种极致的美只有在摆脱了思想、欲望和文化等一切束缚，在无己和绝对自由的逍遥中才能领会。在道家的思想中，对极致之美的追求与他们追求清静无为、超脱尘世的最好生活是统一的，或者一定程度上也可以说，道家的美好生活理想就是追求一种艺术化的、极致美的人生。

从上述对中西方具有代表性的传统美学思想的简单回顾中，我们不难发现，一方面，对于美好生活的理解很大程度上取决于人们对于美的理解，透过关于美的不同见解，可以窥见关于美好生活的不同理念。另一方面，尽管对于审美活动、审美体验和美好生活的意义人们存在不同意见，但没有人反对美好生活内含美的维度。正如马克思所说，动物无法摆脱"直接的肉体需要的支配"来生产,动物的物种特性、生活范围和活动方式是预先规定好的,它的活动无法突破这种预先规定,但是人的活动具有超越性和不确定性,人可以摆脱直接的肉体需要来生产,人可以按照任何物种的尺度来进行生产,除此以外,人还可以按照美的尺度来生产。审美是人独有的活动,几乎贯穿于人的一切活动中,它是对世俗生活的升华,是人自由创造本质的表现,人的美好生活一定是美的生活。

值得注意的是,美好生活绝对不能被窄化为过一种纯粹审美的生活。试图打破日常生活的沉闷与无聊,过一种精美的、诗意的、纯粹审美的生活,是现代社会条件下一些人的选择。在现代社会生活中,由于越来越普遍、细化与专业的分工,越来越规律化、程序化的管理,人们的日常生活的方方面面都变得有章可循。社会学家韦伯用"规章统治人"来形容现代社会,海德格尔将现代人这种日复一日的刻板、平庸的状态称为"平均状态",把处于这种状态中的人称为与他人没有差别的"常人"。正是出于对这种日常生活状态的不满,海德格尔提出了"诗意地栖居"的概念。海德格尔本人身体力行地追求这种诗意地栖居,他住在森林小屋中静思,读着荷尔德林的诗歌。这种"诗意地栖居"无疑切中了现代人的内心需要,在平凡、普通、千篇一律,但又无法摆脱的日常生活中,人们向往超然的美的生存方式。正如王尔德所说:"生活的自觉目的在于寻求表现,艺术为它提供了某些美的形式,通过这些形式,他可以实行他那种积极的活动。"①

艺术、审美活动弥补了日常生活的不足,给人们提供了一个超越日常生活的途径,提供了一种新的美好生活的可能性。人们通过追求美来装点自己的生活当然十分重要,纯粹审美的生活作为一种可供选择的美好生活的方式

---

① [英]王尔德:《谎言的衰朽》,载赵澧、徐京安主编:《唯美主义》,中国人民大学出版社,1988年,第143页。

也无可非议,但是如果这种生活方式成为了一种具有相当普遍性的社会潮流则值得警惕。美是快乐的重要源泉,是一些人生活中的小确幸,但美好生活不止于美,如果整个社会都陷入一种对微小事物的着迷,失去整个社会、整个人类追求美好生活的自觉,那真正的美好生活就永远在彼岸。

(四)宗教学视野下的美好生活

从人类文明曙光初露至今,宗教始终贯穿其中。宗教思想是人类思想史、文化史的重要组成部分。与哲学一样,在人类漫长的历史中,宗教是对人与世界如何存在、为何存在等终极问题的一种解答方式。从唯物史观出发,宗教是错误的、颠倒的意识形态,但直到今天,宗教仍然没有完全丧失其存在的必然性,并且因为我们身处的世界充满不确定、风险和未知,宗教反而对很多人具有超乎想象的吸引力。宗教普遍地存在于世界各民族的历史中,在历史的长河中,宗教不断地蜕化与发展,形成了一个数量众多的世界宗教体系,各种各样的宗教为人民提供了关于自然与人生的解释,给人们作出了某种美好生活的承诺,为人们提供了一些走向幸福的智慧。

首先,幸福几乎是一切宗教的主题,不同的宗教为它的教徒开出不同但又极为相似的幸福处方。宗教以幸福为主题是必然的,这是因为人们虽然都追求幸福,却往往发现自己无法摆脱世间的苦难,只好在幻想的彼岸世界来寻求心灵的慰藉,将实现幸福的希望寄托于神灵。比如,基督教认为人类的始祖亚当和夏娃违背了上帝的诫命,偷吃了伊甸园中"善恶之树"的果子,由此犯下了原罪,被驱逐出伊甸园。由于人类始祖犯下的原罪,人类世世代代都是罪人,而且还会犯下更多这样的罪,人世间的一切苦难都是人们自己造成的恶果,只有信仰上帝才能赎罪,并最终在死后得到永生。佛教则认为人生本来就没有幸福可言,只有生老病死等各种各样的痛苦,这些痛苦是源于人贪求的欲望和对佛性的无知,只有修行念佛,灭除贪爱欲望才能摆脱痛苦的生死轮回,达到幸福的彼岸,即"涅槃"。宗教一般都认为人生是痛苦的,而解除这种痛苦的途径就是信仰某个神灵、禁欲修行。正如马克思所说:"宗教里的苦难既是现实的苦难的表现,又是对这种现实的苦难的抗议。宗教是被压迫生灵的叹息,是无情世界的心境,正像它是无精神活力的制度的精神一样。宗教是人民的鸦片。"①马克思的这段精彩论述经常被人们引用,它说明了宗教之所以产生与存在有其社会根源,当人们无力面对与解决现实社会的痛苦时,宗教能给人以心灵慰藉,它必然成为一部分人的选择。

其次,宗教将幸福分为世俗幸福与真正的幸福两个层次,以所谓真正的幸福为最终目标。宗教一般都强调现实生活的痛苦,认为俗世的幸福并非没有意义,只是人们在俗世的生活中不可能得到真正的幸福。在基督教看来,真正的幸福是对永恒不变的东西的寻求,是内心的平和,是人超越于万物,摆脱物质世界对灵魂的束缚。但人是有罪性的、有限的存在,俗世间的一切事物也都是有限的,人们追求俗世的幸福最终所获的结果必然是不完满,俗世生活不可能使人的内心得到真正的安宁与平和,真正的幸福只有在全知全能、完满无限、永恒不变的上帝那里可以实现,只有虔诚地信仰上帝、遵循上帝的教导,才能得到最高的幸福。但是现世的幸福终归是暂时的,比起来世在天堂中的幸福微不足道。因此,只有信仰独一无二的真主,积极行善,经过主的审判,才能获得美满的来生。马克思曾说:"废除作为人民幻想的幸福的宗教,也就是要求实现人民的现实的幸福。要求抛弃关于自己处境的幻想,也就是要求抛弃那需要幻想的处境。"①宗教强调现世生活的痛苦,却从来不指向人们痛苦的社会根源,而是将痛苦的根源作一种神秘化或类似心理学的

---

① 《马克思恩格斯全集》(第3卷),人民出版社,2002年,第200页。

解释,宗教开出的幸福处方自然也不是对痛苦的现实根源的消除,而是引导信徒通过信仰实现与神灵的神秘对接。

最后,宗教都有一个关于永恒的整体的美好生活图景,但宗教归根结底关注的是个体的私人幸福,宗教也只能给人以一种虚假的关于幸福的主观体验。如果要指责宗教只关注个体的命运似乎并不公平,因为几乎每种宗教都会描绘出一个整体的美好生活图景,比如基督教、伊斯兰教、印度教都相信有天堂,在天堂中应有尽有,人们凡事有求必应,免除了一切痛苦,享受健康、快乐而幸福的永生。在佛教中则有与天堂类似的西方极乐世界,极乐世界华美、清净而平等,在这里人们没有痛苦只有欢乐,是一个善男信女人人向往的圆满世界。宗教往往为信徒们提供一个永恒的美好生活承诺,表面看来,关于这种美好生活的描述除去一些神秘的因素,几乎与人类其他关于理想社会的蓝图并无区别。但是这种美好生活不是人们构建出来的,它始终如是地在那里、在彼岸,人们所能做的是按照宗教的教义终身苦修,努力得到进入极乐世界的入场券。所以归根到底,宗教关注的是纯粹私人的美好生活,即个体主观的幸福体验,而不是社会的、人类的、整体的,作为客观现实的美好生活。

总之,宗教将个体的幸福寄托于虚幻的彼岸,否认人们在现世生活中获得真正幸福的可能性,从而也否认了改造现实世界的必要性。宗教是一种可以达到幸福体验的特殊的美好生活方式,我们不否认通过虔诚的信仰,有的人可以体验到幸福,但这种幸福终究是一种纯粹私人的精神体验,而不是一种对现实的美好生活的积极构建,只有在建设客观现实的美好生活条件的基础上,人们才能普遍地、实实在在地,以自己的方式享受自己的幸福。

---

① 《马克思恩格斯全集》(第 1 卷),人民出版社,1956 年,第 453 页。

三、美好生活的不同主张

以上我们简单梳理了不同学科视野下如何理解美好生活,以及它们从什么角度来切入美好生活问题的讨论。要比较全面地掌握关于美好生活的诸种见解,还有一个和上述梳理存在一定程度交叉,但又不同的角度,那就是如何理解"好"或"善"。"美好生活"在英语中对应的表达方式是"good life","good"即"好"或"善",基于什么是"好"或"善"特别是什么是"至善"的理解,我们可以大致区分出关于美好生活的四种不同主张。

(一)快乐主义

在西方伦理思想史上,快乐主义源远流长,对后世影响深远。快乐主义流派众多,各流派各有特色,但他们的共同点就在于强调人的自然属性,把趋乐避苦当作人的本性,并以个体的快乐与幸福作为衡量善恶、好坏的标准与追求的最终目标。

快乐主义认为人性就是人的自然本性,快乐就是最高的善。自然界的事物的本性都是自私自利、自我保存,人也是如此,人追求各种感官欲望的满足都是源自人的本性,追求快乐、逃避痛苦也是人性使然。比如,亚里斯提卜认为,善就是快乐,追求肉体感官快乐是人的本性与天职,感官的快乐也远远比精神的快乐更迫切、强烈,是一种优于精神快乐的快乐。因此,感官快乐和个人享受是人生追求的最高目标,是衡量一切价值的尺度,幸福就在于寻求感官快乐,这是一种极端快乐主义。伊壁鸠鲁认为,人生的目的是追求快乐,快乐是最高的善、最大的幸福,快乐的生活就是最好的生活:"快乐是幸福生活的开始和目的……我们的一切取舍都从快乐出发;我们的最终目的乃是得到快乐,而以感触为标准来判断一切的善。"①不过,伊壁鸠鲁理解的快乐不是纯粹的肉体享受的快乐,而是指身体健康与灵魂安宁。相比亚里斯提卜只追求感官快乐而言,伊壁鸠鲁是一种合理的快乐主义。边沁继承了源自古希腊的快乐主义传统,明确提出道德上的善恶决定于对人产生的是快乐还是痛苦的效用,从而提出了所谓人们普遍遵循的功利主义原则。边沁说:"自然把人类置于两个至上的主人——'苦'与'乐'——的统治下。只有它们两个才能够指出我们应该做什么,以及决定我们将要怎样做。"②人们的一切行为都在苦乐的统治之下,追求快乐、逃避痛苦就是人生的最终目标。边沁与前人的不同之处在于,他认为快乐可以计算,最广泛、最持久、最迫切、最纯粹和最合算的快乐才是最高的快乐,并且不仅应当追求个人的最大幸福,而且要使幸福普及,追求最大多数人的最大幸福。

利己主义是快乐主义的本质特征,个体的快乐是快乐主义理解的美好生活的实质。利己主义强调,个人的利益满足是一切行为的出发点和归宿,在快乐主义这里,一己的快乐就是最大的利益,个人的快乐是最高目标。指责快乐主义只关心个体幸福,而完全不关注社会幸福或整体的美好生活并不客观,伊壁鸠鲁也赞赏智慧、公正、节制、勇敢这些有利于良好社会生活的美德,边沁更是追求最大多数人的最大幸福的功利主义目标。但是伊壁鸠鲁认为,这些美德之所以可贵是因为它们有利于实现快乐的生活,美德仅仅是达到快乐的手段,个人的快乐才是生活的最终目的。边沁虽然以最大多数人的最大幸福作为目标,但是他认为,社会利益要从个人利益中才能得到理解:"那么社

---

① 周辅成编:《西方伦理学名著选辑》(上卷),商务印书馆,1996年,第103页。

② 同上,第210页。

会利益又是什么呢？——它就是组成社会之所有单个成员的利益之总和。"[1]在边沁看来,个人利益指能增进个体快乐、减少痛苦的事物,社会则是一种虚构的团体,社会利益是个人利益的总和,因此个人利益,即个体的快乐才是唯一真实的利益。

人作为感性存在物,快乐与痛苦固然关系重大,但我们不否认快乐的意义,美好生活无疑是一种使人幸福与愉快的生活,正如莱布尼茨所说:"幸福就其最广范围而言,就是我们所能有的最大快乐。"[2]但是我们反对以快乐作为道德判断的标准,也反对把幸福等同于快乐,特别是将快乐等同于感官快乐,并进一步将个体快乐,特别是以欲望的满足所带来的快乐作为美好生活的终极目标的观点。显然,在快乐主义的价值序列里,美好生活的主观的、感性的、个体的方面得到了片面的强调。快乐主义对于美好生活的理解是片面的、私人的,他们把美好生活理解为一种由于个人需要得到满足所带来的个体私人的主观情感体验,对于社会生活的整体和谐与全面发展则缺乏深刻的关注。

(二)道德主义

道德主义也称为伦理主义,道德主义在古今中外都占据着十分重要的地位。除了少数非道德主义者,人们一般认为,以道德来调节人们的群体性生活,使人超越残酷的生物本能是人们追求的美好生活的重要内容。但是并非承认道德对于人类的重要意义就是道德主义,道德主义是指强调道德是人的本质属性,道德是人之区别于动物的根本,并以道德作为最高追求的观点。

---

① 周辅成编:《西方伦理学名著选辑》(上卷),商务印书馆,1996年,第212页。
② [德]莱布尼茨:《人类理智新论》,陈修斋译,商务印书馆,1982年,第187页。

人为什么追求美好生活？人所追求的美好生活应当是什么样的？对这些问题的回答最终要指向人如何理解人本身，如何理解人性。对于人而言，只有合乎人性的生活才是美好的，才能使人感觉到幸福。快乐主义从人的感性的、自然存在来理解幸福，道德主义则在很多方面与快乐主义截然相对，它很大程度上直接地就是对强调人的自然属性的快乐主义的批评与反思。道德主义认为，追求物质的享受、感官的快乐都是动物性的欲望，将人降格为动物，只有道德才是人之为人的根本。西方文化的主流是主张人是理性的存在，人应当在理性的指导下节制自己的欲望，使自己的行为合乎道德，过一种有德性的生活。当然，如前文所述，德性的最初含义远比今天我们所说的道德要宽泛，道德上的善只是诸种德性的一种，随着时代发展，德性才逐渐被窄化为道德。18 世纪德国古典哲学家费希特是极端道德主义的代表，他认为道德意志是世界的本原，万事万物都是为道德而产生和服务的，人的使命就是从外部世界和人的感觉的奴役中解放出来，净化自己，回复到绝对独立、自由的自我，为实现道德而活动。

中国古代儒家极端重视道德修养，堪称道德主义的突出代表。中国的儒家思想家们并不否认人的物质欲望，他们认为人的欲望是人的自然本性，孔子说："富与贵，人之所欲也。"（《论语·理仁》）但正是伦理道德使人区分于动物。孟子说："人之所以异于禽兽者几希；庶民去之，君子存之。舜明于庶物，察于人伦，由仁义行，非行仁义也。"（《孟子·离娄下》）意思是，人与禽兽的区别非常少，一般人丢弃了这种区别，君子则保存了这种区别，舜掌握了万事成物的道理，明白了人伦关系，从而遵照仁义行事。这就是说，除了自然欲望，人还是有道德和理性的动物，伦理道德是人所独有并贵于万物的原因。

在道德主义看来，道德上的完善既可以带来个体的幸福，又有利于社会整体的美好生活。道德主义认为，通过欲望的满足所带来的快乐都是短暂而有限的，真正的幸福是坚持内在的道德情操，做一个有道德的人。《礼记·乐记》中说："乐者，通伦理者也。"这是说，真正幸福的人就是有道德的人。孔子曾经这样表达自己的人生观："饭疏食饮水，曲肱而枕之，乐亦在其中矣。不义而富且贵，于我如浮云。"（《论语·述而》）在孔子看来，作为一个有道德的君子，即便吃粗粮、喝冷水，枕着胳膊睡觉，仍然会感到幸福，而用不正当的手段得到的财富完全不能增进自己的幸福。孔子最喜欢的弟子是并不十分聪敏的颜回，他对颜回的评价是："贤哉，回也！一箪食，一瓢饮，在陋巷，人不堪其忧，回也不改其乐。贤哉，回也！"（《论语·雍也》）孔子之所以十分赞赏颜回，就是因为他虽然处于物质匮乏的处境中，但仍然能坚持内在的道德情操，自得苦乐。荀子认为，如果顺应人的欲望与自然本性，会使社会风气败坏，使人们自甘堕落，从而给人类自身的生活带来深重的灾难，因此应该把人从物质世界与欲望中解放出来，通过严格的道德修炼，养成高尚的道德品格。

荀子说："人之性恶，其善者伪也。今人之性，生而有好利焉，顺是，故争夺生而辞让亡焉；生而有疾恶焉，顺是，故残贼生而忠信亡焉；生而有耳目之欲，有好声色焉，顺是，故淫乱生而礼义文理亡焉。然则从人之性，顺人之情，必出于争夺，合于犯分乱理而归于暴。故必将有师法之化，礼义之道，然后出于辞让，合于文理，而归于治。"（《荀子·性恶篇》）这就是说，如果完全顺应人贪求财富利益、妒忌憎恨、追求感官快乐等各种天性，那么各种美德就会消失，从而产生争抢掠夺、残杀陷害、淫荡混乱，最终使整个社会陷入暴乱之中。所以一定要有师长、法度、礼义的教化与引导，从推辞谦让开始，遵守礼法，最终整个社会才会趋于安定太平。在儒家看来，一个国家和社会得到良好的治理一定是德治，德治要求统治者从个人的道德品格做起，"内圣"而"外王"，只有以道德来感化和教育人，使人心向善、知道耻辱而无奸邪之心，才能实现和谐的社会生活。

　　毫无疑问,对自我的严格的道德要求、高尚的道德品格会给人带来相应的幸福感受,也在客观上有利于整体社会的和谐。与快乐主义从根本上只关注作为个体情绪体验意义上的幸福不同,道德主义所谓的幸福不是一种纯粹个体满足的心理状态,而是通过践行合乎道德规范的生活方式来实现整体社会生活的美好。正如美好生活一定是快乐的一样,美好生活也一定包含了道德上的善。但是道德不等同于幸福,现实生活中人们更是经常体验道德与幸福之间的矛盾冲突,汉代著名思想家王充就曾说:"俱行道德,祸福不均并为仁义,利害不同。"当道德上善恶的判断标准是是否有利于整体的社会幸福时(在阶级社会中,整体的社会幸福实质上是统治阶级的幸福),道德不仅不会促进人们的幸福,反而扼杀了普通劳动者追求正当的个体幸福的权利与欲望。我们认为,道德上的善仅仅是一种好,成为一个道德上完善的人是极少人能达到的境界,仅仅通过道德教化来达至美好生活并不现实。

(三)犬儒主义

　　快乐主义、道德主义在历史发展中都表现出了各种各样的形态,但我们终究可以提炼出它们最具一般性的观点和特征。相对而言,犬儒主义则是一个十分特殊与复杂的概念,因为这一源始于古希腊的概念发展至今天,竟然具有了和最初大相径庭的含义,有学者因此将犬儒主义的古今含义明确区分为"大写的犬儒主义"(古典犬儒主义)与"小写的犬儒主义"(现代犬儒主义)。

　　学术界一般认为,古希腊犬儒学派的奠基人是安提斯泰尼,犬儒派因为安提斯泰尼经常在一个名为库诺萨各(Kunosarges,意为"白犬")的体育场与人交谈而得名。同时,"犬儒"还标志着这一学派生活方式的特点。犬儒派认为,人最好的生活方式是顺应自然法则,自然地生存、自然地处世,精神的自由是他们追求的根本目标。犬儒派的重要代表第欧根尼认为，大自然已经为人类提供了适合生存的环境，人只需要顺应自然、依靠本能生存，就可以活得真实、朴素而自由。因此，第欧根尼自号为犬，四处流浪，衣衫褴褛，有时住在雅典的大街和市场上，有时睡在木桶里，食物也不分优劣，但求饱腹。在犬儒派看来，要在变动不居的世界中实现自然而然的生存境界，不仅要求人的言谈举止率性而为、鄙弃荣华富贵，更为重要的是要确保自身精神的独立与自由。因此，犬儒主义否认人是政治的动物，把现实的政治制度与文化环境都看成是对人的思想的禁锢、对灵魂自由的剥夺，向往一种人人平等、和平安定、人人自我管理的理想的共和国。在现实生活中，为了实现精神的独立与自由，犬儒主义者则往往反对权威统治，与自己原来的城邦、部族脱离关系，保持孤身一人，摆脱社会规范的束缚，抛弃所有财富。

古希腊犬儒派愤世嫉俗言行的背后，是对自然与人的自然本性的尊重和强调，也是对理想社会与生活方式的向往。但是在当代社会，犬儒主义虽然同样产生于理想与现实的巨大裂缝中，但几乎走向了其原初含义的反面。

首先，现代犬儒主义持道德相对主义立场，把道德视为自我保存、追求利益最大化的工具。现代犬儒主义认为，道德都是骗人的，但它又是十分必要的，因为一方面道德可以保证社会的有序运行，另一方面个体的行为背离道德会给自己带来麻烦，因此道德应该得到表面的维持。犬儒主义一方面贬低道德的地位，否认道德的普遍意义与客观价值，另一方面又主张人应该通过符合道德的言行来实现自身利益的最大化。可见，犬儒主义的根基是精致的利己主义或极端的利己主义，他们不仅不像古希腊的犬儒派一样过一种朴素甚至艰苦的生活，而且为了追求利益、欲望的要求可以抛却道德原则与个人良心，陷入道德虚无主义。

其次，现代犬儒主义以一种自欺欺人的态度面对生活。古希腊的犬儒学派追求一种真实、朴素的生活方式,那么现代犬儒主义却是生活在一种自己有意识构建起来的虚假之中。现代犬儒主义不相信人性之善、社会之美,他们目睹现代社会的种种弊端,经历个体生活的诸多伤痛,但是他们应对的策略不是批判与反抗,而是将自己从不愉快的现实中抽离出来,自欺欺人地用事不关己、玩世不恭的态度来面对一切。

最后,现代犬儒主义是彻底的怀疑主义,否认实现理想的美好生活的可能性。现代犬儒主义把人看成是纯粹利己的存在,将这种对人性的认识推而广之,就是对自身、他人及社会的怀疑,就是从根本上否认社会改善的可能性。现代犬儒主义的怀疑是一种无原则的、完全的、彻底的怀疑,他们认为在瞬息万变的现代社会中,每个个体都时刻生活在危机与阴影中,一切个体的奋斗与抗争都是无意义的。他们拒绝相信一切正面的价值,对人生理想、未来的幸福生活都丧失信心,从而产生一种逃离现实生活,抑郁、迷茫与悲观的厌世心理。

毋庸讳言,在现代社会中犬儒主义可谓大行其道。现代犬儒主义有其产生的复杂社会根源,这种对人本身及各种价值的蔑视、对现实生活的疏离、对私人利益的极端强调,危害十分明显。这种消极意识的日益扩散会使人们甘于平庸、贪图享乐,扼杀人们追求美好生活的希望与热情。

(四)来世主义

快乐主义、道德主义虽然对何为美好生活存在重大分歧,但他们都对实现美好生活的可能性持十分乐观与积极的态度,现代犬儒主义则是持一种对美好生活最为悲观与消极的态度,因为它彻底否认美好生活可能性。与此三者相对,在对美好生活的态度上,来世主义似乎走在一条中间道路上,因为它并不否认实现美好生活的可能性,只不过,在它看来,一切关于美好生活的希望只能寄托于来世。来世与天国是乐与善,今生与现世则是与来世相对立的苦与恶。这样的思想在各种宗教中体现得最为明显。

来世主义认为,世界除了有人们正在经历的现世,还有来世,现世生活充满痛苦与罪恶,美好生活只有在来世才能实现。比如,佛教认为,人有前世、今生与来世,处于无穷的因果循环,人的今生是他前世的"业"(作为)的果报,他在今生的"业"则决定了来世成为什么,来世的幸福源于今生种下的善因。按佛教的说法,人的苦难源于人不认识事物的本性,于是自己贪恋和执着于自己内心所造的景象(幻想),从而把自己紧紧束缚在生死轮回中,无法逃脱,所以"众生皆苦"。人要从生死轮回和现世的痛苦中解脱出来只有一个方法,那就是觉悟,经过多次再世,积下善因,最后变得无贪恋、无执着,人就可以从痛苦中解脱出来,认识自己与宇宙本性的统一,实现"涅槃"。出于这种认识,佛教认为人生的目标不是以美酒与美食来满足自己的身体,而是节制欲望、注重精神世界以达到超度灵魂的人生目标。基督教认为,世界可以区分为两个完全不同的世界,即现实世界和理想天国。在现实世界中,人们虽然也追求幸福,但无论是财富、名誉、地位还是知识、智慧,都只能满足人的部分愿望,只能达到有限的善。无限的真善美只存在于上帝之中,在他通过信仰上帝、充实自己的人生、完善自己的人格的现世努力后,上帝就会赋予他来世的美好生活。

来世主义当然也体现了人们对于美好生活的向往,但是它强调现实生活的痛苦,否认人凭借自身在现实世界获得真正幸福的可能性,真正的幸福只有在完成现世的受苦受难的生命之旅后的来世才能实现。为了实现未来的美好生活,人在现世生活中就要压抑各种现实的需要、欲望与情感,虚幻的来世反过来统治了现实的今生,从而束缚人的健康发展。来世主义当然有其积极意义,但它本质上是对现世的怀疑与否定,以虚幻的美好未来作为现世受苦受难的情感安慰与精神支撑。

四、美好生活的公共理解

美好生活就像一道开放式的问题，人们基于不同立场、从不同角度提供了多样性的回答。通过上述考察，我们并没有找到一个现成的关于美好生活的答案，但是基于对美好生活的种种见解，我们确实也更加可能趋近于对美好生活的完整与合理的理解。

（一）美好生活之"生活"

我们已经了解关于何为美好生活、如何才能实现美好生活的多种看法，这些不同见解往往理所当然地把美好生活视为人性的一部分，认为美好生活是人类生活的目的。但是人性从何而来？人的本质到底是什么？人类又为何以美好生活为目的？这些问题都值得深入追问，这些问题事实追问的就是人的"生活"本身，就是人的存在方式。而且从语言结构来看，"美好生活"是一个偏正结构的词组，其中"美好"是用于限定和修饰"生活"的定语。因此，对美好生活的理解不应当停留在对它应该是何种状态即何谓美好的描述上，还必须深入到人的"生活"之中。

1. 生活是属人的概念，人的存在意味着生活

与动物以及自然界中其他一切存在物一样，人是自然的一部分；与动植物等有生命的存在物一样，人首先必须维持自身的生存与种的繁衍。但是人的生命存在方式与动植物有着本质的区别，动物只有生存，而人的存在则意

味着生活。动植物和自己的自然生命活动直接统一,它们是纯粹的自然存在物,它们的生命存在没有自觉选择和追求的目的,仅仅是依赖生存本能、按照自己所属的物种的尺度去适应自然,从而获得生存。与动植物不同,"人不仅仅是自然存在物,而且是人的自然存在物,就是说,是自为地存在着的存在物,因而是类存在物"①。这就是说,人的生命存在固然必须服从生物肉体需要的法则,也受到环境与自然规律的限制,从而具有自然的一面;但另一方面,人的存在还有超越生物肉体需要与自然本性的一面。就像动物要求得生存就不能中断它的觅食活动一样,人作为生物,无论在何时何地都首先要解决衣食之需,要从事生产生活资料的活动。

马克思说:"当人开始生产自己的生活资料,即迈出由他们的肉体组织所决定的这一步的时候,人本身就开始把自己和动物区别开来。人们生产自己的生活资料,同时间接地生产着自己的物质生活本身。"②诚然,动物也生产,它们为自己营造巢穴、生育后代,但是它们只在肉体的需要下生产,并且只生产自己及幼仔直接需要的东西,它们以自然赋予自己的生命本能来生存。而人类则不同,人类的生产虽然由最基本的生存需要所引发,但人的生产活动是有意识、有目的地改造自然,从而使自然满足自己的需要;人还是一种可以掌握和运用规律的存在,人可以既按照任何物种的尺度来进行生产,又可以按照人的尺度来生产,从而使生产活动达成合规律性与合目的性的统一。显然,人不是纯粹自然而然的存在,人既是自然的存在,又是超越自然的存在,正因为此,人将自己从自然中分离出来,将自己的生命活动从动物性的"生存"提升为属人的"生活"。

---

① 《马克思恩格斯全集》(第 3 卷),人民出版社,2002 年,第 326 页。
② 《马克思恩格斯选集》(第一卷),人民出版社,2012 年,第 147 页。

2. 人的生活是实践的，生活的实践性内在决定了人的生活意味着对好生活的追求

马克思认为，人区别于动物的根本在于其独特的存在方式——感性的对象性活动，即实践，实践是人的存在方式，是人的类本质，而社会生活在本质上是实践的。按照马克思主义哲学的观点，实践是包括最基础的物质生产活动在内的一切关涉人的存在与发展的现实生命活动，它是现实生活的生产与再生产，因此对于人性和人的生活的追问只能也必须回到人的实践中。人的实践活动是一种具有内在矛盾性的活动，这种内在矛盾性最基础的特性就是受动性与能动性的辩证统一。人的实践活动的受动性表现为既受到自然条件与规律的制约，又受到社会历史条件与规律的制约，因此人的实践不是随心所欲的活动，而是一定的前提和条件的规定下进行的有限的实践。但是另一方面，人的实践活动又是能动的，是自由自觉的活动。人不是像动物那样无意识地适应自然，而是在适应自然界的同时使自然界适应自己、满足自己的需要；人的实践受到自然与社会历史规律的制约，但人是按照自己的需要、目的和要求来改变世界，人可以在实践中推进对于世界的规律性的认识，从而更好地实现自己的目的。列宁说："世界不会满足人，人决心以自己的行动来改变世界。"[①]人的需要、目的和要求在现存条件不能得到立即的满足，它是一种"非现实"的观念，它是人为自己构建的理想存在，人通过实践活动把观念性的理想存在变成客观现实的存在。人的实践活动是现实的感性的活动，也是超越性的理想性的活动，实践本质上就是不满足于现实的人把理想变成现实的活动，就是使现实更合乎人所向往的"善"或"好"的活动。更进一步，实践不仅是人改变世界，从而使人的需要、目的和要求得到满足的过程，

① 《列宁全集》(第55卷)，人民出版社，1990年，第183页。

还是人的自我确证、自我改造与自我发展的过程。人类通过对自然的认识、改造、占有和享受，把自己的本质力量外化为客观世界，展现自己的天赋、才能和欲望；同时，人也在实践中增进对世界与自身的认识，提升自己的能力，实践使人自我选择、自我反思、自我完善。

实践使人的存在兼有现实和超越两种属性，使人的生活不是一种简单的同一水平的生命活动的重复，而是一个人与外部世界持续互动、相互改造的过程，是一个人类不断开辟自己的生存空间、不断自我发展，从而不断追求更好的生存和发展的过程，是一个人类世界从不完善到完善的过程。总之，人类生活的发展趋势、人类对美好生活的追求是由生活的实践性内在地决定的。

（二）美好生活之"美好"

通过对"生活"本身的追问，我们理解了生活的实践性，也理解了美好生活本质上是什么，以及它何以可能。那么在"定性"之后，我们仍然要回到何谓美好这个早已被广泛讨论的问题上来。

人们的生活丰富多彩，人们的需要也多种多样，美好生活的极致当然是应有尽有、尽善尽美，但是从美好生活的基本条件或主要内容而言，美好生活意味着社会提供的客观条件使人们的物质生活、政治生活、文化生活、社会生活以及生存环境方面的需要都能够得到普遍、合理、全面而持续的满足。

第一，美好的经济生活。作为一种自然的生命存在，满足肉体的需要是人的基本生存前提，是人类一切活动的基础。只要缺少必要的物质条件，人类的文明和秩序就会遭受挑战，人类的自然生命就会萎缩与消逝。在广为人知的马斯洛"需求层次理论"中，衣食住等基本的生存需要是第一层次的需要，只有在满足这一层次的基本需要后，才能逐渐实现各个更高层次的需要。

中国古人说：“仓廪实则知礼节，衣食足而知荣辱。”在古今中外关于美好生活的蓝图中，都有关于美好的物质生活的描述，美好的物质生活无疑是美好生活的基础性条件。我们认为，应有尽有当然是美好的物质生活的极致，但美好的物质生活最起码是指在整个社会生产力较为发达的基础上，人们创造了丰裕的物质财富从而摆脱物质的贫乏，可以充分选择、占有和享用较为丰富的物质资料。

第二，美好的政治生活。亚里士多德曾把人的本性归结为政治动物，认为个体只有通过城邦的政治生活，才能过一种有德性的真正属人的生活。马克思主义认为，人以实践的方式存在，这决定了人必然与世界、与他人打交道。人在实践中实现自己的本质，也产生社会联系，人的存在方式决定了没有孤立存在的个体，也决定了“人是最名副其实的政治动物”。为了减少交往中的冲突，实现有秩序的共同生活，人们必然需要制定、维护和完善规则，即从事政治生活，人们的美好生活依赖于指向它的一系列政治活动。今天，中国人对于美好政治生活的理解有基本的共识，那就是坚持社会主义民主政治，将人民民主现实化、普遍化，使人民能自由、平等、有序、广泛、持续、深入地参与政治生活。

第三，美好的文化生活。人既是自然存在物，又是精神存在物，人既追求物质上的富足，又追求精神上的富足，物质与精神文化需要的双重满足是美好生活的基本维度。但是物质生活水平的提高并不必然带来精神的富足，并且当人们的物质生活水平达到较高水平时，人们对精神富足的追求就会更加凸显。文化建设就是要构建美好的文化生活，从而更好地满足人们的精神文化需要，因此习近平在党的十九大报告中指出：“满足人民过上美好生活的新期待，必须提供丰富的精神食粮。”在我们看来，美好的文化生活意味着，在对传统文化以及人类一切优秀文明成果的吸收、借鉴的基础上，社会

主义文化实现繁荣发展,可以为人民提供丰富、多元而优质的精神文化食粮,使人民拥有丰富的精神文化生活。

第四,美好的社会生活。人在本质上是一种社会存在物,人的现实的生命活动都在特定的社会关系中具体地展开。从社会的整体状况而言,矛盾重重、冲突频发、道德沦丧的社会绝对称不上美好;对于个体而言,没有脱离社会生活的纯粹私人的美好生活,个体的生活状况由自己所处的社会关系所塑造和决定。简言之,美好的社会生活是美好生活的重要维度与前提。社会关系的核心是利益关系,一切冲突与矛盾归根到底是利益冲突,因此美好的社会生活就意味着人们各方面利益关系的妥善处理,公平正义得到彰显,社会生活和谐有序。

第五,美好的自然生态环境。人是自然界长期发展的产物,人类的生存与发展不可能离开自然生态环境的给养,无论人类物质文明与精神文明发展到何种程度,没有新鲜的空气、洁净的水源、生机勃勃的生态环境,人类的生活也难言美好。马克思曾说:"自然界,就它自身不是人的身体而言,是人的无机的身体。"①人生存于自然之中,人与自然处于持续不断的相互作用与相互交换中,人与自然是生命共同体,美好的自然生态环境是美好的世界图景和人的美好生活的有机构成部分。通过对片面征服、利用自然带来的后果的反思,人们认为应当尊重自然、顺应自然,对自然进行保护与修复,重新构建宁静、和谐与美丽的自然生态环境。

总体而言,当一个社会可以提供美好的物质生活、政治生活、文化生活、社会生活和自然生态环境时,这个社会就会呈现一种总体上美好的状况,这意味着人们的美好生活具备现实条件与客观基础。但是美好生活的极致不

---

① 《马克思恩格斯选集》(第一卷),人民出版社,2012年,第55页。

仅是客观条件上的应有尽有,还是每个个体都能拥有美好生活,并在自己的生活中感受到幸福,美好生活归终要体现为每个个体的美好生活。对个体而言,幸福终归是一种个体的情感体验,社会提供的现实条件与客观基础是实现美好生活的必要条件,而非完全充分的条件。个体是否感到幸福,还取决于他提出的是什么样的需要,他自身又是否有能力在社会提供的客观条件的基础上实现这种需要。因此,美好生活还包含主体的需要与能力上的规定。只有当个体提出的需要具有合理性与正当性,个体自身又具备创造美好生活的能力时,个体才能在社会提供的客观条件的基础上实现个体的幸福。

我们认为,美好生活既是人们共同生活整体状况的美好,又是个体生活的美好。当社会提供的条件可以使人们的需要得到普遍、合理、全面而持续的满足时,人们才会普遍地对社会生活的总体状况作出积极的评价,才称得上美好生活。在一个美好的社会中,当个体能提出合理与正当的需要,并且具有满足自己需要的能力时,美好生活才能具体地体现为个体的幸福。总之,美好生活是美好的共同生活与个人生活的统一,是人与自身、人与社会或他人、人与自然关系的和谐,是人们拥有自由自觉的生命活动,从而使人们普遍而持久地感受到幸福的生活状况。

(三)美好生活的基本特性

按照人们认识事物的基本逻辑,我们已经通过阐述美好生活的本质内涵、基本内容回答了美好生活"是什么"的问题,自然而然,我们还应当进一步探讨美好生活作为人类普遍追求的目标与生活状态"怎么样",即美好生活有什么基本特性的问题,从而更为全面、合理地把握美好生活这一问题。

第一,终极性。人类所追求的一切事物都具有某种价值,如果我们把价值进行分类,可以分为工具性价值和内在价值,相应的,具有价值的事物可以分为三类：一是仅具有工具性价值的事物，一个事物具有工具性价值就是说这个事物仅仅是人们实现某种目的或价值的工具，比如金钱；二是兼具工具性价值与内在价值，即这个事物本身就有价值，但同时又是实现某种更高目标与价值的工具，比如健康；三是只具有内在价值的事物，即这个事物不是任何其他目标与价值的工具，在它之外，没有更高的目标，没有更高的价值，它是其他目标的目标、其他价值的价值，它是作为终极目标的价值。美好生活就是这样一个人类永恒追求的终极目标，无论哪个时代、哪个地域、哪个国度、哪个民族，美好生活都是所有人追求的目标；人类生活的各个方面、人类的一切价值追求、人类的一切生命活动都从根本上指向美好生活这一目标。

第二，总体性。人的需要丰富多彩，人类生活是一个内容庞杂的复杂总体，人类活动追求各种具体的目标与价值，美好生活不是人的生活的某些方面、领域、阶段的局部的美好，不是某个具体目标与价值的达成与实现，也不是某个人或某些人的生活的美好，它是人的生活整体状况的美好。比如，物质丰裕、精神空虚、道德沦丧绝不是美好生活，社会总体财富十分充裕但公平正义阙如、社会矛盾突出也绝不是美好生活。美好生活具有总体性，它是人类需要的全面满足，它是人类社会生活方方面面的美好，它是在各个具体目标与价值实现的基础上的总体性价值的实现，它最终要达到美好的世界图景与美好的社会生活中每个个体的美好生活。

第三，历史性。美好生活不是抽象的话语与空想，也不是既定的理想状况，无论是人们对于美好生活的理解，还是美好生活的实现都是一个历史性的生成过程。生活决定意识，而不是意识决定生活，人们对于何为美好生活的理解并非一成不变。一方面，人们的需要总是与一定生产力和社会发展水平相适应，人们根据自己的需要是否得到满足作出生活是否美好的评价，人们在可以想象的范围内谋划可能的未来的理想生活;另一方面,人们在通过积极的行动满足原有的需要之后,就会产生新的需要,这些新的需要构成了人们对于生活是否美好的新的评价内容,美好生活的内涵因而不断丰富与发展,从而逐渐把自身的全部内容展现出来。美好生活的"概念的运动"与美好生活的实现是同一个历史过程,我们今天得以形成对美好生活的更为全面、深刻、具体的理解,以及我们已经拥有一定程度的美好生活,都是历史实践的结果;我们今天关于美好生活的具体谋划与实践构成了未来美好生活的现实基础。人类在"需要–满足需要–产生新的需要"的无限演进中实现历史进步,逐步实现美好生活的升级,并日益趋近于美好生活的极致。

第四,多样性。美好生活是和谐的生活,但并非整齐划一的生活。每个人从出生开始,就有着与他人不同的自然禀赋,通过自己的生活过程,每个人成为有着独特爱好、情感与需要的人。因此,一方面,人们对于美好生活的需要在基本内容与条件上具有公共性与普遍性;另一方面,每个人对于美好生活的需要又必然具有个体性与特殊性。美好生活意味着社会可以为个体提供多样的美好生活的可能与条件,个体可以根据自己的天赋、能力与需要,自由地选择自己的生活方式,展现自身天赋与能力,成为有个性的个人。从整体观之,美好生活就是美美与共的生动活泼的生活场景。

美好生活的现实诉求

　　美好生活从来不仅是一种理想性的存在，它更表现为一系列的现实性诉求。作为马克思主义政党，自中国共产党诞生以来，中国共产党人就自觉以为人民谋幸福、实现人民的美好生活作为自身的奋斗目标，谱写了一部带领中国人民走向美好生活的光辉历史。经过长期努力，中国特色社会主义进入了新时代。新时代党的工作的重点要求就是，全面建成小康社会，不断满足新时代中国人民对于美好生活的需要。这就需要在总结已有成就的基础上，深刻认识新时代人民美好生活需要的新特点，准确把握新时代人民对于美好生活在各个方面的现实诉求。

一、新时代人民美好生活需要的特点

中国特色社会主义进入新时代的一个基本依据就是社会主要矛盾发生了历史性的全局变化。以往,我国社会主要矛盾是人民日益增长的物质文化需要同落后的社会生产之间的矛盾,而在新时代已经转变为人民日益增长的美好生活需要和不平衡不充分的发展之间的矛盾。其实,人民物质文化需要也是美好生活需要的重要方面,新时代强调"人民日益增长的美好生活需要",一方面表明我们更加自觉地追求美好生活,另一方面也意味着今天人民的美好生活需要和以往有了很大的不同。要带领中国人民创造新时代的美好生活,首先就要直面新时代人民的美好生活需要的现实复杂性,掌握新时代人民的美好生活需要的新特点。概括而言,新时代人民美好生活需要至少呈现出如下基本特征:

(一)需要日益广泛

马克思主义认为,人的需要是一个不断发展的过程。"已经得到满足的第一个需要本身、满足需要的活动和已经获得的为满足需要而用的工具又引起新的需要。"①与动物永远是在生存本能的驱使下满足基本的生存需要不同,随着实践的发展,人的需要的内容、种类、范围以及满足需要的手段都会越来越多,"人以其需要的无限性和广泛性区别于其他一切动物"②。人的

---

① 《马克思恩格斯选集》(第一卷),人民出版社,2012 年,第 159 页。
② 《马克思恩格斯全集》(第 49 卷),人民出版社,1982 年,第 130 页。

需要和人的实践处于永恒的辩证互动中,实践的发展是人的需要丰富与提升的过程,人的需要也是实践进展的动力,已经获得满足的需要会催生出新的、更多的需要,以及新的、更多的满足需要的手段,历史的进步就是在需要的不断产生与满足中实现的。

美好生活是人类永恒的追求,从一定意义上讲,一切社会中的主要矛盾都是人民的美好生活需要与其所处社会发展状况的矛盾。但是这个矛盾在不同时代表现为不同的形式。在中国共产党成立之后相当长的一段时期内,党着重解决的是基本的生存需要。新中国成立前,中国共产党带领中国人民摆脱受剥削、受压迫的半殖民地半封建社会的悲惨境地,为人民的美好生活提供最基本的安全保障。新中国成立后,在实现民族解放与独立的基础上,提高人民的物质生活水平、满足人民不断增长的物质文化生活需要则成为了主要问题。就人民的主观感受而言,只要经济不断发展、物质生活水平不断提高,人民就倾向于对自己的生活状况作出肯定的评价。当然,当时的人民并非没有其他方面的需要,但是由于物质的贫乏,这些需要即便存在也下降到了相对次要的位置,没有成为急迫的、主要的、普遍的和显性的需要。

受到现实基础与发展水平的客观限制,中国人民对美好生活的理解曾经不可避免地感性化、物化和单一化。在全国劳动模范申纪兰的家乡山西省平顺县西沟村,老百姓曾经最为向往的美好生活就是"山上绿油油,牛羊到处走,耕地不用牛,点灯不用油,走路不小心,苹果碰住头"。无独有偶,苏联领导人赫鲁晓夫曾经对共产主义有过这样的憧憬:共产主义就是每天都能吃上土豆烧牛肉。在今天看来,这样的论断当然不合时宜,也与马克思关于共产主义社会的美好生活设想相去甚远。但是放到特定的社会历史背景下却又十分可以理解,贫穷的确限制了人们关于美好生活的想象。黑格尔曾经深刻地指出:"时代的艰苦使人对于日常生活中平凡的琐屑兴趣予以太大的重视,现实上很高的利益和为了这些利益而作的斗争,曾经大大地占据了精神上一切的能力和力量以及外在的手段,因而使得人们没有自由的心情去理会那较高的内心生活和较纯洁的精神活动,以致许多较优秀的人才都为这种艰苦环境所束缚,并且部分地被牺牲在里面。"①

随着社会的进步,中国人民不仅解决了温饱问题、实现了总体小康,并且2020 年要全面建成小康社会,基本的物质与文化需要已经得到满足,在此基础上,人民关于美好生活的向往前所未有地丰满起来,人民的美好生活需要的内容与种类都极大地丰富。在原来的需要得到满足后产生了新的需要,一些在原有的条件下被阶段性忽略的需要则日益凸显,比如人民对于民主、法治、公平、正义、环境等客观条件的需要;比如基于客观条件的改善的尊严、体面、自由、安全感、归属感、获得感、幸福感等带有深厚主观色彩的需要等;比如提升自身文化素质、追求自我实现与全面发展的需要等等。正如习近平所说,共产主义绝不是"土豆烧牛肉"那么简单。由于人民美好生活需要的丰富与扩展,"不断增长的物质文化需要"与"落后的社会生产"之间的矛盾作为我国社会的主要矛盾已经不合乎当下实际,而是被人民日益增长的美好生活需要和不平衡不充分的发展之间的矛盾取而代之。

今天,人民据以衡量生活是否美好的因素是一系列相互影响、相互作用的需要是否得到全面满足,只有这些需要都得到充分的尊重、理解和满足,人民对于生活的满意度才能显著提升,社会的整体安定、和谐与发展才能更好地实现。当然,必须强调,人民需要的内容与种类变得丰富,并不意味着基本的物质和精神文化需要就可以忽略。恰恰相反,人民的物质文化需要会随着社会的发展不断地变化发展,并且始终构成美好生活的基础性维度。

---

① ［德］黑格尔:《哲学史讲录》(第 1 卷),贺麟、王太庆译,商务印书馆,2011 年,第 1 页。

（二）提出更高要求

人的需要的发展不仅体现为不断产生或不断凸显出来的"新需要"，不仅是需要的种类与内容的扩展，还表现为需要的质量、层次或品味的"升级"，随着社会的发展，人们会对同一种需要提出更高的要求。

在新民主主义革命时期，经过长达 28 年艰苦卓绝的斗争，中国共产党带领中国人民获得了民族解放，开启了历史的新征程；新中国成立之后，中国共产党团结和领导中国人民完成了社会主义改造，确立了社会主义基本制度，推进社会主义建设，从而为中国人民的美好生活奠定了最基本的政治前提和制度基础；四十多年的改革开放波澜壮阔，极大地解放与发展了社会生产力，党和国家在经济、政治、文化、社会、生态等各个领域都取得成史性成就。事实上，党在各个方面取得伟大成就的奋斗历程就是满足人民各个方面都不断升级的美好生活需要的历程。中国老百姓所谓"三大件"的变迁可以令人最直观地感受到这种升级。20 世纪 70 年代末，乘着改革开放的东风，人民的消费欲望受到了激发，曾经只想填饱肚子的中国人民认为，戴上上海牌手表、用上蜜蜂牌或飞人牌缝纫机、骑上飞鸽牌或永久牌自行车就会无比满足；到了 80 年代，人民的收入明显增加，普通家庭拥有老三大件已经毫不稀奇，人们开始追求电气化，为自己的家庭配备上冰箱、彩电、洗衣机才称得上幸福生活；90 年代人民对家庭生活提出了新的现代化要求，"三大件"变成了空调、录像机、电脑；跨入 21 世纪，家庭消费更是转向科技化、高品质、多元化，除了房子、车子成为了每个家庭希望拥有并且相当一部分家庭已经拥有的标配，人们已经难以找出某个具体的物件可以列入"三大件"之中。因此，可以购买一切产品和服务的"票子"被列入其中。社会发展了，人民的收入增长了，家庭消费与人民对于生活品质的要求必然升级。家庭消费的变迁是人民物质生活需要升级的鲜明体现,也是整个社会各方面需要升级的一个缩影。

从既有的奋斗成果而言,党带领人民在各个方面取得的伟大成就为人民的美好生活提供了坚实的客观条件,今天的中国人民对美好生活的需要是美好生活需要的升级。今天,绝大部分中国人都会对个体生活状况与社会整体状况作出肯定的、积极的评价,对于自身与国家将来的发展也充满信心,可以说,人民社会生活各方面的基本需要已经很大程度得到了满足,今天的中国人民已经实现了一定程度的美好生活。但是在此基础上,人民对与自身生活相关的方方面面都提出了更高的要求:"我们的人民热爱生活,期盼有更好的教育、更稳定的工作、更满意的收入、更可靠的社会保障、更高水平的医疗卫生服务、更舒适的居住条件、更优美的环境,期盼孩子们能成长得更好、工作得更好、生活得更好。"[1]

(三)需要日益多元

国家、民族是一个命运共同体,个体的美好生活与国家、民族紧密相关,同属于一个国家、民族的人们对于美好生活的需要也一定程度上具有天然的共通性、统一性;但是另一方面,国家、民族从来都不是一块整钢,不同个体、群体在社会生活中处于不同的位置,有着自己独特的生活背景与经历,从这个意义上说,人们对美好生活的需要从来都存在不同程度的差异性。

在一定条件下,人们的美好生活需要的共通性会相对凸显,比如当国家、民族处于危亡之际时,当人们利益相对一致、思想相对统一、集体主义占据主流时,当人们的生活相对封闭、可供选择的生活方式、可利用的机会与资源相对稀缺时。应当说,改革开放之前我们国家的总体状况就是如此,人们生活

---

[1] 《习近平谈治国理政》(第一卷),外文出版社,2018年,第4页。

的各个方面都表现出高度的同质化,穿一样的衣服、读一样的书、唱一样的歌、有着一样的人生理想。但是改革开放以后,特别是近年来,社会阶层和利益的分化、意识形态与价值观的多元已经成为一个基本事实,在多元的需求体系中,不同个体、不同群体从自己的立场出发注重、强调生活的不同方面,形成不同的关于美好生活的理解,从而选择各自不同的实现美好生活的方式。伴随着美好生活成为一个开放性的、有着多元解答的问题,美好生活越来越成为一个个性化的、私人化的问题。

在后现代大众文化的影响下,人们的多样性、差异化需求甚至发展到对"差异"的崇拜。从需要满足即广义的消费的角度看,今天的消费者越来越注重自我、内涵的体现,通过"独一份"的消费构建一个"与众不同"的人设。中国时尚类网络媒体《华丽志》曾发布报告指出,中国年轻消费者对"个性化定制"感兴趣的比例高达94.6%。商家也在努力使自己的产品能满足小众化、个体化的要求,"私人定制"、个性化消费正在逐渐成为中国消费市场扩大和升级的巨大推动力。

(四)愈加明显的比较性

人是社会性存在,是通过与他人交往来构建自己的生活,也是在与他人的比较中对自己的观点、能力、生活状况作出评价。比较是广泛存在的社会现象,也是人们一种基本的思维方式、认识方式。人们对自己生活状况是否美好的判断往往没有一个纯粹客观的标准,而是在比较中形成的。总体而言,人们对于自己生活状况是否美好的判断基于两个维度的比较:一个是纵向的比较。如果人们认为今天比昨天好,未来可以预期到比今天好,那么人们就倾向于对自己的生活状况作出积极、肯定的评价,反之亦然。另一个是横向的比较,即与"他者"比较。当人们感到自己生活的各个方面或至少某些方面优于他人时,人们就倾向于对自己的生活状况作出积极、肯定的评价。

就第一个维度的比较而言,应当说,除去极少数的情况,绝大部分人们的生活状况会随着社会的发展而不断改善。不过值得注意的是,今天,在人们拥有比以前更好的生活之后,就会把这种更好的生活作为生活的"常态"加以确认,认为它是理所当然的,一切不符合这种"常态"的生活细节都被视为反常。这种比较具有强烈的不可逆性,以致任何细小的倒退都可能被看成极大的不美好,从而影响人们对于自己生活状况的总体评价。

更为重要的是,在今天这样一个信息日益公开、透明的时代,人们的横向比较更大程度地影响着他们对自己生活是否美好的评价。人们不是将今天的生活跟自己的过去相比,发现当下生活的"美好",而是跟他人的生活相比,看到自己生活的"不美好"。改革开放以来,人们的生活总体上无疑得到了显著改善,但是一方面,人们向外看,发现了我们的生活与西方许多发达资本主义国家仍存在方方面面的差距;另一方面,由于发展的不平衡不充分,人们更多地体验到与别的地区、别的行业、别的单位,甚至与自己的朋友、同学、亲人间的差距。马克思曾经以住房为例对此作出生动的分析:"一座房子不管怎样小,在周围的房屋都是这样小的时候,它是能满足社会对住房的一切要求的。但是,一旦在这座小房子近旁耸立起一座宫殿,这座小房子就缩成茅舍模样了。这时,狭小的房子证明它的居住者不能讲究或者只能有很低的要求;并且,不管小房子的规模怎样随着文明的进步而扩大起来,只要近旁的宫殿以同样的或更大的程度扩大起来,那座较小房子的居住者就会在那四壁之内越发觉得不舒适,越发不满意,越发感到受压抑。"①随着社会交往和信息技术的发展,美好生活需要的这种比较特征一定会愈加强化,由于人们能够更

---

① 《马克思恩格斯选集》(第一卷),人民出版社,2012 年,第 345 页。

为迅速、清楚地掌握他者的生活状态,美好生活的"历史水平线"就会越来越清晰地展现在人们面前。与此同时,生活中的"不美好"也在这种背景下加倍暴露、凸显出来,甚至有可能成为不堪忍受的对象。

"美"或"好"从来都是相对的,总是有程度之别的,"美好生活"亦如此。在中文语境下,"美好生活"的使用激发了人们的丰富想象,打开了一个无限延展的可能空间。然而生活和历史的经验都告诉我们,有美好和更美好,但不会有最美好。一定程度的美好生活需要的满足促成现实的美好生活,但现实的美好生活又总是生成新的、更高的美好生活需要。同时,作为新时代社会主要矛盾的另一方,不平衡不充分其实是发展面临的永恒问题,彻底、绝对的平衡和充分也就意味着发展的停滞或终结,只有通过不平衡不充分到新的平衡充分再到新的不平衡不充分,如此往复,螺旋式前进,发展才成为可能。因此,美好生活的需要不可能被绝对地满足,对此应有清醒认识和充分心理准备。实现人民对美好生活的向往没有终点,永远在路上。当然,从较低层次的美好生活需要到较高层次的美好生活需要的转变,本身就是美好的。而且事实上,这正好是人类社会历史发展深层、强劲而持久的动力。

二、更好的经济生活

经济生活是一个社会的生产、交换、分配与消费活动的总和,在一个国家中,经济生活在宏观的层面是整个社会或国家的经济状况,在微观的层面则表现为家庭和个人的就业、收入、消费等日常生活状况。人们的生活是一个复杂的有机整体,但是在马克思主义的视域中,经济活动是人类存在的基础性领域，人自身、自然与社会生活的方方面面都只有从经济生活中，特别是从物质生产活动中，才能得到真正全面、深刻的理解。因此，美好生活首先必然要求美好的经济生活。

（一）美好的经济生活是美好生活的物质前提

人的全部生活以物质生产与消费为前提。生活的前提是生存，人类要生存，首先要从事生产生活资料的活动，以满足人们基本的衣食之需，这是一个显而易见的事实。正如马克思所说："人们为了能够'创造历史'，必须能够生活。但是为了生活，首先就需要吃喝住穿以及其他一些东西。因此第一个历史活动就是生产满足这些需要的资料，即生产物质生活本身……"[1]恩格斯也指出："人们首先必须吃、喝、住、穿，然后才能从事政治、科学、艺术、宗教等等。"[2]物质资料的生产与消费贯穿人类历史的全过程，在不同的生产力基础上，人们的物质资料的生产与消费活动表现为不同的形态，但它们始终是人类与世界存在与发展的基础。

经济生活归根到底决定着社会生活状况。在人们的经济生活中，物质生产活动是最具决定性的环节。物质生产活动虽然源起于动物性的本能，但它不是一种纯粹动物性的活动，恰恰相反，正是在人们的物质生产活动中，人们与动物区分开来；正是以物质生产的发展为基础，人类社会生活从以维持肉体存在为唯一内容的混沌总体分化为各个相互影响、相互制约的生活领域，政治、文化等不过是生产力发展到一定水平时形成的社会分工中的特殊领域。人们的生活状况当然是诸种复杂因素相互作用的结果，不能直接地、完全地归结为经济生活状况，在大多数情况下，经济生活通过各种繁多的中介和

---

① 《马克思恩格斯选集》（第一卷），人民出版社，2012年，第158页。
② 《马克思恩格斯文集》（第3卷），人民出版社，2009年，第601页。

环节来影响人们生活的各个方面。因此,恩格斯强调:"我们把经济条件看作归根到底制约着历史发展的东西。"①

个人的经济生活深刻地影响其生活的总体状况。马克思认为,个人的生活状况与物质生产紧密相联,个体的存在状况、个人的生活方式要从物质生产方式中得到真正的理解:"人们用以生产自己必需的生活资料的方式,首先取决于他们得到的现成的和需要再生产的生活资料本身的特征。这种生产方式不仅应当从它是个人肉体存在的再生产这方面来考察。它在更大程度上是这些个人的一定的活动方式、表现他们生活的一定形式、他们的一定的生活方式。个人怎样表现自己的生命,他们自己就是怎样。因此,他们是什么样的,这同他们的生产是一致的——既和他们生产什么一致,又和他们怎样生产一致。因而,个人是什么样的,这取决于他们进行生产的物质条件。"②这一方面是说,个人的生活总是基于一定的物质生产水平,个体不可能享有超越自己所处的社会历史条件的物质生产水平的生活,个体的物质生活水准从根本上是由整个社会的物质生产水平决定的。另一方面,在一定的生产力发展水平下,由不同的个体与生产的物质条件的关系所决定,不同的个体处于生产、交换、分配与消费的不同位置,从而决定了他的生活方式、生活状况。

总之,没有良好的经济基础绝对谈不上美好生活。无论是就社会生活的整体状况,还是就个体的生活状况而言,经济生活都是美好生活的现实根基。在我们的生活经验中,我们也不难体会到:一方面,如果整个国家的经济不能规范有序、健康持续地发展,个体的美好生活就会失去坚实的经济基础;另一方面,尽管今天可供人们选择的价值观念及生活方式十分多元,但如若我们不能很好地参与社会生产,发挥所长,不能通过参与社会生产获取令人满意的

① 《马克思恩格斯文集》(第 10 卷),人民出版社,2009 年,第 668 页。
② 《马克思恩格斯选集》(第一卷),人民出版社,2012 年,第 147 页。

收入,自己所得的收入不能支持相对自由的消费活动,我们就很难感到幸福。

(二)人民的经济生活实现巨大发展

新中国成立以来,中国共产党以马克思列宁主义为指导,以人民的经济生活水平的普遍提升为目的,不断探索组织经济生活的方式和创造美好经济生活的手段。特别是改革开放以后,我国创造了数十年高速增长的世界奇迹,中国人民的经济生活发生了翻天覆地的变化。

适合中国国情的经济体制基本建成,经济体格逐渐强健。在新中国成立初期,党和国家就确立了摆脱贫困、实现共同富裕的目标。为了实现这一目标,在一穷二白的基础上,中国共产党不断摸索适合中国国情的组织经济生活的方式,对如何发展社会主义经济生活进行了艰苦而卓有成效的探索。总体而言,基于不同历史阶段的现实状况与历史任务,我国先后实行了计划经济体制和市场经济体制。新中国成立后,国家对旧的生产关系进行全面改造,建立了公有制为主体的社会主义基本经济制度,采取计划经济的经济发展手段,优先发展重工业,迅速建立了国家的工业体系和国防体系,实现了生产力和人民物质生产水平的明显提升,奠定了人民经济生活基本的物质基础。

党的十一届三中全会确定了改革开放的政策,在坚持社会主义道路的前提下,积极开展对外经济合作,经济体制逐渐实现了从计划经济到市场经济的转轨;实行公有制为主体、多种所有制经济共同发展的基本经济制度,强调非公有制经济的重要作用;实行按劳分配为主体、多种分配方式并存的分配制度。制度创新极大地解放与发展了生产力,充分地调动了广大人民的生产积极性,并最终造就了经济发展的世界奇迹。

七十多年来,我国从积贫积弱、一穷二白发展到建立了完备的工业体系,稳居经济总量世界第二位。2007年中国超越德国成为第三大经济体,2009

年又超越日本成为第二大经济体。截至 2018 年底，中国的 GDP 总量超过 90 亿元人民币（约 13.6 万亿美元），比 1952 年增长 74 倍，约占世界 GDP 总量的 16.7%（1978 年中国占世界 GDP 总量为 1.8%），支撑起这种增长的是改革开放以来年均 9.4% 的增长率。今天，中国已经是世界第一大工业国、第一大货物贸易国、第一大外汇储备国、第二大外资流入国，自 2006 年开始我国对世界经济增长的贡献率就稳居世界第一。新中国成立以来，我国经济实力显著增强，主要经济社会指标占世界比重大幅度提高。

在国家经济持续发展的基础上，人民经济生活的各个方面显著改善。在不同的历史时期，中国共产党进行了不同主题、不同侧重点的制度创新，经济生活的发展提出制度创新的要求，制度创新则激发经济生活的活力，在这种良性循环中，我国经济社会获得长足发展，人民的物质财富不断增长，人民经济生活的各个方面都持续改善：在参与社会生活方面，改革开放以来，民营企业、个体企业、外资企业等的发展大大拓宽了人民的就业渠道，妇女地位的提高使得中国女性广泛参与社会就业，2019 年中国女性的就业率为 49.08%，与世界平均女性就业率大致持平。在人民收入与生活水平方面，1978 年开始改革开放时，我国还是世界上最贫穷的国家之一，84% 的人口生活在国际贫困线以下，1978 年我国农村贫困人口为 7.7 亿人，贫困发生率为 97.5%，而 2018 年末我国农村贫困人口为 1660 万人，比 1978 年减少 7.5 亿人，贫困发生率 1.7%，比 1978 年下降 95.8 个百分点，今年我们更是即将通过精准扶贫全面实现小康。1978 年我国人均国民收入为 316 元（按当年汇率约为 250 美元），2018 年我国人均国民收入增长至 59660 元（约 8827 美元），我国已经迈入了中等偏上收入国家行列。

在生产力与社会物质财富巨大增长、就业与收入状况极大改善的基础上，各种物资供应充足、商品琳琅满目，人民的日常消费不断丰富、升级、多元化、个性化,冰箱、电视、洗衣机等家电迅速普及,手机、计算机等信息产品从无到有,洗车、住房、旅游已经成为中国家庭重要的生活消费。国家统计局提供的资料表明,2018 年中国城镇居民人均消费支出 26112 元,农村居民人均消费支出 12124 元,私人汽车拥有量为 20574.93 万辆,国内游客 5.5 亿人次,出境人次为 1.6 亿人次。

(三)人民对更好经济生活的现实诉求

人民的美好生活需要是新时代一切工作的出发点与归宿,但是要满足人民新时代的美好生活需要,必须要切实把握人民美好生活需要的具体内容,只有在此基础上我们的工作才能做到有的放矢。新时代人民对美好经济生活的现实诉求除了在宏观上期盼经济生活能够持续健康发展外,在微观层面更吁求个人经济生活需要的高质量的满足。

在经济发展已经取得巨大成就的基础上,我国已经走出物质匮乏的时代,生产资料、生活资料丰富,就业市场广阔,商品供给充裕,人民消费活动空前活跃。在人民经济生活的方方面面,人民的要求已经从"有没有""有多少"转变为"好不好""美不美"的问题,人民经济生活的需要不再是不能满足的紧张,而是怎样实现高质量的经济生活的问题。具体而言,人民对高质量的经济生活的需求可以体现为以下四个方面:

第一,在参与社会生产中实现自身发展。经济的快速发展为人民广泛参与社会就业提供了条件,但是新时代人民参与社会生产不仅仅是为了满足基本的生存需要,人民要求的是"更稳定的工作"。劳动、工作不仅仅是一个社会民生问题,人民越来越注重的是,自己将智慧与能力投入社会生产时是否能自我提升、自我发展、自我实现、自我满足,在薪资待遇上是否能体现自我价值等一系列综合性的发展需要。

第二，收入增长与财务自由的逐渐升级。新时代人民要求的是"更满意的收入"，这就是说，人民在参与社会分配时更加注重自己的劳动是否得到合理回报、如何扩展增加收入的途径实现自己收入的不断增长，在此基础上逐渐实现不同层级的财务自由。近年来，"财务自由"成为热议的公共话题，有人把中国人的财务自由划分为菜场自由、饭店自由、旅游自由、洗车自由、学校自由、工作自由、看病自由、房子自由、国籍自由九个阶段。我们认为，无论对财务自由具体作何种理解，财务自由在根本上体现的是人民在基本生存需要得到满足后，希望个人经济状况不断改善、逐渐摆脱为日常开销而努力工作的境地，从而在自己的生活中享有更多的行动自由。

第三，高品质、多样化的社会产品。当前，我国已经建立了门类齐全的产业体系，可供人民消费的社会产品门类丰富，人民的消费生活出现了明显的升级。一方面，人民在消费物质产品时越来越注重产品的品牌、品质、品味，出现了多元化、个性化、定制化、符号化的要求，这一趋势在具有稳定收入和资产、接受过良好教育、致力于提升生活品质的所谓"品质人群"中表现得尤其突出。2018年，中国消费者协会向社会公开征集消费维权年主题，最后确定的主题就是"品质消费、美好生活"。另一方面，人民的消费活动越来越超越单纯的物质产品消费，不仅在物质产品消费中越来越注重产品的精神文化内涵，教育培训、运动健身、旅游出行、文化产品与服务等方面的支出所占比重也越来越大。

第四，经济生活方面更高的国际化水平。随着我国更加深入、全面地融入世界市场体系，中国人民对经济生活的方方面面也提出了更高的国际化要求，人民希望在世界市场范围内拥有更多、更自由的就业、竞争与发展的机会，希望能更便利地、以更低廉的价格获取或消费优质的资源、技术、产品与服务。

三、更好的政治生活

政治是一种社会活动，政治生活是人们生活的重要组成部分。在现代语境下，政府、政党、集团与公民都是政治生活的主体，他们参与国家事务、施行治理国家的活动构成了整个国家的政治生活。对于公民个体而言，政治生活是对政治权利的行使和对政治义务的履行，主要包括依法行使民主选举、民主决策、民主管理、民主监督，积极参与治理国家的各项活动。

（一）美好的政治生活是人民美好生活的根本保障

相对于人们生活的其他方面而言，政治生活的主题是政治。关于人与政治的关系，我们可以从亚里士多德的一个著名论断来理解。亚里士多德说："人天生是政治动物。"[1]在亚里士多德看来，人并非唯一以群居的方式存在的动物，但是与其他群居的动物不同，人具有理性能力，也是会说话的动物。正是因为人的这些特性，人可以进行理性的思考，凭借对善的理解，通过言语的沟通来促进人们共同生活中的正义。简言之，政治是使人的共同生活得以可能的前提，是人的共同生活与动物性群居的根本区别。

对于亚里士多德的这种观点，马克思并不完全赞同，他的看法是："这是因为人即使不像亚里士多德说的那样，天生是政治动物，无论如何也天生是社会动物。"[2]在马克思看来，人天生是社会动物，因为人从来不是生活在相

---

① ［古希腊］亚里士多德：《政治学》，颜一、秦典华译，中国人民出版社，2003年，第4页。

② 《马克思恩格斯全集》（第23卷），人民出版社，1972年，第363页。

互隔绝的孤立状态,与其他很多动物一样,群居生活是维持基本生存的手段。但是人的群居生活不仅仅是简单地维持生存。通过物质生活资料的生产活动,人们获取生活资料,实现自身的生命存续与种的繁衍,这个过程既生产出家庭关系,也生产出特定的社会关系。"生命的生产,无论是通过劳动而生产自己的生命,还是通过生育而生产他人的生命,就立即表现为双重关系:一方面是自然关系,另一方面是社会关系。"①可以说,从人以人的方式来实现生存开始,人就是社会性存在,所以马克思说人"天生是社会动物"。而人成为亚里士多德所谓的政治动物却需要更多的前提,比如语言与理性。

正是由于共同进行生产劳动的需要,人们才产生了交流的需要,才会产生语言和意识,至于产生城邦、国家,出现真正意义上的国家治理行为,更是在生产力发展到更高水平之后的事情。因此,从马克思的观点出发,亚里士多德的论断的问题在于,没有从物质生产活动出发来理解人及其特性,而把生产力发展至一定水平才发展出来的人的特性视为自己理论的前提。马克思则将对人与政治关系的追问向前推进一步,在厘清人是政治的动物这一论断可以成立的前提后,马克思同样把政治活动看作是社会存在的必要条件。马克思指出:"人是最名副其实的政治动物,不仅是一种合群的动物,而且是只有在社会中才能独立的动物。"②这就是说,人必然以群体性的方式生存,人总是在特定的政治联系下生活,为了协调人们的共同生活,人们需要建立一定的政治组织、确立稳定的政治制度。并且只有在稳定的政治制度和政治组织之下,只有在有序的政治生活中,人们才能进行生产和生活,才能实现个体自身的独立及其美好生活。

---

① 《马克思恩格斯选集》(第一卷),人民出版社,2012年,第160页。
② 《马克思恩格斯文集》(第8卷),人民出版社,2009年,第6页。

当我们基于唯物史观来考察人们的政治生活,我们就会发现,政治生活是随着历史的发展而发展的,在不同的社会历史条件下,人们的政治生活有着不同的价值追求,呈现出不同的特点。我们今天对于政治生活的理解是生产方式变革的结果,是源起于西方现代化进程的产物。在西方,由于资本主义生产方式与市场经济的形成,在市场交换中平等、自由竞争、法制性与开放性的特征与要求,使资产阶级提出平等、自由、法治、民主等现代价值观念,提出构建现代民主的政治生活的要求,从保障个人的自由权利出发,民主选举和权力制衡构成现代政治的重要特征。应当说,现代西方式民主本身存在巨大缺陷,将其向一切地区、民族、国家推广的行为已然给很多地区的人民带来深重的灾难。但是无论怎样评价现代西方式民主,民主仍是政治现代化的核心追求。中国共产党基于特殊的国情,坚持走中国特色社会主义政治发展道路,坚持发展社会主义民主政治。正确的政治发展道路是事关发展全局的问题,政治发展道路选择的错误往往带来社会的动荡、国家的分裂。相对的,正确的政治发展道路才能实现人们美好的政治生活,在正确的政治道路下,人们才会积极发挥自己的政治权利、有效履行自己的政治义务,从而使自己的美好生活得到有效的保障。

(二)社会主义民主不断推进

中国共产党是马克思主义理论武装下的政党,中国是社会主义国家,人民民主是社会主义的生命,真正的人民当家作主是人民美好政治生活的根本追求。新中国成立以来,为了实现真正的人民当家作主,我们对社会主义民主政治建设进行了卓有成效的探索,中国特色社会主义政治发展道路日渐形成,并发挥出巨大的优越性,为实现人民美好的政治生活打下了坚实的基础。

1. 社会主义政治制度体系不断完善

新中国成立以来,在进行社会主义革命、建设与改革的过程中,几代中国共产党人经过曲折的探索,立足中国国情,吸取世界各国政治文明有益成果,建立了具有中国特色的社会主义政治制度体系。我国宪法第一条明确规定了我国国家政权的根本性质,指明中华人民共和国是工人阶级领导的、以工农联盟为基础的人民民主专政的社会主义国家。人民当家作主是社会主义民主政治的本质特征,人民代表大会制度则是人民当家作主实现的重要形式,是我国的根本政治制度。除此以外,中国共产党领导的多党合作与政治协商制度是我国新型的政党制度;民族区域自治制度是在民族地区实现各民族平等、团结与共同发展的最适当的政治形式;基层群众自治制度则保证和实现了基层群众的民主选举、民主决策、民主管理、民主监督权力。中国特色社会主义政治制度体系的建立与不断完善既是社会主义民主政治建设的重要成果,又为中国人民美好的政治生活提供了根本的制度保障。

2. 社会主义法治建设实现巨大进展

法制是民主政治的重要特征,没有法制的保障,包括民主权利在内的一切权利都随时可能受到侵犯。新中国成立以来,我国用短短几十年的时间构建了以宪法为统帅,由宪法相关法、民法、商法、行政法、经济法等多个法律部门的法律为主干,由法律、行政法规、地方性法规与自治条例、系列条例等三个层次的法律规范构成的中国特色社会主义法律体系。到现在我们制定了近三百部法律,生态环境治理法律、网络管理法律等更是填补了世界法制建设的空白,革命烈士保护法、人民调解法等则具有鲜明的中国特色。在比较完善的法律体系逐步建成的基础上,党将工作重点从法制建设转向法治建设,党的十八大以来,党实施全面依法治国战略,2013 年 1 月,习近平提出建设“法治中国”的目标,社会主义法治建设进入快速发展阶段。2019 年 11 月召开的党的十九届四中全会,通过了《中共中央关于坚持和完善中国特色社会主义制度　推进国家治理体系和治理能力现代化若干重大问题的决定》,把坚持和完善中国特色社会主义法治体系摆到了十分重要的位置。

3. 人民民主权利不断扩大

人民享有民主权利、参与政治生活的程度既与制度保障的完备程度相关,又与经济社会发展水平密切相关。改革开放以来,我们一方面以经济建设为中心,大力发展生产力,同时加快发展科技文化教育事业,提高人民的思想文化素养。另一方面,紧紧围绕经济建设这个中心进行政治体制改革与民主政治建设。随着市场经济的不断发展,人民自主表达利益诉求的意识逐渐增强,人民行使民主权利的物质文化基础不断扩大,党则随着经济社会的发展循序渐进地推动人民民主权利的扩展。在发展人民民主中,我们明确了广大人民群众享有知情权、参与权、表达权和监督权,凡是关系到人民群众切身利益的公共决策、公共事务,我们都积极建立和完善各种制度和实现形式,支持和扩大公民的有序政治参与。民主权利逐渐体现在人民生活的各个方面,并且随着经济社会的发展不断深化。

4. 政治参与渠道、形式不断丰富

要切实保证人民持续参与政治生活的权利,就需要构建通畅、多样的民主参与渠道和形式。今天,在普通公民的政治生活中,在基层民主选举中进行投票,找各级领导、人大代表或媒体反映问题、提出意见等都是十分常见的民主参与形式;各级政府普遍实行政务公开、旁听制度、信息公开制度充分保障人民群众的知情权;人民群众通过参加民主恳谈会、听证会、论证会等方式直接参与讨论、决策关乎自身重大利益的事务已成常态;特别是党和国家就工作的一些重点问题、重大决策主动进行政治协商,利用各种渠道、各种形式组织公开讨论、广纳良策,包含政党协商、人大协商、政府协商、政协协商、人民团体协商、基层协商、社会组织协商等多种主体、多种形式的协商体系逐渐形成;在网络信息技术飞速发展的背景下,网络成为人民政治参与的重要途径,各门户网站、论坛、微博、微信公众号等日益成为公民与政府高效互动的重要平台。

5. 人民政治参与意识和能力明显增强

民主政治建设是一个系统工程,只有公民具有民主参与意识、积极参与到政治生活中,民主政治建设才能真正落到实处。新中国成立以后,我国开展了广泛而深入的马克思主义世界观、历史观、政治观与法制观教育,民主政治中的公平、正义、平等、法治、民主等原则深入人心。改革开放以来,在社会主义民主政治制度体系不断完善、经济社会不断发展、民主参与渠道和形式不断丰富的基础上,我们注重在品德教育、普法教育、新闻宣传、行政管理、执法司法中进行提高公民意识的教育引导,人民的主体意识、权利意识、责任意识、民主观念、法制观念都显著增强,人民日益感到个体与民族国家命运的深刻联系,主动参与政治生活的热情空前高涨。

(三)人民对美好政治生活的现实诉求

今天,中国人民的民主权利比以往任何时期都要广泛和充分,中国人民的政治生活蓬勃有序地发展。但是经济社会越发展,人民就越会对民主、对政治生活提出更高的要求。概括而言,新时代人民对美好政治生活的现实诉求至少包括以下五个方面:

1. 更坚强有力的党的领导

党的领导是中国特色社会主义政治建设的根本所在,党的建设的质量和水平直接关系着人民美好政治生活的实现程度。然而作为执政党,中国共产党当前不但面临着执政考验、改革开放考验、市场经济考验、外部环境考验"四大考验"，也面临着精神懈怠危险、能力不足危险、脱离群众危险、消极腐败危险"四种危险"；同时在社会矛盾日益多发的历史条件下，还遭遇着"塔西佗陷阱"的危险。因此，新时代人民期望党能保持自我革命的精神，全面加强党的领导，为人民美好的政治生活提供坚强的领导基础。

2. 更加完善的社会主义民主政治制度与法律体系

我国民主政治制度、社会主义法律体系建设已取得巨大成就，为人民参与政治生活、发挥民主权利提供了制度与法律保证。但是一方面，我们现有的政治制度与法律体系并非完美无缺，有些法律法规与制度还不够健全，关于公民参与政治生活如民主选举、民主协商、民主监督的一些具体规定比较模糊，这就会导致人民在参与政治生活的具体过程中缺乏规范的行为、合理的程序与秩序。另一方面，相对于社会生活本身的发展而言，制度与法律的发展与完善程度往往带有滞后性，这就从根本上提出了我们的社会主义民主制度体系与社会主义法律体系需要不断发展的要求。

3. 更加平等的政治参与

从原则上而言，每个中国公民在政治生活中都是平等的主体，但是人民在政治生活中却不难体验到，当前的政治生活与真正平等的政治参与存在较大距离。比如，当前我国的政治参与存在明显的区域、城乡、阶层间的不平衡现象，这是因为经济发展水平、教育发展水平、对外开放程度，个体的社会地位、经济实力、职业领域、文化素质会对人民的政治参与意识、动机、能力与水平发生影响。因此，经济发达地区、城市的政治生活比较活跃，拥有较多社会资源，受过良好教育的精英阶层、领导干部、专家学者在政治生活中发挥着更大的作用，甚至主导着公共舆论。相对的，欠发达地区、农村的政治生活则相对缺乏，农民、工人及其他弱势群体的政治参与意识和能力则相对较弱，甚至长期游离于政治生活之外。因此，新时代，人民期望在更平衡更充分发展的基础上,实现更加平等的政治参与。

4. 更加风清气正的政治生态

政治生态是各类政治主体存在与发展的环境和状态,它反映的是一个社会政治生活的大气候、大环境。只有在一个良好的政治生态中,人们才会积极、有序、有效地参与政治生活。反之,一个国家政府无能、官员腐败,党纪国法就会失效,身处其中的人民就会缺乏政治担当与政治道德,这个国家就会弊病丛生。党的十八大以来,党在营造良好的政治生态方面采取了诸多卓有成效的措施,党内外政治生态明显好转。但是我国政治生态诸多问题的形成有着复杂的成因,国家治理能力的提升、腐败源头的清理、权利监督体系的构建、制度体系的完善是一个长期持续的过程。因此,新时代人民期望通过一系列努力,使政治生态沿着风清气正、团结活泼的轨道发展。

5. 更加切实地行使民主权利

人民当家作主不是空洞的政治承诺,也不能仅仅体现在制度与形式的层面,而是要落实在人民的日常政治生活实践中。判定人民的政治生活是否美好,根本标准就在于人民是否在自己生活的方方面面都切实地行使民主权利,人民是否通过参与政治生活实质地促进了自身利益的实现与发展。历史地看,随着上述关系人民政治生活的各个方面状况的改善,人民的政治参与越来越从形式走向实质、从浅表走向深层。新时代,人民对政治生活的要求必然是继续向纵深发展,走向更加全面、深入的政治参与,要求更加直接地参与公共决策和国家治理。

四、更好的文化生活

人总是生活在文化中,文化塑造我们的生活。在最宽泛的层面上,人类各种有形的和无形的、物质的和精神的创造物都可以归入文化的范围。但是当我们谈到文化生活时,我们讨论的是与经济生活、政治生活相区别的那一部分内容。在一个国家范围内的宏观层面,一切文化生产、服务、交流与消费活动都属于文化生活,与经济生活、政治生活不同,各种文化活动、服务与产品的目的除了丰富人民的日常生活,更重要的是要提高全社会的道德文化水平、确立正确的价值体系、提升人民的精神境界、增强国家文化软实力。

(一)美好的文化生活是人民美好生活的核心要素

人是文化的存在物。正如蓝德曼所说:"我们是文化生产者。但我们也是文化的创造者。"①一方面,文化是人实践的产物,在人的实践中,支撑社会经济和政治运动的内在的价值观念、行为规范得以形成,并以具体的、外在的文化产品、服务、活动来表现、传递与巩固。另一方面,文化是人的第二天性,深刻地影响人们生活的各个方面。文化一旦形成就会反过来规定人们的行为,既以有形的方式表现在我们的衣、食、住、行中,又以无形的方式内在地影响着我们的行为,为我们的行为提供价值与意义的支持。

美好的文化生活是人们美好生活的内在要求。人一旦摆脱纯粹的生存

---

① [德]蓝德曼:《哲学人类学》,彭富春译,工人出版社,1987 年,第 264 页。

需要,就会对文化生活提出要求,寻求精神上的满足。亚里士多德把好生活规定为"灵魂的一种特别的活动",认为它是一种"高尚〔高贵〕行为",①古希腊的伊壁鸠鲁把幸福的生活规定为内心的宁静和灵魂的无纷扰。美好生活不仅是一种物质性的诉求,也是一种精神性的感受,这种精神上的感受当然可以来自生活的各个方面,但是与经济生活主要是满足人的物质需要、政治生活主要是实现人们有序的共同生活不同,文化生活的根本目的就是塑造人的价值观念、构建人的精神家园。

美好的文化生活是美好生活的核心与灵魂。"人在其生命存在的整个过程中,都在进行价值的追求;人类只要存在,这种对价值的追求就不会停止。"②对何为美好生活的理解事实上就是一系列价值判断与价值排序,只有当人们感到自己所拥有的生活合乎自己的价值追求时,人们才会在主观上感到幸福。就表象而言,文化生活似乎是在满足基本物质需要、享有安定有序的社会生活的基础上,作为人们生活中锦上添花的部分而存在。文化生活固然有丰富人们日常生活这一重要功能,但它更是价值观念、道德规范、精神境界的塑造与提升的过程,因此,很大程度上正是在文化生活中人们的美好生活观得到了塑造。如果说经济生活、政治生活、社会生活、生态环境构成人民美好生活的外在维度,那么文化生活则构成人民美好生活的内在维度或核心维度,对美好生活的构建发挥着更为关键的作用。

文化生活状况是美好生活个性化的重要表现。应当说,人们生活的各个方面都不同程度地带有个性化特征,但是人们的经济生活、政治生活、社会生活各自都有特定的外在功利性目的,不同的个体在他们生活的这些方面追求的目的没有本质上的区别。文化生活则不同,人们的文化生活是在基本需要

---

① 〔古希腊〕亚里士多德:《尼各马可伦理学》,廖申白译注,商务印书馆,2003 年,第 26 页。

② 李鹏程:《当代文化哲学沉思》,人民出版社,1994 年,第 315 页。

得到满足后,在一定的闲暇的基础上,依据自己的喜好、天赋、需要,在社会提供的文化产品、服务、活动中选择自己消费、享有和参与的文化活动,通过这些活动人们构建出具有自己独特个性的文化生活,并从这些活动中得到内在精神上的满足。社会越发展,提供的文化产品、服务与活动越丰富,个体拥有的闲暇越多,人们的文化生活就越丰富多样,个体的美好生活就越表现出个性化特征,人也就越成为有个性的个人。

(二)人民文化生活不断丰富

基于文化在社会发展中的重要作用,以及美好的文化生活对于实现人民美好生活的重要意义,党一贯重视社会主义文化建设、注重改善文化民生。特别是改革开放以来,我们努力破除文化发展的思想和体制障碍、创新文化建设理论、探索文化发展规律,开辟了中国特色社会主义文化发展道路,使人民享有日益美好的文化生活。

1. 公共文化服务体系建设取得巨大进展

公益性的公共文化服务体系以满足人民的基本文化需要为目的,是人民基本文化权益的重要保障。1949 年, 全国有公共图书馆 55 个, 文化馆 896个,基本没有乡镇文化站。1949 年以后,我国不断加大文化事业的投入,从"六五"开始,文化事业费年均增长保持两位数。"十五"期间基本实现了"县县有图书馆、文化馆"的目标;2004 年开始,国有博物馆、纪念馆、美术馆逐步实行免费开放制度;2005 年,构建完备的公共文化服务体系提上日程,文化信息资源共享工程、广播电视村村通、农家书屋、农村电影放映工程、乡镇综合文化站等改善文化民生的措施逐渐推开;2012 年,覆盖城乡的六级公共文化服务体系初步形成,公共文化服务能力得到明显提高。截至 2018 年底,我国共有公共图书馆 3176 个,全国人均图书藏量 0.74 册;全国共有群众文化机构 44464 个,全国平均每万人群众文化设施建筑面积 306.95 平方米;全国群众文化机构共组织开展各类文化活动 219.48 万场次。2018 年底,全国共有各类文物机构 10160 个,全国文物机构拥有文物藏品 4960.61 万件。在公共文化设施、公共文化活动与公共文化服务不断发展的基础上,广大人民群众的精神文化生活日益丰富。

2. 文化产业发展成绩斐然

党的十五届五中全会首次提出"文化产业"概念,党的十六大报告明确区分了"文化事业"与"文化产业",并提出在市场经济条件下发展文化产业是满足人民精神文化需求的重要途径。此后,我国文化生产力得到充分解放,文化产业发展迅速,逐步建立起多门类的文化市场体系,形成公有制为主体、多种所有制共同发展的文化产业新格局。据国家统计局调查数据显示,近十年文化产业的总体增长均明显高于 GDP 的总体增长。2017 年,全国规模以上文化及相关产业 5.5 万家企业,共实现营业收入 91950 亿元,比 2016 年增长 10.8%。2018 年全国 6 万家规模以上文化及相关产业企业实现营业收入 89257 亿元,比 2017 年增长 8.2%,持续保持较快增长。截至 2018 年底,全国文化市场经营单位 23.71 万家,从业人员 166.73 万人。短短十几年间,我国文化产业整体规模和实力不断提升,中国主要文化产品和文化服务规模已位居世界前列,成为世界第一出版大国、电视剧大国、广播大国、动漫大国,世界第二大电影市场。毫无疑问,文化产业的迅猛发展是 21 世纪中国人民文化生活不断丰富的重要原因。

3. 社会主义文艺繁荣发展

文学艺术是重要的文化领域,是人民精神文化生活的重要内容。得益于国家文化政策的支持与鼓励,我国文艺人才不断涌现,文艺队伍日益壮大。市场经济条件下,新文艺组织、新文艺团体、新文艺聚落、新文艺个体工作者活跃于社会文化生活的各个领域。在组织实施精神文明建设"五个一工程"，开展茅盾文学奖、中国电影金鸡奖、中国电影华表奖、中国音乐金钟奖、中国摄影金像奖、中国戏剧梅花奖等一系列全国性评奖活动的激励下，广大文艺工作者的创作激情得到了充分激发。改革开放以后，文艺作品数量实现了惊人的增长，仅从电影行业看，1979 年我国仅生产故事影片 67 部，2017 年我国一年就生产故事影片 798 部，科教、纪录、动画和特种影片 172 部。文艺作品的质量大幅度提升，文艺工作者解放思想、关注现实、拥抱时代，创作了不少宣扬主旋律、正能量的优质作品。比如在文学界就产出了《平凡的世界》《白鹿原》等优秀的作品，以莫言、残雪等为代表的一批作家的不少作品获得了世界认可。文艺作品的形式日趋多样，文艺工作者在文学、戏剧、电影、电视、音乐、舞蹈、美术、摄影、杂技、曲艺、书法和民间文艺等各个领域都创造出了许多优秀的作品，互联网时代更是创新了文艺形态与文艺观念，网络文学、网游与动漫等新文艺形式得到了迅速发展。截至 2017 年底，全国网络文学创作队伍约 1400 万人，重点文学网站的原创作品总量达 1646.7 万种。今天，我国的文艺创作繁荣兴旺，文艺作品精彩纷呈，文艺活动蓬勃开展，为人民提供了丰富多彩的精神食粮。

4. 对外文化交流日趋活跃

改革开放以来，我国与世界各国各方面的联系与交流都不断加强，日趋活跃的国际文化交流深刻地影响着中国人民的文化生活。改革开放初期，我们在文化交流上主要体现为"引进来"，2013 年 12 月，我国提出文化"走出去"战略，主动参与国际文化竞争，构建更加全面的文化交流关系。目前，我国已经与一百六十多个国家和地区建立了不同形式的文化往来，与数千个国际文化组织保持着密切联系。在频繁的国际文化交流中，一方面，中国人民可以十分便利地获取国外的文化产品与服务，参加国际文化活动，开拓文化视野；另一方面，我们也向世界展示中国形象，输出文化产品，在对世界性的文化生产的积极生产中强化文化自信与文化自觉。

5. 网络文化加速发展

网络不仅是一种技术手段，它还是一种文化形态。随着计算机、网络，特别是智能手机的普及，在网络世界中，一切事物都表现出开放、易得、高速变动、相互影响的特点，新的生产、生活方式与观念悄然兴起，共同构成了网络文化，全面地影响人民生活的方方面面。进入 21 世纪以来，党高度重视网络文化建设，建立了一系列网络文化管理的制度规范，使我国网络文化整体实现有序发展。根据中国互联网络信息中心的最新统计，截至 2019 年 6 月，中国网民规模达 8.54 亿，互联网普及率为 61.2%，其中手机网民达 8.47 亿；我国网站数量为 518 万个，2019 年上半年我国网民人均上网时长为 27.9 小时，其中网络视频、网络文学、短视频、网络音乐、网络音频类应用所占总时长超过一半。网络已经成为人民学习、娱乐、社交的重要平台，数字文化产品越来越成为人民文化生活的重要内容，给人民的文化生活带来更开阔的空间与可能。

（三）人民对美好文化生活的现实诉求

我国社会主义文化建设取得了重大成就，人民的文化生活得到了持续提升。但是当前我国的文化发展水平与社会主义的本质要求还有不少差距，而且随着中国特色社会主义进入新时代，人民对文化生活的需要更加突出、更加旺盛。具体而言，新时代人民对美好文化生活的现实诉求体现为以下六个方面：

1. 更加高度重视文化建设

由于党和国家对文化建设的高度重视，中国人民的文化生活发生了巨大变化。但是在地方,当前经济发展仍然是第一要务,不少地方政府没有真正认识到"以文化人"的重大意义,"重经济、轻文化"的理念一时难以扭转。忽视文化建设,把文化仅仅视为经济发展的手段,把修建标志性的公共文化设施作为体现政绩的方式等现象层出不穷。为人民提供公共文化服务是政府的基本责任,主导文化建设是政府的重要任务,政府对文化建设的重视程度很大程度上影响了人民文化生活水平。因此,新时代人民期望各级政府能高度重视文化建设,特别是切实履行好发展公益性文化事业的责任。

2. 更加完善的公共文化服务体系

我国的公共文化服务体系建设已经取得了重大成就,但是当前我国的公共文化服务体系还不够完善,具体体现在:公共文化服务存在明显的城乡、区域、群体的不平衡,农村、经济欠发达地区、边疆及少数民族地区、社会弱势群体的文化需求尚且没有得到充分满足,公共文化服务的标准化、均等化有待加强;公共文化服务体系化程度低,虽然公共文化设施硬件上消灭空白的工作进展巨大,但是布局仍不够合理,不同区域间的文化设施没有形成体系,公共文化设施共享共建、公共文化资源互联互通仍有待推进;公共文化服务供给效能较低,当前政府主导的文化惠民工程成本与效果间存在不小落差,公共文化服务体系提供的文化产品、活动、服务在内容、形式上都与人民群众的需求存在一定差距;社会力量参与公共文化服务体系建设的程度十分有限,当前鼓励社会力量参与公共文化服务体系的政策力度不够、实施细则不完善、手续繁杂,社会力量没有在提供公共文化服务中发挥应有的作用。因此,新时代人民期望现代公共文化服务体系建设的进程不断推进,在更加完善的公共文化体系的基础上实现基本文化权益。

3. 坚持社会主义方向的文化产业

近年来,我国的文化产业得到迅猛发展,文化消费成为人民日常消费的重要部分。文化产业提供的产品不是一般的消费品,而是文化产品,文化产品承载着传递思想观念、价值规范、生活方式的功能。但是当前我国的文化产业功利化、娱乐化的倾向比较明显,一些粗制滥造、品味低俗的文化产品流入市场,吸引眼球的标题党、贩卖焦虑的专业写手层出不穷,不少企业和个人片面地追求经济利益,社会责任感阙如,这些现象已经引起了不少民众的反感与批判。文化产业的发展离不开市场、资本的作用,文化产业的发展当然要追求经济效益的实现,但是文化产业根本上还是要帮助人民提高文化素养、树立正确的价值观念、形成健康的生活方式,简言之,使人民过上美好的生活。从长远来看,文化的社会效益相对经济效益更为重要。因此,新时代人民期望我国文化产业能扭转重经济效益、轻社会效益的趋势,回归社会主义方向,弘扬主流价值观,切实关注人民精神滋养上的需求。

4. 更加优质多样的文化供给

近年来,我国的文化事业与文化产业均保持了快速发展,为人民提供了丰富而多样化的文化产品。但是随着人民物质文化生活水平的不断提高,今天的中国人民对文化生活的要求不仅仅限于基本、普惠、均等的文化需要。一方面,人民期望更多优质的文化供给。从规模上看,我国当前的文化产品、服务与活动数量已经十分庞大,但是由于对人民的真实需要缺乏全面、深刻的掌握,受制于科技、内容、服务等方面创新能力上的不足,技术先进、内涵深刻、价值正确、风格独特、形式新颖并因而能广受欢迎的作品相对缺乏。2018年3月,中国青年报社社会调查中心通过民意中国网和问卷网对2011人进行的一项调查显示,57.8%的受访者认为优质的文化活动值得排队等候,85.3%的受访者希望优质的文化活动常态化。[①]新时代的人民面对的已经不

---

① 王品芝:《85.3%受访者希望优质文化活动常态化》,《中国青年报》,2018年3月20日。

是绝对的匮乏,而是优质文化供给的相对缺乏。另一方面,人民期望更多样化、更具个性的文化供给。标准化、均等化的公共文化服务保障的是人民基本的文化权益,但是随着社会的发展,不少民众对文化产品提出了差异性消费、特色化消费、体验性消费的要求,人民不再愿意仅仅作为文化产品的被动接受者,而要求转变为文化生产的主动参与者,要求文化生活的私人订制。

5. 融入时代与生活的传统文化

中国的现代化进程同时也是对传统文化的自我批判与反思的过程,在这个过程中,传统与现代常常不免成为了对立的双方。现代化被简单地等同于西方化或经济的不断增长,传统文化的物质与精神遗产因此受到极大的破坏。但是社会越发展,对外经济文化交流越频繁,人民就越感到自己的生活、自己的精神世界离不开传统文化的支撑,越来越感到作为中国人的文化认同与文化自觉的重要意义。因此,在生活方式日益现代化、国际化的背景下,人民希望深入挖掘传统文化的精髓,并结合时代需要对传统文化进行创新性发展;人民也希望保护经典文本、文物古迹、传统节庆、民间艺术、优良的民间习俗等,使传统文化真正融入自己的日常生活中。

6. 更加和谐健康的网络文化生活

近年来,互联网已经成为人民文化生活的重要组成部分,青少年一代成长的全过程都浸润在网络文化中。然而作为新生事物,网络文化在成长的过程中总是伴随着种种缺陷,各类非法网站、黑客事件、垃圾邮件、网络病毒、网络打手等问题给网络秩序造成巨大的压力;淫秽、色情、暴力、低俗的视频、小说、论坛等给人民尤其是青少年的价值观带来巨大冲击;在网络背景下受到鼓励的跟风行为、"丧文化""宅"的生活方式等逐渐成为了一些人追捧的社会风气。因此,新时代人民希望有更文明的网络秩序、更良好的网络道德氛围,拥有更加和谐健康的网络文化生活。

五、更好的社会生活

在广义层面,人是社会的存在物,因此人的一切经济的、政治的、文化的活动都是社会生活的内容。在这里,我们是在狭义层面上使用社会生活的概念,它是与经济生活、政治生活、文化生活相对的概念,主要包括教育、医疗卫生、社会保障、就业与收入分配等民生问题,以及构建与经济、政治、文化状况相适应的社会体制与社会秩序的社会治理活动。

(一)美好的社会生活是美好生活的社会条件

值得指出的是,狭义层面的社会生活概念是一个具有中国特色的概念。改革开放以来,在党和国家对中国特色社会主义道路的探索中,对中国特色社会主义事业的总体布局从"两个文明""三位一体"到"四位一体"再到"五位一体",狭义的社会生活概念就是在这一过程的不断推进中提出来的概念。

社会建设概念的提出表明,随着我国经济社会的发展,一方面,人民的生活内容并不能完全归结为经济生活、政治生活、文化生活三个方面,民生问题、社会治理问题当然与上述三个方面不能截然区分开,但它确实日益成为与经济生活、政治生活、文化生活相对的独特领域,原有的概念已经不能适应现实和实践的需要;另一方面,民生问题与社会治理状况对于整个经济社会的发展产生越来越大的影响,因此提出相应的概念可以引起人们对这些问题给予特殊的关注,从而以社会生活的改善来促进整个经济社会的良好发展。

社会生活与经济生活、政治生活、文化生活是有机统一的,它们既有着不可分割的联系,又有各自不能归结于其他方面的独特内容与规律。美好的经济生活、政治生活、文化生活可以为美好的社会生活提供坚实的基础,而构建与经济生活、政治生活、文化生活相适应的社会体制与社会秩序又为美好的经济生活、政治生活、文化生活提供良好的社会条件。尤其值得注意的是,作为人民社会生活重要内容的民生问题,教育、医疗、社会保障等都与人民的日常生活息息相关,直接地影响着人民的生活质量和他们对自己生活状况的评价。总之,人民的美好生活是一个整体,美好的社会生活是它的有机构成部分,是美好生活得以实现的社会条件。

(二)人民的社会生活持续改善

尽管社会建设是党的十六届四中全会才首次明确提出,但是事实上,今天被我们视为社会建设、社会生活的一些具体问题在新中国成立之初就受到了重视。党的十四大、十五大、十六大报告则分别针对教育事业、人口问题、收入分配、卫生事业、改善人民生活等问题进行了深入的阐释。近年来,党和国家持续推进以民生建设为重点的社会建设,民生水平不断提高,社会治理水平不断提高,社会总体和谐有序,社会生活追求的核心价值公平正义得到有力维护,人民普遍从社会生活中感到更多的安全感、获得感、幸福感。

1. 民生建设取得巨大成就,人民生活水平全面提高

一是教育事业飞速发展,基本实现学有所教。新中国成立时,全国 5.4 亿人口,其中 80% 不识字,只有 3000 多万在校小学生,100 多万在校中学生,10多万在校大学生。新中国成立以后,九年制义务教育得到普及,贫困人群和偏远农村适龄儿童的受教育权益得到了充分保障,高等教育、学育的规模与质量也不断提高,根据最新统计,2018 年全国近 14 亿人口,全国小学学龄儿童净入学率为 99.95%,初中阶段、高中阶段、高等教育的毛入学率分别为

100.9%、88.8%、48.1%,学前教育毛入园率81.7%,我国教育发展的总体水平已进入世界中上行列。

二是就业状况明显改善,基本实现劳有所得。改革开放以来,人民在就业方面发生了历史性变革,不断破除妨碍劳动力、人才社会性流动的体制机制弊端,逐渐形成了适应社会主义市场经济要求的就业体制机制。经过长期努力,我国就业规模持续扩大,就业结构不断优化,人民实现了比较充分的就业。2018年底,全国就业人员77586万人,其中城镇就业人员43419万人,全国城镇调查失业率为4.9%,城镇登记失业率为3.8%,均在合理水平;为解决结构性就业矛盾,我们还开展大规模职业培训,鼓励创业创新,促进高等高校毕业、进城务工人员、城镇失业人群多渠道就业创业;我们还制定相关法律制度确保劳动者权益,确保经济增长与居民收入同步、劳动生产率与劳动报酬的提高同步。随着各项政策的落实与推动,人人都有通过辛勤劳动改善生活、实现自身发展的机会。

三是医疗卫生事业取得巨大成就,基本实现病有所医。新中国成立前,我国医疗卫生条件十分落后,是世界上卫生健康发展最落后的国家之一。当时,我国人口的预期寿命只有35岁左右,比世界人口平均预期寿命低15岁,但是到2018年,我国人口的预期寿命已经增长到76.4岁,处于世界中上水平。人民卫生健康状况极大改善的基础是我国医疗卫生事业取得的巨大成就,目前我国已经培养起包括一大批优秀专家的庞大的卫生技术人员队伍,城乡医疗条件、水平都大大提高,特别是全面建立了一张世界上规模最大、覆盖率达到98%、惠及超过13亿人的基本医疗保障网,基本实现了人人享有医疗保障的目标。

四是住房条件极大提高,基本实现住有其所。我国的住房制度经历了福利化、实物分配,再到商品化、货币化的转变。为了满足市场经济条件下人民多元的住房需求,我国一方面实行了与市场经济相适应的商品房供应体系,另一方面针对低收入群体建立了经济适用房、廉租房等保障性住房体系,极大改善了我国居民的住房条件。

五是社会保障体系逐步健全,实现人民基本生活有保障。社会保障制度是社会安定的重要保证,我国的社会保障制度构建起步于1951年公布的《中华人民共和国劳动保险条例》。针对原有社会保障体系与市场经济体制各个方面不相适应的情况进行一系列改革,党的十七大提出以基本养老、基本医疗、最低生活保障制度为重点,加快建立覆盖城乡居民的社会保障体系。截至2018年底,我国基本养老、基本医疗、失业、工伤保险参保人数分别达到9.42亿、13.44亿、1.96亿、2.39亿,社保卡持卡人数达到12.27亿。

六是公共安全体系逐步完善,人民安全感提升。随着人民物质生活水平的提高,人民日益关注食品药品安全、公共卫生安全、社会安全等问题。针对人民对公共安全问题的关切,我国制定并出台了相关的食品安全法,加强对食品生产、加工以及销售的监督检查力度,为人民的食品安全提供了重要保障;建立了多层次的医疗卫生防疫机制,确保公共卫生事件得到及时、有效处理和控制;针对一些地区出现的暴恐事件,依法高压打击犯罪行为,强化重点地区、场所的安保工作,保卫人民群众的生命财产安全。

2. 社会治理水平不断提高,人民积极参与社会治理

一是社会组织快速发展。计划经济体制下,政府承担了几乎全部的社会职能。改革开放以来,随着社会结构的深刻变化,国家鼓励社会组织的发展,社会组织的数量逐年上升,社会组织的类型日趋多样化。与此同时,国家逐步改变直接控制整个社会生活的方式,扩大社会和公众的参与,鼓励人民依托各种社会组织参与社会治理,引导各种社会组织成为政府与人民之间的重要桥梁,社会组织既对民众的意见、诉求、建议、看法进行集中反映,又把

政府意图传达给民众,促进了政府与人民间的良性互动。截至 2019 年 11 月
7 日,全国社会组织已超过 84.6 万个,其中民政部登记的共 2301 个。目前,
我国社会工作专业人才已经突破 100 万人,各类志愿服务活动广泛开展。社
会组织在提供公共产品与服务、提供就业、保护弱势群体、进行利益表达等各
个方面发挥着不可或缺的作用,很大程度上弥补了在某些领域政府的不到位
与市场的失灵,对促进社会公平正义做出了重大贡献。

二是社会利益协调机制逐渐健全。随着经济社会的发展,我国社会结构
经历了巨大的分化与重组,社会分化成不同的社会阶层,形成不同的利益群
体。不同社会阶层、利益群体间的利益诉求不可避免地存在冲突与摩擦的可
能。尤其是在我国处于社会主义初级阶级,各种社会公共资源特别是优质的
社会公共资源并不充裕的条件下,利益冲突有时还会以十分激烈的方式如群
体事件的形式表现出来。为了妥善协调社会利益矛盾,党的十六届四中全会
明确提出要健全利益协调机制。近年来,我国多地积极探索在有关民生问题
的决策过程中引入社会风险的评估与研究;理顺信访体制、妥善处理涉法涉
诉的信访问题;建立畅通的利益表达渠道与沟通渠道,及时、合理、科学地处
理利益矛盾;与此同时,建立健全科学有效的制度,对产权制度、教育制度、医
疗制度、就业制度、住房制度、社会保障制度等一系列不合理不公正的地方进
行改革。

三是社区建设不断加强。随着人民居住与生活方式的转变,社区已经成
为社会管理的基本单元,人民已经从"单位人"转变为"社区人",人民日常生
活的各种权益与所在社区的联系日益紧密。近年来,我国不断健全社区组织
体系,加强社区工作者队伍建设,加强社区基础设施建设,完善基层社区的功
能,扩展社区服务的对象与功能,促进基层社区的民主化治理,把社区建设成
为人民共同居住于其中、自我管理、自我服务的社会共同体。

（三）人民对更好社会生活的现实诉求

新中国成立以来，我国在社会建设上取得了巨大成就，人民的社会生活状况不断改善。但是随着经济社会的发展与社会利益格局的变动，人民的社会生活仍然面临诸多问题，新时代人民期望这些问题的进一步解决，享有更美好的社会生活。

1. 人民期望民生状况全面、持续地改善

一是对各个民生领域提出更高、更多的要求。毋庸讳言，我国民生建设远远落后于经济发展的速度，并突出地表现为"上学难""看病难""就业难""住房难"等一系列问题。儿童与青年的上学问题虽然已经得到基本解决，但是优质教育资源的供给仍然不足，"上学难"问题的实质是上"名校难"。人民基本的医疗需要虽然已经能够得到满足，但是优秀医务人员、先进设备技术集中在大城市的大医院，优质的医疗资源比较缺乏，并且由于公立医院当前市场化倾向明显，医疗制度改革还没有完全到位，"看病难"的问题实质上是到好医院看病难，享受优质医疗服务代价高昂。经济社会的发展为人民提供了就业与自我发展的广阔空间，但是每年社会提供的就业岗位与需要就业的人数尚有差距，近年来就业市场的结构性矛盾十分突出，"就业难"的问题既是社会整体就业压力大，又是个人找到合适的职业领域、合理的薪酬待遇上的困难。

近年来，商品房价格飞涨，特别是在北京、上海、深圳等一线城市，房价远远超过社会平均购买力，但是保障性住房的家庭收入标准又划定得比较低，"住房难"的实质是在传统居住观念难以改变的背景下，高收入群体在高房价面前改善住房条件的愿望难以实现，大量中等收入人群则形成了庞大的夹心层。基于这些现实，人民需要的是"更好的教育、更稳定的工作、更满意的收入、更可靠的社会保障、更高水平的医疗卫生服务、更舒适的居住条件、更优美的环境"。当然,在其他的民生领域,人民也都提出了更高的要求,人民希望社会保障水平更高,希望更好地应对老龄化社会的到来、妥善解决养老问题,希望食品医药安全、医疗卫生安全、社会安全状况继续改善。党对人民在民生方面的诉求有着深刻的认识,党的十八大报告指出要在"学有所教、劳有所得、病有所医、老有所养、住有所居"上持续推进,努力让人民过上更好的生活。党的十九大报告又指出:"在幼有所育、学有所教、劳有所得、病有所医、老有所养、住有所居、弱有所扶上不断取得新进展。""幼有所育"和"弱有所扶"是两个新增的目标,这显然也是对人民提出的更高、更多的民生诉求的直接回应。

二是要求更加公平地享有社会公共资源与服务。随着我国经济发展总体实现小康,人民民生诉求的聚焦点逐渐从民生水平的总体改善,转变为社会资源与服务的公平享有上。与整个社会发展的不平衡不充分相一致,人民的民生水平也表现出城乡、地区、群体间的明显差异。无论是优质的教育资源、医疗卫生资源,还是收入水平、个人就业与发展的平台和机会都向城市尤其是大型城市、经济发达地区聚集,社会中的优势阶层则由于经济或其他方面的优越地位占有更优质的社会公共资源与服务,而人民享有社会公共资源与服务的水平又进一步扩大社会的阶层差距。一方面是农民、进城务工人员、城市下岗人员等社会底层群体生活贫困,在就业中处于弱势地位,表达自身利益的能力较差,处于被甩出社会结构的边缘;另一方面是社会优势阶层动用各种资源与渠道来扩大自己的利益,不断谋求话语权,影响国家政策制定,在此过程中还滋生出大量的腐败与犯罪行为,损害了人民群众的权益,损害了社会公共资源、服务分配的公平性,破坏了正义的原则。因此,新时代人民不仅希望在发展中提高与改善民生状况,更希望通过包括收入分配制度在内的各种社会制度的完善与落实,有效缓解城乡、区域、群体间的不平等现象,希望通过全面从严治党、全面依法治国的推进,更好地捍卫社会的公平正义。

2. 新时代人民期望形成共建共治共享的社会治理格局

一是更合理的社会阶层结构。市场经济条件下出现收入差距是必然的,但是差距过大就会引起社会群体间的利益失衡。对于现代化国家而言,"两头小、中间大"的"橄榄型"社会阶层结构是理想的社会阶层结构。虽然近年来我国中等收入群体不断扩大,但还远远没有形成橄榄型的社会阶层结构。因此,人民期望通过改革工资制度、税收制度、压缩行政成本、发挥财政的分配调节功能等一系列措施,进行全方位的收入分配制度改革,缩小收入差距,促使更好社会阶层结构的形成。

二是更完善的社会阶层流动机制。畅通的社会阶层流动机制是维护社会稳定、促进社会进步的重要保障。改革开放以来,随着社会主义市场经济的发展,市场主体日益多元化,新的社会阶层不断涌现。尤其是近年来随着科学技术的日新月异,新的职业、群体日益涌现,开放型、合理型的社会阶层流动机制初步形成。但是由于利益固化、户籍制度、人事制度等因素的影响,当下社会阶层流动机制并不完善,阶层固化的趋势显现端倪。因此,人民希望更多地照顾社会弱势群体发展的需要,构建通畅的底层群体向上流动的渠道,防止阶层固化,避免社会极端分化、对立带来的社会危机。

三是更发达的社会组织。现代社会中,社会组织在服务社会、反映诉求、化解矛盾、促进发展等方面发挥着重要的作用。但是目前我国的各种社会组织还不够发达,由于体制机制的原因,社会组织还没有充分发挥其应有的功能。因此,人民希望政府与社会组织的功能和地位得到合理的定位,在科学管理的基础上大力发展社会组织,使社会组织更好地为改善人民的社会生活服务。

四是更健全的社会阶层利益关系协调机制。良好的社会阶层利益关系协调机制能够有效地推动各社会阶层表达利益诉求、实现社会各阶层的共享、共建。构建良好的社会阶层利益协调机制既需要建立科学的利益表达机制,也需要建立平等的对话协商机制,还需要建立社会问题和矛盾的预防化解机制。然而目前我国社会阶层利益协调机制还不够完善,这也是近年来社会矛盾频发的重要原因之一。因此,新时代人民希望能构建科学、合理、高效的社会阶层利益关系协调机制。

五是更现代的社会治理模式。现代社会治理的主体包括政府、社会组织与个体,但是在我国当前的社会治理中,政府职能还没有转变到位,在社会治理中仍存在大量缺位、越位、错位的现象,社会组织与个体尚且没有有效地参与到社会治理中。新时代人民群众对社会事务的参与意愿更加强烈,人民希望政府更加明确自己的责任与权力的边界,也希望自己能更全面、深入地参与社会治理,切实维护自身权益。

六、更好的生态环境

所谓环境就是围绕某个主体的周围世界。由土壤、水系、气象等各种非生物的自然因素,以及各种各样的生物共同构成的生态整体系统,就是人周围的生存环境,即人生存的生态环境。严格地说,生态环境不能简单地等同于自然,它是指有人参与的那部分自然,这一部分自然直接地、明显地对人的生存产生影响,与之相对的,由于人认识与实践能力的局限性,自然中仍有尚未纳入人的认识与实践范围的自在的部分,这一部分自然间接地、潜在地对人的生存产生一定影响。我们认为,自在的自然当然不能简单地归结于无,但是由于自在自然对人的生存没有发生现实的、可以探明的影响,所以我们所讨论的生态环境就限于有人参与的自然环境,即马克思所说的人化的自然界。

(一)美好的生态环境是美好生活的自然条件

关于人与生态环境的关系,马克思无疑作了最深刻的说明。马克思指出人首先是自然存在物。这一方面意味着人是自然界的一部分,与其他自然存在物共同构成其所处的生态系统,人本身是自然进化的结果,构成了生态链条中的一个环节,人的生存活动与其他自然存在物存在着复杂的相互影响、相互制约的关系;另一方面意味着人必须依赖自然来实现自身的生存与延续,人不可能离开一定的生态环境而存在。事实上,马克思的整个唯物史观就是从人是自然存在物这样一个显而易见的前提出发,无论人类社会如何发展,这一前提都不会改变。

马克思进而认为,人与生态环境的关系是一种对象性关系,正是在这一点上,人与自然的关系区别于动物以及其他自然存在物与自然的关系。在马克思看来,自然的确支配和规定着人类,但人是有意识的存在物,他不会像动物一样绝对服从自然的安排,人通过自己的活动将自己的主观需要、目的注入自然,从自然界获取合乎人的尺度的产品。在人从自然获取生产、生活资料并改造自己所处的生态环境的过程中,人与自然的自在的、原生态的关系被打破,一种新的对象性关系建立起来。但是当自然的一部分通过人的活动成为人化的自然时,并不意味着自然会处处合乎人的意志,恰恰相反,这个与人相关的自然仍然保留着自在的属性,按其内在规律运转。

因此，人通过自己的活动可能建立起两种不同性质的人与生态环境的关系：一种是否定性的对象性关系。即人在自己的活动中把自然视为征服与利用的对象，罔顾自然规律、漠视自然本身的价值，在资本的驱使下，这样的行为更是变本加厉，结果造成生态环境的日益恶化。在人类否定自然时，人类往往也会受到自然的"打击报复"，由于人的生存始终依赖自然，人不可能无中生有，一旦生态环境日益恶劣，就会反过来深刻地限制人的活动，甚至危及基本的生存。对于这一点，现代社会的人们深有体会，许多地区与国家在付出巨大代价之后开始了生态环境的重建。

另一种是肯定性的对象性关系，即人主动认识与尊重自然规律，按照自然规律、在生态环境可以承受的范围内来利用和改造自然，这样，人既满足了自身的需要，又没有破坏本真的自然，反而使它更美丽、更有活力。并且由于使人实现了更好的生存，自然以一种新的方式得到了尊重和承认。在马克思的展望中，美好生活的重要方面就是人与自然紧张关系的消除、肯定的对象性关系的建立，"作为完成了的自然主义＝人道主义，而作为完成了的人道主义＝自然主义"①。这就是说，一方面，随着人的认识与实践能力的不断增强，自然的本质、属性与规律内化成了人类自身的力量，人在实践中实现其丰富的人性与自由发展；另一方面，自然对于人而言不再是异己的存在，不再仅仅是征服与利用的对象，自然的多样性价值也得到体现。

正如习近平所说："对人的生存来说，金山银山固然重要，但绿水青山是人民幸福生活的重要内容，是金钱不能代替的。你挣到了钱，但空气、饮用水都不合格，哪有什么幸福可言。"②良好的生态环境是人民美好生活的自然前

---

① 《马克思恩格斯全集》(第 3 卷)，人民出版社，2002 年，第 297 页。

② 中共中央文献研究室编：《习近平关于社会主义生态文明建设论述摘编》，中央文献出版社，2017 年，第 4 页。

提,只有构建人与生态环境的肯定的对象性关系,建设更好的生态环境,人才能更好地生存,实现美好生活。

(二)生态环境保护与治理取得巨大成就

我国的生态环境问题是在发展过程中产生并不断凸显,进而被人们日益关注的。新中国成立之后乃至改革开放之后相当长的一段时期内,解决温饱问题、推动经济的快速发展是主要目标,生态环境问题很大程度上被长期忽视。随着工业化进程的不断推进,自然资源日益枯竭、环境污染日益加重、生态系统严重退化,生态环境问题不仅对经济社会的持续发展形成巨大制约,而且极大地改变了人民的生存与居住环境,甚至给人民的身体健康带来威胁。在此背景下,生态环境问题越来越受到党和国家的重视,生态文明理念逐渐确立,生态环境保护治理体制不断改革与发展,生态环境的保护与治理取得了巨大成就。

1. 生态文明理念逐渐确立

新中国成立之初,为了解决人民的温饱问题,我国大量毁林开荒、围湖造田、破坏草原,局地污染已经出现。但是由于工业发展规模有限,生态失衡的现象虽然一定程度出现却没有引起足够的重视,改造自然以满足人的需要,"人定胜天"的理念深入人心。20世纪八九十年代,随着工业化、城市化的推进,生态问题与环境污染恶果初现,人们开始意识到生态平衡的重要性,但发展优先的思想仍然占据主流。进入21世纪之后,中国加入世界贸易组织,成为了"世界工厂",工业制造业的规模快速扩大,我国加速逼近自然容量极限甚至逾越了部分红线,环境质量整体恶化。与此同时,我国在21世纪开启了科学发展的征程,明确了寻求全面协调可持续的发展道路。特别是习近平新时代中国特色社会主义思想对生态文明作出了高度强调,将生态文明建设纳入"五位一体"的中国特色社会主义事业的总体布局,倡导包含"绿色发展"的新发展理念,促进美好生态环境与经济社会发展实现和谐统一。

2. 生态环境保护治理体制不断改革与发展

我国的生态环境保护正式开始于 20 世纪 70 年代初,自此之后,我国生态环境保护治理体制不断改革与发展,逐步与经济社会的发展进程相适应,逐步与人民群众对良好生态环境的需要相适应。1973 年 8 月,国务院召开第一次全国环境保护会议,出台了我国第一个环境保护文件《关于保护和改善环境的若干规定》;1974 年 10 月,国务院环境保护领导小组正式成立;1979年的《中华人民共和国环境保护法(试行)》开启了我国生态环境保护立法的先河。20 世纪 80 年代初我国就将环境保护确立为基本国策,但是总体而言,政府在经济发展方面的职能非常强,在生态环境保护中的职能则相对较弱。随着环境问题的日益突出,国家环境保护局在 1988 年成为国务院直属机构,并面向全国公开招考一大批环保干部,为国家环境保护的专业化管理奠定基础,与此同时,全国人大常委会加快了生态环境保护的立法与法律修订的进程,初步形成了我国生态环境保护的法律体系。进入 21 世纪,我国社会经济迅猛增长,能源、化工、钢铁等的产能、产量跃居世界前列,给资源能源、生态环境带来巨大压力,为此,我国进一步完善生态环境保护的法制体系,国家环境保护总局升格为生态环境部。

党的十八大以来,以习近平同志为核心的党中央高度重视生态文明建设和生态环境保护工作,出台实施了大气、土壤"三个十条";对《中华人民共和国环境保护法》等一系列法律进行了重大修改,随着《中华人民共和国土壤污染防治法》的通过,我国基本形成了较为完整的生态环境保护法律体系;颁布了《关于全面加强生态环境保护坚决打好污染防治攻坚战的意见》等相关文件;通过了《生态文明体制改革总体方案》;建立了中央环保督察等一系列重大制度。特别是 2018 年 3 月,第十三届全国人民代表大会第一次会议通过了国务院机构改革方案,组建了生态环境部,实现了污染防治、生态保护、核与辐射防护三大领域的统一监管,使生态环境保护的统一性与权威性大大增长。

3. 生态环境保护与治理取得巨大成就

我国人口规模庞大,与之相对,我国的资源却比较匮乏,生态比较脆弱,我国适应人类生存与居住的国土面积只占全部国土面积的 27.36%,因此我国生态环境一直承载着巨大压力。但是在此基础上,我国在生态环境保护与治理上仍取得了巨大成就。

一是污染治理成绩喜人。20 世纪 70 年代,官厅水库污染治理拉开了我国水污染治理的序幕,自 1994 年开始、持续 20 多年的淮河治污是水污染治理的重大事件;20 世纪 80 年代开始治理沙尘暴,90 年代开展脱硫治理酸雨,2010 年后攻坚治霾;固体废弃物从随意堆放到 80 年代的直接填埋、90 年代的卫生填埋、2000 年后的垃圾焚烧,再到 2010 年后的循环再生强制分类。经过持续不断的治理,人民逐渐重新享受到碧水、蓝天、净土,拥有了更加安全、清洁、美丽的生活环境。据生态环境部 2019 年 7 月关于水环境的月报显示,大江大河总体水质稳定,在监测的 1861 个国考断面(点位)中,Ⅲ类以上水质(优良水质)上升至 71.7%。2019 年 6 月 5 日,生态环境部发布了《中国空气质量改善报告(2013—2015 年)》,报告显示,在经济持续增长、能源消费量持续增加的情况下,我国空气质量总体明显改善,多项大气污染物浓度实现了大幅度下降,首批实施《环境空气质量标准》的 74 个城市,细颗粒物(PM2.5)平均浓度下降 45%,二氧化硫平均浓度下降 68%。北京作为首都,自 2013 年以来,空气质量显著提高,2018 年重度及以上污染天数从 58 天减少到 15 天。2019 年 7 月 1 日,《上海市生活垃圾管理条件》正式实施,垃圾强制分类将在全国陆续推广。

二是生态系统修复与改善进展巨大。改革开放之前,我国主要采取防御型的生态治理手段,比如治理水患、绿化荒山、水土保持等。改革开放以后,我国采取了多项修复型与改善型的生态治理手段,比如进行各类自然保护区建设,自 20 世纪 90 年代开始推进退耕还林、退田还湖、退田还草。据生态环境部发布的最新自然生态环境公报显示,截至 2017 年底,全国共建立各种类型、不同级别的自然保护区 2750 个,总面积 147.17 万平方千米,国家级自然保护区 463 个,总面积约 97.45 万平方千米,2018 年国家级自然保护区增至 474 个;2018 年生态环境优和良的县域占国土面积的 44.7%,生态治理的重要指标森林覆盖率显著提高,从 1949 年的 8.6%增加到 2018 年的 21.92%。

三是资源节约成效显著。资源相对短缺一直是我国发展的重要制约。进入 21 世纪之后,中央提出建设资源节约型社会和环境友好型社会,从"十一五"开始,"节能减排"作为约束性目标纳入国民经济和社会发展规划纲要,并逐级分解落实。目前,我国积极构建资源利用率高、生态环境影响小、技术创新驱动的新型工业体系;清洁能源比重出现较大幅度增长,如天然气、水电、核电、风电等清洁能源消费量占能源消费总量的 22.1%;创造更多绿色低碳的产业、产品,倡导绿色低碳的生活方式。应当说,当前在资源节约上我国虽然与世界先进水平仍有差距,但在如此大的人口规模与经济体量的前提下,在如此短的时间内取得的成效已经十分突出。

(三)人民对更好生态环境的现实诉求

随着人民生活水平的提高,美好的生态环境越来越成为人民美好生活需要的重要因素。党的十八大以来,党围绕改善生态环境开展了一系列根本性的、长远性的工作。今天，生态文明、绿色发展的理念已经深入人心，环境污染得到了有效治理，生态环境得到了快速改善，人民群众对生态环境的满意度大大提高，国家越来越美丽，人民生活因而越来越幸福。新时代是生态文明建设的关键期，也是提供更多优质生态产品以满足人民日益增长的优美生态环境需要的攻坚期。但是目前，我国生态环境治理成果并不稳固，环境治理的挑战依然严峻。从思想认识、战略定位的层面而言，生态环境问题已经受到了高度重视，大力推进生态文明建设则是面对生态环境挑战的具有中国特色的战略应对。新时代人民期望的是将思想认识落到实处、战略规划稳步推进，在此基础上实现生态环境的持续向好发展，新时代人民对更好的生态环境的现实要求突出地表现在以下四个方面：

1. 更快地改善生态环境质量

良好的生态环境是最普惠的民生福祉，水资源、空气、土壤的污染则会对人民群众的健康和生活质量造成直接的损害，随着人民生活水平的提高，人民对良好生态环境的需要越来越急迫。目前，我国在污染防治上采取了一系列有力的措施，取得了一系列突出的成绩。但是总体而言，我国仍然是世界上环境污染问题比较突出的国家。因此，对人民来说，搞好生态文明建设，首先就是要继续深入水污染防治行动计划，坚决打赢蓝天保卫战，全面落实土壤污染防治行动计划，有效解决这些损害人民群众生态利益的突出环境问题，使人民尽快享有水更清、天更蓝、山更绿的美好生存环境。

2. 更大力度的生态系统保护与修复

生态系统的健康关系到经济社会的持续发展。新中国成立以来，我国实施了一系列重大的生态保护与修复工程，国家生态安全屏障不断筑牢，生态系统的稳定性和质量都明显提高。但是我国生态系统仍然面临严峻挑战，如森林、灌丛、草地、湿地等自然生态空间被大量挤占；部分区域存在突出的生态退化问题;优质的生态资源供给仍然十分不足;人均森林面积和湿地面积远远落后于世界平均水平;一些濒临灭绝的物种尚且没有得到有效的保护。因此,人民期望加大生态保护与修复的力度,构建平衡、稳定、多样、健康的生态系统。

3. 更加普遍的绿色发展

生态环境问题的根本性解决在于建立绿色发展模式。目前,绿色发展模式在一些地区和一些行业已经形成。但是从全国层面来看,绿色发展模式的全面建立还需要一定时间。比如,经济相对不发达的中西部地区还在复制东部地区原来的发展模式,"散乱污"企业的清理整顿任务仍然十分艰巨,产业结构调整十分艰难;工业、农业和第三产业产生的环境污染问题比较严重,需要进一步治理;农村和农业生态环境保护基础薄弱,生态保护与治理的基础设施十分缺乏,生态修复困难重重;环保产业整体还不够发达,整体存在核心技术缺乏等突出问题。因此,人民期望通过更有力的措施、更大的投入,加快调整经济结构和能源结构,培育壮大节能环保产业,全国上下一盘棋,全面摒弃粗放增长模式,真正形成绿色发展方式。

4. 更加绿色的生活方式

生态环境问题既是发展方式问题,又是生活方式问题。生态环境问题不仅是由生产活动引起的,也是由人们不健康、不合理、侈奢浪费的生活方式引起的。用无止境的消费来定义幸福是肤浅的,而且会给生态环境带来过度的负担。当前,不少人不仅自觉地践行绿色生活方式,而且提出应当通过宣传与教育,在全社会牢固树立生态文明理念,使整个社会人人具有节约意识、环保意识,普遍选择简约适度、绿色低碳的生活方式,身体力行地参与生态环境的保护与治理,形成健康生活的新风尚。

七、更好的自由全面发展

（一）人的自由全面发展是美好生活的最高理想

人的自由全面发展是马克思描述的共产主义社会中的美好生活图景："在共产主义社会里,任何人都没有特定的活动范围,每个人都可以在任何部门内发展,社会调节着整个生产,因而使我有可能随我自己的心愿今天干这事,明天干那事,上午打猎,下午捕鱼,傍晚从事畜牧,晚饭后从事批判,但并不因此就使我成为一个猎人、渔夫、牧人或批判者。"[①]

在马克思看来,生产力和分工的发展是社会进步的根源,分工在各种复杂的社会条件的前提下形成,并使这些条件各自有秩序地发挥各自的作用,分工使劳动本身和整个社会生活从混沌一体的状态走向分离与丰富,把整个社会一步步引向文明和富裕。但是在一定历史条件下,分工也有消极的负面作用。分工最初是自然形成的,起初只是男女性别差异直接造成男女在生育子女、家务劳动和野外劳动方面的分工,后来又由于人在天赋上的差别、需要的不同以及交换的偶然发生,劳动自然而然地分化,自发地过渡为自然分工。当以一定的生产力发展水平为前提出现物质劳动和精神劳动的分离时,真正普遍的社会意义上的分工才形成。但无论是基于人自身无法左右的先天条件、偶然形成的自然分工,还是固定化的社会分工,分工都并非出自人自己的

[①] 《马克思恩格斯选集》（第一卷）,人民出版社,2012 年,第 165 页。

意愿,这种分工构成了一切矛盾的根源。"当分工一出现之后,任何人都有自己一定的特殊的活动范围,这个范围是强加于他的,他不能超出这个范围:他是一个猎人、渔夫或牧人,或者是一个批判的批判者,只要他不想失去生活资料,他就始终应该是这样的人。"①分工把人们的活动限制在固定的范围以内,为了生存,每一个人不是自主选择自己的活动领域,而是屈从于这种分工。在这种分工之下,人的活动对人而言不是自我肯定的力量,而是与他对立的、压迫他的力量。"只要人们还处在自然形成的社会中,就是说,只要特殊利益和共同利益之间还有分裂,也就是说,只要分工还不是出自自愿,而是自然形成的,那么人本身的活动对人来说就成为一种异己的、同他对立的力量,这种力量压迫着人,而不是人驾驭着这种力量。"②简言之,只要还存在这种强加于个体之上的分工,人就不可能实现自由全面地发展,只能是兴趣、天赋、能力与需要被压抑的存在,是受强制的、片面的个人。

要实现人的自由全面发展就要把固定的、强制性的分工转变为自由的、自主的分工。虽然无论人和社会发展到何种存在阶段,都不能摆脱基本的存在和发展需求,因而必然要消耗一定的劳动时间来满足这些需求。但是在共产主义社会中,由于高度发达的生产力,人们只需要花费很少的时间就能满足这些基本需求,在此之外就是人们的自由支配时间。在自由时间中,人们既可以选择从事任何一种活动,也可以选择什么都不做,做什么和不做什么完全取决于个体的自主选择。按照马克思的描述,在共产主义社会中,从劳动的具体方式、对象与领域来看,分工当然仍然存在,但区别在于,对于劳动的主体而言,分工不再是单一的、固定化的、被动的,而是丰富的、变动的、自愿的。人们可以按照自己的兴趣、天赋、需要,以有利于自己能力的全面发展为目标,

①② 《马克思恩格斯选集》(第一卷),人民出版社,2012年,第165页。

自由自主地选择任何职业、任何活动的领域。当每个人都能按照自己的内在需要自由地选择自己的生活方式,每个个体都摆脱了外在的强制,实现了自由全面发展,从而使生命与生活的多样性与丰富性得到充分展现,成为有个性的个人时,个体便能从自己的生活中得到自我实现、自我满足,并因而感到幸福。

每个人的自由全面发展是整个马克思主义理论的终极追求,也是美好生活的最高理想。但是人类社会向共产主义的过渡需要高度发达的生产力及其他一些十分严格的条件,那么马克思确立的自由全面发展的美好生活蓝图的现实意义是什么呢?我们认为,一方面,人的自由全面发展并不是一种逻辑演绎的必然,而是人类社会按其内在发展规律发展的必然归宿;另一方面,人的自由全面发展的理想目标提示我们,应当以人的生存和发展状况或人的自由全面发展程度来衡量与评价社会的发展,我们可以用它来对照与反思我们的现实——我们的发展是否真正关注的是"人本身",我们构建的经济、政治、文化、社会、生态环境等各种外在条件是否有利促进人的自由全面发展,如何更好地促进人的自由全面发展。

(二)人的自由全面发展的条件的不断积累

人的自由全面发展是最美好的生活形态,也是每一个马克思主义政党当然的奋斗目标。但是且不论中国共产党成立之初面对的是怎样的艰苦局面,即便在中国特色社会主义建设取得伟大成就、迈入新时代的今天,我们仍然与马克思描绘的每个人的自由全面发展相距甚远,自由人联合体是只有通过不懈追求才能到达的彼岸。而马克思、恩格斯早在《德意志意识形态》中就有这样的教诲:"共产主义对我们来说不是应当确立的状况,不是现实应当与之相适应的理想。我们所称为共产主义的是那种消灭现存状况的现实的运动。"①因此，中国共产党从创立至今，始终在这一理想的关照下，以人民为中心，为人的自由全面发展不断积累条件。

以毛泽东同志为主要代表的中国共产党人将马克思列宁主义基本原理与中国革命和建设实际相结合，提出了"为人民服务""走群众路线"的思想。在党的七大上，党就将"全心全意为人民服务"写进党章总纲，从此"全心全意为人民服务"就成为了党的根本宗旨。在《为人民服务》的演讲中，毛泽东这样谈到党和党的军队的性质与任务："我们的共产党和共产党所领导的八路军、新四军，是革命的队伍，我们这个队伍完全是为着解放人民的，是彻底地为人民的利益工作的。"②当时，抗战仍在艰苦的条件下继续进行，国家与民族的前途尚未明确，毛泽东对党员干部提出的要求是："中国人民正在受难，我们有责任解救他们，我们要努力奋斗。"③在毛泽东看来，为人民服务、和最广大人民群众保持密切联系，是中国共产党与其他政党的根本区别，人民是党一切工作的出发点与归宿。

以邓小平同志为主要代表的中国共产党人基于当时人民的生存状况，提出"三个有利于"标准，并特别强调为人才的发展提供条件。"三个有利于"包含社会生产力发展、国家综合国力增强、人民生活水平提高三个层面，但是从根本上而言，关注生产力发展和国家综合国力增强，是为了改善人民的生活境况，为真正实现人民的解放提供物质前提，人的解放和发展才是一切工作的核心追求。为了提高人的素质、促进人才的成长，邓小平一方面十分重视教育，另一方面注重为人才的成长提供制度保证和环境，强调通过改革消灭那

---

① 《马克思恩格斯选集》（第一卷），人民出版社，2012年，第166页。
② 《毛泽东选集》（第三卷），人民出版社，1991年，第1004页。
③ 同上，第1005页。

些不利于人发展的因素。

以江泽民同志为主要代表的中国共产党人,在"三个有利于"的基础上提出了"三个代表"重要思想,强调把是否代表最广大人民的根本利益作为党先进与否的评判标准。先进文化、先进生产力都凝结着人民的智慧,是人民实践的产物,也都是人民自我发展的重要方面与重要条件。因此,"三个代表"最终归结到促进人民更好地生存与发展上。在党的十六大报告中,江泽民还提出人的全面发展是社会主义的本质要求,推进经济、社会、文化发展的根本目的是推进人的全面发展。

以胡锦涛同志为主要代表的中国共产党人则创造性地提出"科学发展观",其核心就是"以人为本"。以人为本就是把人看作事物的根本,把人看作社会发展的主体、出发点和目的。无论是经济建设、政治建设、文化建设,还是构建社会主义和谐社会,都是为了在发展中更好地维护人民群众的利益,在发展中推进人的全面和谐发展。

党的十八大以来,以习近平同志为核心的党中央,在中国特色社会主义建设进入新时代的背景下,提出一系列新战略新理论新思想。在习近平新时代中国特色社会主义思想中,以人民为中心是根本价值取向。党的十九大报告多次强调要"不断促进人的全面发展";在习近平的反复强调下,把人民对美好生活的需要是否得到满足作为我们党一切工作的出发点、落脚点和判断标准,已经成为了广大党员干部的广泛共识,努力为人民实现更好的自由全面发展、更美好的生活成为了广大党员干部共同的奋斗目标。

经过一代又一代人的接续奋斗,在经济、政治、文化、社会、生态环境持续改善的基础上,中国人民比以往任何时候都更接近美好生活,也比以往任何时候都更能在社会生活中更充分地发挥和发展自己的智慧与才能,人民在自己的工作与生活中感受到了自己的发展与成长,有了更多的成就感、获得感和幸福感。

(三)人民自由全面发展的现实诉求

人的自由全面发展是理想性与现实性的统一，也是一个历史性的过程。这就是说，人的自由全面发展不能停留在理想的、价值的层面，而是要在不同的社会历史条件下，不断构建更好地促进人的自由全面发展的现实条件。新时代要更好地实现自由全面发展，人民提出了以下基本诉求：

1. 更突出以人民为中心的发展

人的自由全面发展需要良好的经济、政治、文化、社会、生态环境状况，我们当然需要持续推进经济建设、政治建设、文化建设、社会建设和生态文明建设，但是需要明确，新时代人民追求的是以人的自由全面发展、以人的美好生活实现为目的的发展。这就是说，人的自由全面发展这一根本目的统摄着各个方面的发展，各个方面的发展为人的自由全面发展提供条件，其中任何一个特殊领域都不能成为社会发展的最终目的。在以往的发展中，我们对于发展的目的、评价发展的标准的理解往往失之于片面，特别是容易用国内生产总值的规模与增速来看待与评价发展。新时代，人民的生存与发展状况应当成为衡量发展成效的最高标准，新时代的发展要真正体现以人民为中心。正如习近平所指出的："以人民为中心的发展思想，不是一个抽象的、玄奥的概念，不能只停留在口头上、止步于思想环节，而要体现在经济社会发展各个环节。要坚持人民主体地位，顺应人民群众对美好生活的向往，不断实现好、维护好、发展好最广大人民根本利益。"①

2. 各个领域更加协调的发展

人的自由全面发展依赖于各种自然和社会条件的共同发展，只有人民生

---

① 《习近平谈治国理政》(第二卷)，外文出版社，2017年，第213~214页。

活的各个方面相互协调的发展才能真正促进人的自由全面发展。良好的经济条件为人的自由全面发展提供物质基础，生产力和收入水平的提高可以缩短人民的劳动时间，扩展人民自由全面发展的空间；不断扩大的人民民主可以培育人的主体品格与政治文化修养，孕育自由、平等、宽容等人类自由全面发展所需要的价值基础及政治环境；良好的文化氛围能提升人民的道德文化修养和思想境界，为人的自由全面发展提供精神动力和智力支持；公共事业发达、和谐有序、公平正义的社会可以为人的自由全面发展提供客观的社会条件与现实基础，对社会治理的广泛参与可以培养和完善个体的智力、体力、品格和个性；人与自然关系的和谐程度是人的认识与实践能力高低、人与人的关系和谐程度的一种体现，良好的自然生态环境是人的自由全面发展的自然生态前提，也是人的自由全面发展的重要维度。可以说，一方面，经济生活、政治生活、文化生活、社会生活、生态环境的不断改善是促进人的自由全面发展的前提和基础，另一方面，经济生活、政治生活、文化生活、社会生活、生态环境状况本身也反映了人自由全面发展的程度。如果说在以往的发展中，基于不同的时代背景，我们在不同时期提出了不同的发展侧重点，那么在以"促进人的全面发展"为核心价值追求的新时代，人民要求的是补齐短板、各个领域更加协调地发展。

3. 更加注重每个人的自由全面发展

今天，我们实现了一定程度的美好生活，人的发展获得了较大程度的进步，甚至一部分人已经实现自由全面的发展。如果说不同个体、不同地区和不同群体的人们在自由全面发展的条件、基础、途径、程度上存在差距是发展过程中不可避免的现象，让一部分人富起来、发展起来也是我们的重要发展策略，但是在发展起来之后的新时代，人民提出的要求是共享经济社会发展的成果，是每个人的自由全面发展。人民认为，新时代的发展绝不能为了某个人、某个群体的特殊利益，而应当在尊重客观差异的基础上，最大限度地凝聚共识，使改革发展的成果公平地惠及每个人，让每个人都有人生出彩的机会，让每个人都有归属感、获得感和幸福感。

4. 进一步提高个体创造美好生活的能力

人是社会性的存在物，个体素质的高低不仅影响着个体的发展和美好生活的实现，也影响着社会整体的文明进步及人类整体的自由全面发展。无论社会的总体状况如何，个体最终都要独自面对自己的生活，并根据自己的生活状况进行评价或产生情绪反应。在个体的生活过程中，美好生活不是被给予的，而是主体自己创造的，这就涉及能力问题。美好的社会可以提供多种美好生活的可能性，个体则需要有在先天给定的自然生命、社会给予的客观条件的基础上，判定和选择合乎自己的天赋与真实需要的生活方式的能力；个体还要在实践中不断地提升自己的能力，通过进步与成功使自己的智慧与才能得到完全展现，使自己独特的有个性的需要得到满足，确认自我的存在与价值，实现自己更好、更全面的发展，进而实现个体的幸福。因此，新时代人民希望在更好的经济生活、政治生活、文化生活、社会生活和生态环境的基础上，进一步提高创造属于自己的美好生活的能力，并在此过程中实现自己更好的自由全面发展。

人民向往美好生活，人民希望得到自由全面的发展，但是这一切从来不会凭空而降，"幸福是奋斗出来的"，中国共产党则是这一奋斗过程的领路人、护航人。在新时代强调共产党人要坚持为人民的美好生活而奋斗的初心，并不是对共产党人在实践中始终遵循的原则的无意义重复。新时代强调为人民对美好生活的向往而奋斗是中国共产党人顺应社会与时代发展作出的有力回应、是对实现人民美好生活中必然遇到的种种问题与挑战的科学预见、是共产党人应对挑战与勇担使命的坚定决心。我们相信，只要我们直面现实、齐心协力、努力奋斗,就可以不断地促进人民的自由全面发展,就会不断地趋近于马克思、恩格斯描绘的人的自由全面发展的美好生活图景。

实现美好生活的制约因素

■ 第四章 CHAPTER FOUR ■

　　人民对美好生活的向往的实现是需要现实条件来
保障的。进入新时代，我国社会生产力总体上显著提
高，社会生产能力在很多方面进入世界前列。这一切都
为满足人民日益增长的美好生活需要提供了良好的条
件。为了共同实现我们的美好生活，我们必须回到现
实，理解实现美好生活究竟有哪些重要的制约因素，并
寻求这些问题的积极解决。

一、不平衡不充分的发展

中国特色社会主义进入新时代，最根本的依据就在于社会主要矛盾发生了关系全局的历史性变化，这个变化就是我国社会主要矛盾已经转化为人民日益增长的美好生活需要和不平衡不充分的发展之间的矛盾。党的十九大报告明确将"不平衡不充分的发展"作为社会主要矛盾的一个方面，还直接指出，发展不平衡不充分"这已经成为满足人民日益增长的美好生活需要的主要制约因素"，社会主要矛盾的历史性变化，对党和国家工作提出了许多新要求，其中最根本的一条就是"着力解决好发展不平衡不充分问题"。[①]也就是说，当前人民的美好生活需要在多大程度上得到满足，能实现什么样的美好生活，总体上受不平衡不充分的发展的制约。

（一）发展不充分的表现

总体上，经过新中国成立以来七十多年发展特别是改革开放以来四十多年的高速发展，我国已经从站起来、富起来进入到强起来阶段，社会生产力总量即经济实力已经稳居世界第二，科技、国防和综合国力进入世界前列，创造了人类历史上的发展奇迹。但是整个社会的发展总量还不够丰富、发展潜力还没有全部释放、发展程度还不够高、发展水平与世界先进国家还有明显距离，还不能很好地满足人民日益增长的美好生活需要。这就是所谓

[①] 习近平：《决胜全面建成小康社会　夺取新时代中国特色社会主义伟大胜利——在中国共产党第十九次全国代表大会上的报告》，人民出版社，2017年，第11页。

发展的不充分的问题,核心在于发展的量和质都还不够。具体表现在如下方面:

1. 社会生产力发展不充分

2018 年我国经济总量已突破 80 万亿元人民币,约合 13.6 万亿美元,稳居世界第二。但问题在于与世界第一的差距还很大。2018 年美国经济总量是 20.5 万亿美元,中国与之相比还差 7 万亿美元,只相当于 2007 年美国的水平,也就是说总量水平相差至少 10 年。特别是由于我国人口众多,使得人均国内生产总值还比较低,2018 年接近 9800 美元,而同期美国是 6.25 万美元,日本 4 万美元,俄罗斯 1.09 万美元,世界人均国内生产总值是 1.13 万美元。2018 年我国人均国内生产总值水平仍然在世界平均水平之下,在世界排名第 72 位,仅为美国的 14%,欧盟国家的 25%,世界平均水平的 80%。这都与我们进入"强起来"阶段和我们的理想抱负还很不相称。经济是基础,而且钉是钉、铆是铆,来不得半点虚假。仅就我国人均国内生产总值仍处于世界平均水平之下这一点就知道,我们的发展总体上还是明显不充分。

生产力发展不充分还体现在发展方式和发展质量上。新中国成立七十多年尤其是改革开放四十多年来,我们取得了世所罕见的高速发展,经济总量达到了一定规模。但这些主要是以经济发展水平比较低、底子薄、基数小、增长空间大、劳动力价格低等为前提的,经济发展更多依靠的是外延式扩张,通俗地说就是"铺摊子""摊饼子",发展的质量不高、效率比较低、动力还不足,全要素生产率水平仅为美国的 43% 左右。这也是党的十九大报告指出"我国经济已由高速增长阶段转向高质量发展阶段,正处在转变发展方式、优化经济结构转换增长动力的攻关期"的潜台词。

发展的量与质的制约还突出和直接地体现为有效供给不足。我国供给体系产能十分强大,二百多种主要工农业产品生产能力稳居世界第一。但是我国生产能力主要只能满足中低端、低质量、低价格的需求,而且这方面的生产能力中还有大量过剩产能;供给结构不适应需求新变化;关键核心技术长期受制于人,一些重要原材料、关键零部件、高端装备、优质农产品依赖进口;旅游、体育、健康、养老、家政等领域供给还远不能满足人们的需要;特别是居民个性化、多样化、服务化的需求难以得到满足。[①]

2. 市场经济的决定性作用还不充分

人们需要的东西在物质产品极大丰富之前都是相对稀缺的。为了解决稀缺问题,一方面是要提高生产效率,使之变得更多更好;另一方面就要提高配置效率,以有效供给保障人们的需要能得到有效满足。改革开放前,在我国的资源配置中,中央计划起着决定性的作用,由此带来诸多弊端,这正是我们要进行改革和进行社会转型的重要原因。市场能够通过价格变化及时、准确、灵敏地反映供求关系变化,对资源起到有效的配置作用。在很大程度上我们的改革就是朝向市场经济的改革。自 1992 年以来,我国的市场经济建设取得了很好的成绩。但仍然存在不少问题,仍然存在不少束缚市场主体活力、阻碍市场和价值规律充分发挥作用的弊端。这些问题不解决好,完善的社会主义市场经济体制就难以形成,转变发展方式、调整经济结构就难以推进。这其中包括政府权力、财税金融制度、企业制度、户籍土地制度等方面的问题,但归根到底是政府与市场的关系问题没处理好。党的十八届三中全会将市场在资源配置中"起基础性作用"修改为"起决定性作用",表达的是努力方向和坚定决心,也说明总的来看这种决定性作用还未能很好发挥。

3. 治理体系与治理能力现代化不够

一个国家只有治理好了,才能最大限度地满足人民的美好生活需要。国

---

① 《党的十九大报告辅导读本》,人民出版社,2017 年,第 189 页。

家治理包括体系与能力两个方面,它们是一个国家制度建设和制度执行力的集中体现。就我国而言,国家治理体系主要是指党领导人民治理国家的制度体系,包括根本政治制度、基本政治制度、基本经济制度、中国特色社会主义法律体系,以及经济、政治、文化、社会、生态文明建设和党的建设等各领域的体制机制。这是一整套相互衔接、相互联系的制度体系。国家治理能力则是指运用制度体系管理国家和社会各方面事务的能力,包括治党治国治军、促进改革发展稳定、维护国家安全利益、应对重大突发事件、处理各种复杂国际事务等方面的能力。党的十八届三中全会明确把国家治理体系与治理能力现代化作为全面深化改革和建设现代化强国的战略目标。无疑,现代化目标的追求本身就承认了两个方面的落后:一是纵向的历史维度,表明目前还不够现代化,甚至某些方面还处于前现代化;二是横向的他者视野,表明在总体上我们与现代化发达国家仍存在差距。所谓治理体系现代化就是要形成一整套完备、稳定、管用的现代制度体系,本质上是成熟稳定的法治体系。目前,中国的法治体系还不完善,与世界发达国家差距还比较明显。同时,所谓治理能力现代化既指总体上党的执政能力的现代化,也指从国家机构到社会组织以及各级领导干部的工作能力的现代化。目前,总体执政能力在体现出重要优势的同时正面临着潜在的执政合法性危机,国家机构、社会组织以及干部的工作能力离人民满意还有距离,与世界发达国家相比也有差距。总之,无论是治理体系还是治理能力方面,制度化、规范化、程序化、科学化、法治化还不够,大大制约了中国特色社会主义制度优势性地转化为人民美好生活感受的效能。

4. 精神文化发展不够

人民日益增长的美好生活需要比之于以往的一般物质文化需要,具有更多的精神文化内涵。改革开放以来,我们始终坚持物质文明和精神文明两手抓,两手都要硬。但实际的结果是,精神文化建设相于经济建设来说是滞后的,面对"富起来"后人民对精神文化的需求明显供给不足。例如,就思想学术而言,我们的学科体系、学术体系、话语体系建设水平总体不高,学术原创能力还不强,学风问题还比较突出,总体还处于有数量缺质量、有专家缺大师的状况;就文艺创作而言,也存在着有数量缺质量、有"高原"缺"高峰"的现象,存在着抄袭模仿、千篇一律的问题,存在着机械化生产、快餐式消费的问题,存在追求低俗、简单满足欲望和单纯感官娱乐,缺乏精品力作的问题;就公共文化服务而言,设施网络、服务水平、信息化水平、服务均等化等方面水平还不够高,特别是我国公共图书馆发展滞后、国民阅读率下降。此外,文化产业体制不健全,缺乏创新活力的问题;文化保护与开发以及传统文化弘扬中的乱象问题;文化贸易中的文化赤字问题,等等。这些都制约了人民文化需要的满足和对世界的文化把握,从而影响着人民的美好生活体验。但其中最为重要的是,整个社会形成一种物质化的、浮躁的氛围,不少人找不到自己人生的意义和方向,心灵得不到安顿,要么皈依宗教,要么被各种邪教、灵修活动所俘获,要么过着缺少灵魂的生活。人民精神家园的满足是美好生活最高级、核心的需求,而如今的精神文化发展还远远没能完成这一功能。

5. 社会事业发展不够

社会事业直接关涉民生水平和社会秩序,直接影响人们的获得感、幸福感和安全感,是人民日益增长的美好生活需要最集中的领域、最直接的表现。因此,其发展水平也就直接制约了人民美好生活的实现。例如,教育优质资源不足导致的一系列问题;大学毕业生、农民进城务工就业难的问题;全民参保不充分,社保"兜底线"的"底线"过低,特别是养老问题老百姓心中没底;医疗保障问题和医疗费用高、药品价格居高不下,特别是农村地区在报销时遇到很多麻烦,人们大病医不起,小病不敢医,因病返贫现象比较严重;

食品药品安全事故频发,造成群众一定程度的心理恐慌;网络、电信诈骗长期难以根治;青年大量外出务工,导致农村社区空心化的问题;人们普遍焦虑感较强,"压力山大",也导致社会戾气较重,社会不够和谐等等,不一而足,这些都直接影响了人们生活的美好程度。

6. 生态文明建设不够

生态文明建设好了,自然就会变成审美的对象;人居环境得到改善,美好生活的幸福感就将直接增强。但是我国环境保护以及整个生态文明建设还滞后于经济社会发展。改革开放四十多年的快速发展在某种程度上是以牺牲环境为代价换来的,破坏生态环境的账一直在累积着,使我们今天受到惩罚。当前,资源环境约束紧张,环境承载能力已达到或接近上限,环境污染重、生态受损大、环境风险高。严重的生态环境问题成为民生之患、民心之痛,成为制约人民美好生活需要的突出短板。大气污染、水污染、土壤污染、农村农业面源污染等情况十分严重。2018 年,虽然空气质量连续 5 年得到改善,但我国 338 个地级及以上城市中,只有 121 个城市环境空气质量达标,占全部城市数的三分之一;国控地表水水质断面中,劣 V 类断面比例为 6.7%。"全部人类历史的第一个前提无疑是有生命的个人的存在。因此,第一个需要确认的事实就是这些个人的肉体组织以及由此产生的个人对其他自然的关系……任何历史记载都应当从这些自然基础以及它们在历史进程中由于人们的活动而发生的变更出发。"[①]没有良好的生态,人的生存都受到威胁,就根本谈不上美好生活,生态文明建设从底线的角度制约着人们美好生活的实现。

---

① 《马克思恩格斯选集》(第一卷),人民出版社,2012 年,第 146 页。

(二)不平衡的表现

如果说不充分讲的是发展的量和质,更多是生产领域的事,那么不平衡体现的则是发展的空间结构、横向分布。经过四十多年的高速发展,我们在很多方面已经达到了相当的、不逊色于发达国家的现代化水平,但在另一些方面又落后于时代,两者比例很不相称。这种不平衡制约了经济社会发展,也造成不同方面的人们的心理"不平衡",从而影响了人们的美好生活感受。不平衡的发展表现在许多方面,如下四点尤为突出:

1. 总体布局不平衡

从最宏观的角度看,中国的发展是整体的,集中体现于"五位一体"建设的总体布局之中。其中,经济建设是根本,政治建设是保障,文化建设是灵魂,社会建设是条件,生态文明建设是基础,都是人民美好生活不可或缺的部分。但是目前这五个方面的发展是很不平衡的,经济建设相对很好,可谓一枝独秀,其他四个方面的发展则比较滞后。人民日益增长的美好生活需要直接体现为民主、法治、公平、正义、自由、尊严、安全、环境等方面的要求,这些不能依靠经济发展自然而然地获得,而必须通过其他四个方面的建设特别是政治体制改革来达到,但这方面的进展缓慢是个相对的短板,甚至已经成为制约其他四个方面发展的关键。经济与文化发展的不平衡更为直观、明显。至今不少地方还认为文化是虚的,将文化发展作为获得经济发展的手段,坚持"文化搭台、经济唱戏"或者文化只是锦上添花的思路。在文化"走出去"方面也是这样,英国前首相撒切尔夫人当年说:"中国没有什么可怕的,他们可以出口电视机,但他们出口不了电视节目。"虽然现在有些改观,有一些电视剧走出了国门,但文化交往总体仍处于"入超"状态,我们的硬实力和文化软实力发展明显失衡。

2. 城乡区域发展不平衡

由于复杂的历史原因,我国不同地区在现代化过程中呈现出不平衡的发展状态。在改革开放四十多年的进程中,国家实施了西部大开发、中部崛起、振兴东北地区等老工业基地、京津冀协同发展、长江经济带发展、国家新型城镇化和乡村振兴等一系列重大战略举措,成效十分显著,但农村落后于城市、西部落后于东部的基本格局没有改变,城乡、区域之间发展依然很不平衡。几千年前古希腊亚里士多德就曾说过:人们为了生活来到城市,为了美好生活留在城市。因此,人们一直对城市寄予了对美好生活的向往。改革开放推动的城镇化进程正是为了更好实现人们对美好生活的向往。2019 年,中国的城镇化率已超过 60%,城市建设成为现代化建设的标志。但与此同时,城乡之间发展不平衡的问题十分突出。正如习近平指出的:"城乡发展不平衡不协调,是我国经济社会发展存在的突出矛盾,是全面建成小康社会、加快推进社会主义现代化必须解决的重大问题。"[1]

城市化快速发展使得我国进入城市社会,城市成为社会的构成性中心,农村则被边缘化、空心化。城乡在基础设施发展、医疗卫生、教育服务、政府公共投入、居民收入等方面都很不平衡。而且城乡之间的"剪刀差"一直存在,以前主要是经济意义上的,现在则更多是人才、人力意义上的。这样就形成一种恶性循环,使城乡发展长期不平衡。从地区角度看,我国曾在一段时间内实施区域非均衡发展战略,允许一部分地区借地利、政策之便先富起来。于是,东部地区率先开放发展,中、西部发展相对滞后,东北衰退,区域发展差距日益扩大。从区域角度说,如果说农村是中国现代化发展的短板,那么处于西部相对落后地区的农村则是中国现代化发展的最短板。

---

① 《习近平谈治国理政》(第一卷),外文出版社,2018 年,第 81 页。

3. 新型工业化、信息化、城镇化、农业现代化不同步

工业化、城镇化、农业现代化、信息化是现代化的必由之路,也是当代中国人美好生活得以真正实现的前提条件。正如习近平总书记曾经生动指出的,西方发达国家的"四化"是一个"串联式"的发展过程,发展到目前水平用了二百多年时间,"四化"齐全;我们要后来居上,把"失去的二百年"找回来,必须采取"并联式"的发展,即"四化"叠加发展。但从目前来看,"四化"还很不同步,彼此不协调、不平衡。除开前述城乡二元经济结构仍然存在、城乡发展不平衡外,工业化对城镇化、农业现代化的带动力不强,特别是工业没能充分发挥反哺农业的功能;信息化与工业化、城镇化以及农业现代化融合不充分;不同区域之间"四化"发展水平差异很大。①

4. 收入分配不平衡

相对于生产,生活乃是广义的消费。因此,人们的生活水平往往直接体现为消费水平,而人们的消费水平直接又是由收入状况决定的——生活总是要量入为出。改革开放以来,我们实行了允许一部分人一部分地区先富起来的政策,不同地区、阶层、群体的人们由于种种综合的社会历史原因,其获得的分配、收入差异很大。国际上通常用基尼系数来衡量一个国家或地区居民收入差距,基尼系数最大值为"1",最小值为"0"。国际惯例把 0.4 视为警戒线,在此之下为相对合理;0.4—0.5 视为收入差距较大;0.5 以上则表示收入差距悬殊。我国居民收入的基尼系数 2000 年首次超过警戒线 0.4,2003 年至今基尼系数从未低于 0.46,2017 年为 0.467。如果考虑到财产存量的差距,分配不平衡的问题更加突出。而且中国尚有几千万农村人口未真正脱贫,城市也还有很多困难群众。这些都与老百姓在生活中的感受是一致的。很多人相

---

① 《新型工业化、信息化、城镇化、农业现代化"四化"联动、同步发展》,中国社会科学网,2018年 3 月 27 日。

信所谓"二八定律",即20%的人掌握了80%的财富,80%的人掌握了20%的财富。每当公布某个地区人均收入数据时,都会有很多人怀疑数据的真实性,感慨自己"拖后腿""被平均"了。

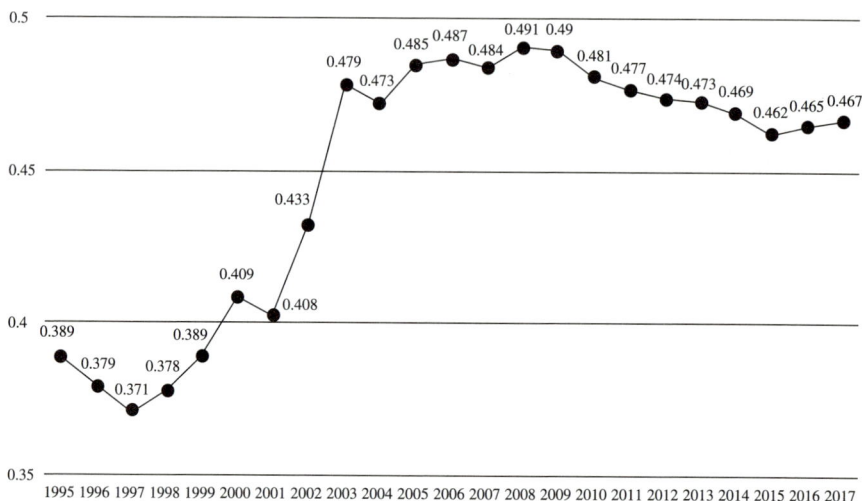

数据来源:苏宁金融研究院整理

图4-1　我国居民收入基尼系数变化情况

其实,发展的不平衡和不充分两个方面是一体的,很难将之绝然分开来。在某个地方、领域不充分的发展从全局高度看就是不平衡的发展,在某些层面的发展不平衡恰恰就是发展不充分的表现。同时,我们还必须认识到,不平衡不充分是发展永恒存在的问题,不平衡不充分是绝对的,发展总是通过不平衡不充分到新的平衡充分再到新的不平衡不充分。实际上,彻底的平衡、充分也就意味着发展的停滞或终结。我们说不平衡不充分的发展从根本上制约了人们美好生活的实现,既不意味着我们要彻底消灭发展的不平衡不充分,也不意味着放任发展的不平衡不充分,而是要解决低水平层次的不平衡不充分,在这个过程逐步提高人们的生活水平,让人们的生活更加美好。

二、主体美好生活之间的冲突

人民是历史的创造者,也是社会的主人及美好生活需要的主体。然而人民从来不是铁板一块。"人民"是一个现代性的政治概念,是近代资产阶级反对封建等级统治的产物。近年来,已有不少学者从学理上反思这一概念,例如,在我国有较大影响的西方马克思主义者哈特和奈格里就主张以"诸众"(multitude,也译作大众、多众,最早由霍布斯、斯宾诺莎提出)取代"人民",他们认为"人民"概念抹杀差别,是一元、均质的"一",而诸众则是差异、多元的,更符合现实;阿甘本则更加注重与大写的人民(the People)相对的小写的人民(the people),认为后者是现实的、多样的甚至是碎片化的人民。

在马克思主义看来,把人民看成抽象的"一"恰恰是资产阶级唯心史观及其政治哲学的特点。马克思曾经深刻批判把人民看作无差别的"一"的观点:"旧派共和党人把全体法国人,或至少是把大多数法国人看做具有同一利益和同一观点等等的公民。这就是他们的那种人民崇拜。但是,选举所表明的并不是他们意想中的人民,而是真实的人民,即分裂为各个不同阶级的代表。"①列宁对马克思的这一思想进行了强调:"马克思一向都是无情地反对那些认为'人民'是一致的、认为人民内部没有阶级斗争的小资产阶级幻想。马克思在使用'人民'一语时,并没有用它来抹煞各个阶级之间的差别,而是用它来概括那些能够把革命进行到底的一定成分。"②现实的个人是唯物史观的逻

① 《马克思恩格斯选集》(第一卷),人民出版社,2012年,第465页。
② 《列宁选集》(第一卷),人民出版社,1995年,第636页。

辑起点,在真正的马克思主义看来,人民并不是抽象的"一",而总是区分为不同的阶级、阶层、群体及个体的。不同的阶级、阶层、群体、个体必然有其各自独特的利益,尽管其根本利益是一致的。

经过改革开放,社会阶层、群体高度分化,人们利益和价值观日益多元化,表现为各种利益冲突的人民内部矛盾日益突出。进入新时代,改革进入深水区和攻坚期,触及很多深层次利益问题,人民内部矛盾更趋多样复杂。所谓利益就是被意识到的需要。在新时代,人民的需要就集中表现为美好生活的需要。因此,并非只要谈到美好生活,大家的理解就都是一样的,现实中就没有冲突。相反,当我们谈及"美好生活"时,客观上存在一个"谁的美好生活"的问题,不同人理解的美好生活之间可能是矛盾的,甚至是完全冲突的。例如,生活中常见所谓"邻避效应"——人们反对将有可能损害身体健康、环境质量、资产价值也就是预期有损自己美好生活的设施(如化工厂、核电站、电信发射塔、垃圾场、殡仪馆)建设在自家附近,但并不反对其建在别处,客观上有损别人的美好生活。再如,某城市为了维护本地居民的美好生活而大规模疏散外地务工人员,其实外地务工人员正是为了他们的美好生活才留在城市——一如前述,亚里士多德就曾经说过:人们为了生活来到城市,为了美好生活留在城市。不同人们基于各自理解的美好生活的矛盾、冲突已经成为当前中国社会的一个十分突出的问题。甚至可以说,这一矛盾是当前人民内部矛盾的集中展现,制约着人民对美好生活向往的真正实现。

(一)矛盾冲突的表现

这种本质上是美好生活之间的冲突的人民内部矛盾突出地表现在阶层矛盾、群体矛盾、官民矛盾和个人矛盾等方面。

一是阶层矛盾。改革开放前,我国的社会阶层结构相对简单,主要是"两阶级—阶层",即工人阶级、农民阶级和知识分子阶层。改革开放后,随着我国由农业社会转向工业社会、由计划经济转向市场经济,社会阶层结构发生重大复杂变化:一是进城务工人员的加入使得工人阶级人数大幅度增加,同时服务业工人人数超过工业工人,国有企业工人比例日益减少;二是农民数量大幅度减少,其内部日益分化并且高龄化;三是知识分子阶层中专业技术人员构成中产阶级的主要力量,而且其经济及政治地位大幅度提高;四是私营企业主成为广受关注的社会阶层;五是新社会阶层和社会群体不断涌现。[1]所谓"新社会阶层"主要包括:民营科技企业的创业人员和技术人员、受聘于外资企业的管理技术人员、个体户、私营企业主、中介组织的从业人员、自由职业人员、私营企业和外资企业的管理人员和技术人员、社会组织从业人员(包括律师、会计师、评估师、税务师、专利代理人等以及社团、基金会、民办非企业单位从业人员)、自由职业人员和新媒体从业人员,目前我国新社会阶层人士总体规模约达 7200 万人。[2]不同社会阶层在社会结构中处于不同地位,不同的利益、立场导致阶层矛盾。同时,中国社会大规模的流动基本结束,社会分层已趋于稳定,由此出现所谓阶层固化及各种"二代""三代"现象,进一步加剧了阶层矛盾。

二是群体矛盾。"物以类聚,人以群分。"我们经常说"人民群众",其实人民依据不同的自然、社会、精神属性是分为不同群体的。朝向市场经济的改革开放进程,也是一个群体分化、再群体化以及群体间矛盾不断凸显的过程。不同行业、不同单位、不同组织甚至不同年龄阶段、不同趣味的群体之间都存在

①　李培林:《改革开放近 40 年来我国阶级阶层结构的变动、问题和对策》,《中共中央党校学报》,2017 年第 6 期。
②　《中共中央统战部:中国新的社会阶层人士约 7200 万人》,http://www.chinanews.com/gn/2017/01—04/8113847.shtml。

着各种矛盾,不时形成社会热点事件。其中,有关精英、大众的矛盾尤其具有典型意义。精英群体主要包括政治精英、经济精英和知识精英,相较于大众,他们接受过良好教育,拥有良好社会关系,掌握或接近社会稀有资源。首先,由于地位、利益、素养、见识不同,精英群体与大众群体存在矛盾甚至冲突对立,"仇官""仇富",骂"砖家",甚至"反智"的现象就是突出表现,至于精英主义与民粹主义的对立则是这一矛盾上升到价值观、政治哲学层面的表达。其次,精英群体内部,例如政治精英与知识精英之间、政治精英与经济精英之间、经济精英与知识精英之间都存在着错综复杂的矛盾,呈现出所谓社会精英分裂的状态。再次,我们还必须注意到,大众也未必同时和所有的精英群体冲突,而往往是某时跟随某个精英群体与另一个精英群体产生矛盾。最后,不仅精英是撕裂的,大众自身也是撕裂的,大众分裂为诸多不同的"小众",他们基于不同的利益、趣味,彼此之间产生矛盾,甚至是冲突。在智能技术支撑的移动互联网时代,小众之间的矛盾表现得更加明显。

三是官民矛盾。早在《关于正确处理人民内部矛盾的问题》一文中,毛泽东就指出了党和政府与人民群众之间的矛盾问题:"我们的人民政府是真正代表人民利益的政府,是为人民服务的政府,但是它同人民群众之间也有一定的矛盾。这种矛盾包括国家利益、集体利益同个人利益之间的矛盾,民主同集中的矛盾,领导同被领导之间的矛盾,国家机关某些工作人员的官僚主义作风同群众之间的矛盾。"[①]进入新时代,党和政府通过大力反腐,全面从严治党,改进党员干部的作风,持续改善民生以及实施一系列维稳举措,官民矛盾的某些方面得到缓和,但问题总体还在,在某些方面还比较突出,并且有了新的表现。这不但体现为因征地拆迁、环境整治、市容管理、公共服务

---

① 《毛泽东选集》(第五卷),人民出版社,1977年,第364~365页。

而产生的一般性官民冲突，还体现为人民群众对政府公信力的习惯性质疑，形成所谓"塔西佗陷阱"。在各种矛盾中，一些"钉子户""老上访户"，常以"缠""闹""胁迫"等方式对政府日常工作进行围堵，其诉求及方式往往既有合法的一面也有非法的一面，而且旷日持久。有些甚至走向跨区域的"串联"，集合起来在重要节点或场所行动以吸引社会舆论的关注，以实现诉求的目的。①现阶段，官民矛盾凸显的原因是复杂的：一是由于政府的全能型性质，人们习惯于将任何利益的受损、人生的失意都归咎于政府；二是我国治理体系和治理能力仍不够现代化，特别是基层政府不能很好地处理各种利益矛盾，容易激起民愤；三是一些干部畸形的权力观、政绩观及低素质行为造成恶劣后果。如何处理好官民矛盾仍是新时代人民内部矛盾中亟须关注的重要议题。

四是个体矛盾。传统中国社会是一个个人从属于集体的社会。但是一方面，现代科学技术的极端精微化发展，不仅导致社会分工日益精细化，也使得人们彼此相连的生活世界日益分崩离析，无论是人们工作的领域、专业，还是生活的空间、时间，都高度碎片化也高度区隔化。另一方面，随着市场经济在资源配置中起决定性作用，个人的独立性显著增强，从人的角度理解现代化，很多人就认为是个性的解放。与此同时，在市场经济这一社会存在的基础上形成的个人观念与因开放而舶来的西方个人主义思想一拍即合，后现代主义思潮去中心化、差异崇拜的观念也起到重要推进作用。如果确如有的学者指出的，很多受过高等教育的中国人成为了精致的利己主义者的话，那么今天市场经济在资源配置中起决定性作用的时代比之于以往更多地激起了人们的本能的利己倾向。在现实的层面，个人之间日益相互独立、区隔、锁闭，特别是在年轻人中"宅"文化比较盛行。但正如马克思所指出的，在目前阶段，

　　①　朱力、纪军令：《当前我国重大社会矛盾冲突的新型特征》，《中共中央党校学报》，2015 年第5 期。

人们经验到的人的独立性只是表面的,本质上这种独立性是以"物的依赖为基础的"。封闭的个人一旦涉及因为"物"而彼此接触甚至产生矛盾时,往往因为各自只想着自己的那一方面,都觉得自己很委屈,都认为自己属于弱势群体,从而使得很小的矛盾变得不可忍受、难以调和。

(二)这些矛盾冲突的重要特点

与以往的人民内部矛盾比较起来,新时代的人民内部矛盾呈现出了一些新的特征。

一是利益矛盾更加具体复杂。"人们为之奋斗的一切,都同他们的利益有关。"[①]任何矛盾冲突最终都根源于利益冲突,这是唯物史观的一个重要思想。然而利益从来是具体的、历史的,不同的主体有不同的利益,同一主体的利益诉求也随着时代发展而变化。经过四十多年的改革开放,一方面主体更加多元化,另一方面利益更加多样化。因此,主体的利益矛盾也变得更加具体复杂。例如,随着社会的发展,人们在追求经济利益的基础上,逐渐注重自己的政治利益、文化利益、社会利益、生态利益等各个具体层面的非物质利益。但具体到每个群体、个人,他们诉求的方面又是不同的,呈现日益毛细化、分隔化的特点。加之历史上利益矛盾的累积,使得各种具体利益相互交错、冲突。特别值得指出的是,中华文化是一种情本体的文化,情感是错综复杂的具体利益矛盾中的重要因素,近些年因具体利益冲突而引起的情感对立冲突十分突出,基于情感对立的群体性事件也时有发生。一些学者对此进行了专门研究,有的称为"发泄怨恨式的抗争";有的称为"以社会情绪为动力的治安型突发事件";有的称为"无直接利益冲突"。还有学者指出,情感对立主要

---

① 《马克思恩格斯全集》(第 1 卷),人民出版社,1995 年,第 187 页。

有三个来源：一是"利益绝对受损群体所遭受的现实伤害未能及时得到解决，产生严重的不满和怨恨情绪"；二是"因缺乏社会关系在就业、求学、升职甚至于婚姻等方面遭遇人生挫折，产生严重的不满和焦虑情绪"；三是"普遍的相对剥夺感形成较严重的怨恨情绪"。[①]表面看，情感冲突没有明确的利益诉求，事实上它是利益冲突导致的社会心理冲突，是利益冲突的升级。总之，无论是人民内部矛盾直接以利益冲突形式表现出来，还是以情感对立形式表现出来，其背后的根本原因都是具体利益矛盾。其中，物质利益矛盾依然是各种新的具体利益矛盾的底色和根基。

二是价值观冲突尤其突出。人是有思想的存在物，尽管人们的思想价值观念归根结底是由社会物质存在决定的，但依然具有相对的独立性和超越性。价值观是思想文化的核心，价值观冲突在任何时代都存在，但越是具备丰裕物质条件，越是接受良好的教育，人们思想价值观念对行为的影响越大。进入新时代，许多人民内部矛盾已不单纯是因具体利益而起，而是基于价值观不同而产生。随着现代科技、社会分工日益精细化发展和世界多样文化价值的相互激荡，不同区域、阶层、群体、个人的价值观日益分化。在知识大爆炸、信息大超载背景下，一个人掌握的知识、信息，进而所领悟到的道理日益成为人与人差异的重要原因，不同的人因为认识差异而垂直地散落在不同层次、境界乃至世界中，日益难以彼此理解、公度和达致共识。宏观地说，我国当前价值观客观上呈现出多元共存态势，既有以执政党思想为代表的主流价值观，也有以儒释道为代表的传统价值观；既有以所谓自由、民主为代表的西方价值观，也有以解构、非主流为代表的后现代价值观。这些价值观因为全面深化改革的推进、经济利益的深刻调整而深度碰撞。这样的价值观冲突不

① 朱志玲、朱力：《现实矛盾与非现实矛盾：现阶段社会矛盾的类型分析》，《甘肃社会科学》，2015年第 5 期。

但体现在慎重的价值选择和价值判断方面,也渗透到基于网络信息的人们日常生活和行为方式中,人们关于很多问题的矛盾、冲突事实上不再完全是利益、是非之争,而更多成为有态度的价值观攻防,甚至动辄上升为价值观的决斗。当然,所谓不同的美好生活观正是这种价值观冲突的重要方面。

三是与外部矛盾错综交织。所谓人民内部矛盾,一定是相对外部矛盾而言的。长期以来,我们讲的外部矛盾是指敌我矛盾。在和平与发展取代战争与革命的时代,外部更多被理解为民族、国家的"他者"。当今时代,马克思所描述的"历史向世界历史转变"不再是历史的预期,而是已成经验事实。随着全球化的深入发展,各国相互依存日益加深,地球成为名副其实的"地球村"。中国则因改革开放而融入全球化大潮,成为地球村中的一员,国际国内的物质、信息都是彼此联通、相互影响的。进入新时代,我们不仅在一般意义上在倡导、推动人类命运共同体建设,而且随着"一带一路"倡议的逐步落实、亚投行的业务扩展等,客观上我们在世界各地已经有了自己的独特利益。换言之,新时代我们不但处于全球化的境遇中,更是主动地融入全球化的发展中,并在全球化中发挥着越来越重要的引领作用。同时,一些西方发达国家依然没有改变霸权主义的冷战思维,依然通过各种手段干涉我国内部事务,甚至鼓励和资助分裂、颠覆活动。不少人民内部矛盾的背后,都能找到这种外部势力的影子,例如我国的港台问题、新疆西藏问题,以及不少非政府组织的基金资助等。人民内部矛盾往往与外部矛盾深刻交织,很多外部矛盾会反映到人民内部矛盾中来,这是新时代人民内部矛盾新的重要特点。这为解决新时代人民内部矛盾带来了新挑战,即新时代人民内部矛盾的解决不再纯粹是国内的事情,而是关涉国际国内两个大局,对我们处理人民内部矛盾的能力提出了更高要求。

四是易激化为对抗性矛盾。人民内部矛盾是人民根本利益一致基础上的非对抗性矛盾,与对抗性的敌我矛盾有着本质的差别。但是正如毛泽东在《关于正确处理人民内部矛盾的问题》一文告诫我们的,人民内部矛盾"处理得不适当,或者失去警觉,麻痹大意,也可能发生对抗"[①]。进入新时代,人民内部矛盾很易激化为对抗性矛盾。一是社会的进步使得人们的权利意识大幅度增强,不再"胆小怕事";二是各级政府特别是基层政府出于维稳的需要,采取了一些不太恰当的手段,激起百姓愤怒;三是网络媒体特别是各种自媒体习惯性地为所谓"弱者"抱不平,对所谓强势者特别是政府及官员进行质疑,起到火上浇油作用;四是一些"高人"帮助乃至一些外部势力在其中煽风点火。在这种复杂的状况下,往往最终的结果是闹事的获得利益、"碰瓷"者成功,从而逐渐形成一种"会哭的孩子有奶喝"的"闹事"亚文化和"一闹就灵"的非制度化的矛盾解决机制。于是,一旦发生矛盾,许多人基于"经验""暗示",会倾向于以激进手段和集体行动,将经济问题政治化、具体事件公共化,故意把事情搞大,通过网络媒体吸引眼球。如"以命抗争""挟尸闹丧",甚至使用暴力手段,造成重大人员伤亡;群体性对抗中则体现为围堵、打砸,甚至冲击政府机关等。

五是充满复杂性的风险。当代科技的极速发展在为人们生活带来诸多便捷的同时也将人类推进到前所未有的风险社会。所谓风险是不确定的危险,风险社会意味着我们进入到这样一个时代,我们在拥有以往时代无法比拟的丰富、密集的联系的同时也导入前所未有、知之甚少的风险参量。任何一个个体、群体的行为都可能产生"蝴蝶效应",一个极小的原因可能产生极大的不可控的后果。特别是在网络信息时代,任何事件往往以新闻的形式被人所知,而网络社会具有虚拟化、即时化特征,极易被部分人利用来进行炒作,从而形

[①] 《毛泽东选集》(第五卷),人民出版社,1977年,第370页。

成较大的舆论压力和不良的社会影响。进入新时代，随着改革的全面深化，各种关系的深刻调整，人民内部矛盾的燃点不断增多，不可预知的风险空前增加。从复杂性风险角度看，有两个重要特点：一是矛盾的衍生性，即"一个（类）矛盾的爆发或解决，会引起相同冲突主体的其他矛盾或不同冲突主体的类似矛盾连续暴露、叠加爆发"[①]；二是矛盾主体的自组织倾向，即相同或相似的冲突主体"抱团取暖"，形成一定的组织，甚至有些力量乐于帮助这种组织壮大，这就蕴含着更大的风险。因此，人民内部的任何一个小摩擦、小纠纷、小事件都可能牵一发而动全身，引发难以预计和控制的后果。可见，防范和化解重大风险当然包括人民内部矛盾这个方面。

总之，尽管新时代人民内部矛盾形式多样、特征复杂，但这些都是新时代社会主要矛盾——人民日益增长的美好生活需要和不平衡不充分的发展之间的矛盾的现实展开、多维表现。从主体的角度看，都是人民内部关于美好生活的冲突。

三、高度现代性导致的生存焦虑

联合国将每年的 3 月 20 日定为国际幸福日，这一天其下属机构会发布一份年度《全球幸福报告》，对世界各主要国家人们的幸福指数进行排行。2019年中国在 155 个国家中排行第 93 位，2018 年、2017 年分别是第 86、79 位。人民论坛问卷调查中心曾对 6027 人进行调查，结果显示，近九成的受访者认

---

① 朱力、纪军令：《当前我国重大社会矛盾冲突的新型特征》，《中共中央党校学报》，2015 年第5 期。

同"全民焦虑"已经成为当下中国的社会病。[①]这些排行、调查都未必准确，但确实与人们在生活中的感受是相互印证的。在生活中，人们普遍感觉到"压力山大"，"郁闷""烦躁""悲剧""纠结""累"成为很多人的口头禅。另一方面，当下中国似乎成为了我们能想象到的最能找乐子的时代和国度，不少人极度地追求生活的快乐、放松甚至是放纵。这两个看似相反的方面事实上是后者印证前者的。人们本能地以追求快乐、放松的方式来对冲生活中的焦虑。我们甚至可以说，一个人乃至一个时代，在多大程度上极度地追求快乐、放松甚至放纵，就表明其在多大程度上本质上是不快乐的。在当今中国，人们普遍地经历着一种生存焦虑。所谓焦虑是一种充满担忧的期待，即人们面对将要发生的、与己密切相关的事情时产生的一种焦躁（fidgety）、不安（anxious/discomfort）、忧虑（worried）、抑郁（depress）等感受交织而成的复杂情绪状态。之所以说是生存焦虑，就是说他与人的关系并非或然性的关系，而是本体性的，人在这个时代生存必然焦虑，人焦虑故人存在。个体的差异只在于两点：一是自己是否认识到，二是不同人的焦虑程度有别。

对于中国人来说，并非从来如此焦虑的，能称之为生存焦虑的焦虑不过是最近二三十年来的事情。直截了当地说，普遍的生存焦虑是高度现代性的后果。所谓高度现代性是相对于早期现代性而言的，在这一阶段，社会发展形成了独特的动力机制，例如英国社会学家吉登斯所说的时空分离机制、抽离化（脱域）机制、反思性监控机制。所谓的时空分离机制，是指人们活动的时间、空间都逐渐虚化（empty），脱去了特定的场景，并以不受任何这类场景制约的方式获得重组。网络、通信技术的发展是使时空分离成为可能的重要条件。时空分离机制改变了人们生活时空的原初状态，开启了变迁的多种可能

---

① 张潇爽、徐艳红：《当前中国人为何焦虑？焦虑程度几何？》，《人民论坛》，2013 年第 9 期。

性。"所谓脱域,我指的是社会关系从彼此互动的地域关联中,从通过对不确定的时间的无限超越而被重构的关联中'脱离'出来。"①这主要是通过一系列"抽象系统"(abstract system)——包括象征标志(symbolic tokens)和专家系统(expert system)——来实现的。脱域既意味着交往的丰富、扩展,也意味着人的受制约性和风险的扩展。制度反思性机制根植于人们所展现,并期待他人也如此展现的对行动的持续监控过程,人们的社会活动敏感地依据新的知识和信息进行着自我修正。制度反思性通过知识爆炸和信息不断地快速更新削弱了知识的确定性。这些机制总的结果是使得人们的活动方式发生了重大的变化,潜伏着一些危机。中国改革开放四十多年的现代化,其速度是世所罕见的, 这种迅疾而起的高度现代性带来和激发的问题也是世所罕见的。其中,普遍的生存焦虑就是高度现代性带来和激发的重要后果,而这些直接影响着人们的幸福感、获得感、安全感,也就成为制约人们实现美好生活的重要因素。

具体而言,我们可以从时间危机、空间压缩、欲望膨胀、风险忧虑、判断与选择疲劳、自我认同危机、生存意义的迷失等方面去了解人们生存焦虑的表现或根源。

一是时间危机。所谓时间危机就是时间不够用,"忙""赶"成了人们的日常状态。人们感叹时间都去哪儿了?其实,一是生活密度加大、节奏加快。科技进步使得如今的人们在单位时间里能做出以往时代人们无法想象的事情,当然也就需要不定地转换自己的生活场景,于是节奏也快起来,匆忙的脚步就是最感性的表现。二是时间被无限单元化甚至碎片化。现代性条分缕析的制度、精确统一的计时方式、循序变化的场景将人们的时间分割成零散的单

---

① [英]安东尼·吉登斯:《现代性的后果》,田禾译,译林出版社,2000年,第18页。

元和碎片,整体的时间被碾碎为"一地鸡毛"。一件事情又往往不是能在一个单元中彻底解决的。"一波还未平息一波又来侵袭","按下葫芦起了瓢","赶场""救火"成为了生活、工作的常态。结果是忙忙碌碌却不能立刻确证自己的成功。三是未来对现在的殖民。现代性具有一种"面向未来"的气质特征。人们将对未来的预期与反思拓殖到当下,表面上是"透支未来"(如以按揭为典型代表的形形色色超前消费),实质上把本来可以自然延伸的时间反叠、挤压到现在,造成了现在时间的紧张。

二是空间压缩。作为现代性的重要后果,全球化使每一个人逐渐地成为世界历史性的个人,个体自我的外在活动空间空前扩大,地球也成为了一个小小的村落。但是正如马克思所说的,人们献给上帝的越多,留给自己的就越少。在貌似自由的扩展中,人们的自我空间事实上是在不断压缩——自我能真实呈现、自由生活的机会越来越少。根本原因就在于现代科学技术、制度对人们生活世界的殖民。日益发达的科学技术使得各种监控手段(泛滥的监控摄像头是有形的代表)无处不在。正如哲学家福柯所言,现代社会组织都有类于全景敞视的监狱,而调查、统计、监视、侦查、档案、考勤等制度和手段不仅无所不在地控制着人的外部行为,而且无微不至地控制着每个人的内心世界,甚至我们的身体也成为了社会政治与技术工业的一部分(如发达的整容术、变性术)。我们经常说人生如戏,但至少在自己的私人世界——人生的后台——可以做回真实的自己。但在当今世界,人生的后台都被敞开了,成为舞台的一部分。尊重隐私是当代公民的重要素质,但同时一方面也就意味着在当代社会人们的隐私日益受到了威胁,成为一个问题;另一方面彼此尊重隐私也就意味着人与人关系的疏远,使人产生深深的孤独。自我空间的坍塌必然使人产生憋屈、压抑、紧张的情绪。

三是欲望膨胀。欲望是我们从事一切活动的原动力,欲望没有得到满足或被压抑就会产生焦虑。欲望自身有需要（need）与想要（want）之分。需要具有客观性，在一定的社会历史时期甚至能计算出来，比方说各地的最低生活保障。但是想要就不同，它具有两个重要特性。一是增长没有极限，这山望见那山高，人心不足蛇吞象，欲壑难填，永无止境，只能靠想象来填满。正如尼采曾经指出的，肉食猛兽在嘴里塞满食物的时候便不想再去掠获；但是人的欲望是用他的想象来喂养的，因此在他想象所及的普遍目标都达到之前，他是不会满足的。二是增长不可逆，任何细小的逆转都会造成极大的痛苦，正所谓"由俭入奢易，由奢入俭难"。问题在于，当今人们大多数的需要问题都得到了解决，而欲望更多体现为想要。特别是由于受一种无处不在的消费文化（如广告文化最典型）暗示，混淆了需要与想要，甚至是颠倒了两者。比方说，苹果手机一度被称为"肾机"，那就是因为有青年将自己必需的肾脏卖掉以换取苹果手机。在某种程度上可以说，当今时代就是一个欲望被充分调动，人们的欲望膨胀的时代。但与此同时，人们膨胀的欲望未必人人、时时都有条件来满足，这种落差就会造成极大的焦虑。

四是判断与选择的疲劳。一般而言，成熟个体的行为都是基于判断（包括事实判断和价值判断）而作出选择的结果。而且人们都一直认为，判断的自愿性和选择的多样可能性是个体自由的重要标志。全球化与现代性的发展无疑为个体自由创造了前所未有的条件，我们在日益宽容的环境中进行日益基于自我知识的判断，我们也在日益全球化、多样性的多彩世界中进行日益基于自我偏好的选择。但是无处不需要自己进行多样性的判断、选择也使人产生疲劳。这种疲劳不仅是由物质方面的判断、选择带来的，例如挑选各种商品，更是由信息、知识、思想方面判断、选择带来的。在知识大爆炸、信息大超载的时代，各种信息、知识、思想蜂拥而至，不仅量多且瞬息万变，而且往往是鱼龙混杂、泥沙俱下的。我们越来越感到，获得信息、知识、思想不是问题,而选择什么样的信息、知识、思想才是真正的问题所在。然而外在的信息超载与个体有限理性之间形成鲜明的信息不对称关系。身处信息社会的人略加反思都能深味哈耶克所谓的不可避免的无知(unavoidable ignorance)状态。面对无限复杂的世界,我们身心疲惫,常有无能为力之感。人们追求思维经济的原则总是希冀"快刀斩乱麻"式的解决方式,那就是在判断和选择疲劳后对判断与选择权利的逃避——本质上是逃避自由。但是这并不能减轻人的焦虑,事实往往相反。因为无论是听任事情发展,还是借助专家系统来处理事情,都无法从根本上减少我们的焦虑,因为这无异于充满风险的赌博。

五是风险忧虑。高度现代性使人们之间形成了高度错综复杂的关系。这些关系具有两个鲜明的特征:一是即时性。正如马克思所说的:"一切固定的僵化的关系以及与之相适应的素被尊崇的观念和见解都被消除了,一切新形成的关系等不到固定下来就陈旧了。一切等级的和固定的东西都烟消云散了。"[1]二是非线性。即任何个人或集体的行为所导致的结果并不是确定的,有可能导致一种"蝴蝶效应"。我们从来没有拥有过如此丰富的联系与交往,个人、国家和整个人类的生存、发展都与整个世界(自然、社会、人的统一)的存在状态紧密相连。但同时导入了一些先前年代所知之甚少或者全然不知的新的风险参量。"在现代化进程中,生产力的指数式增长,使危险和潜在威胁的释放达到了一个我们前所未知的程度。"[2]乌尔里希·贝克形象地说,我们"生活在文明的火山上"。我们所处的是一个高度复杂的风险社会或"失控的世界"。风险社会的来临意味着未来不确定性的极度增长,人们对自己、集体行动后果的不确定性产生强烈的担忧,这就是为风险忧虑。如果说以往人们做事情考虑十、百、千都不够,一定要有万全之策的话,风险时代则"一万"也

① 《马克思恩格斯选集》(第一卷),人民出版社,1995年,第275页。
② [德]乌尔里希·贝克:《风险社会》,何博闻译,译林出版社,2004年,第15页。

不够,一定要考虑"万一"。对于每个个人而言,对自己的事业、情感、生命面临风险的忧虑尤为深切,这是生存焦虑的重要根源。

六是意义迷失。很多人不仅认为自己在忙,也以口头禅的方式承认自己在"瞎忙""瞎混","瞎""混"的共同特点是丧失方向感,这其实道出的是人生存意义的迷失。如果说人生是一个量,那一定是"矢量""向量",有方向的量。人生向量"模"的大小是由知识技能决定的,而方向是由人生意义决定的。所谓人生意义就是活着的理由,所谓人生意义的迷失就是不知道活着是为了什么,搞不清方向,找不着北。当一个人有着清晰的人生意义追求时,生活中的些许挫折,包括一定的生存焦虑都是可以积极承受的。相反,当人生意义迷失时,时间危机、空间压缩、欲望膨胀、选择判断的疲劳、风险忧虑等就会成为不可承受之重。人生意义对人生的支撑作用表明,意义迷失是生存焦虑最为根本的因素,其实也是制约人们实现美好生活最重要的内在因素。

四、大众文化的深刻影响

所谓大众文化主要是指随着现代大众社会的兴起而形成的、与当代大工业生产密切相关,以大众传媒为主要传播手段,按商品规律运行,旨在使普通市民获得感性愉悦,进行大批量文化生产的当代文化形态。与精英文化、主流文化乃至民间文化相对,大众文化具有大众性、商业性、娱乐性、工业化(技术化)的明显特征。从谱系上说,大众文化一词起源于西方马克思主义对资本主义文化的批判,特别是霍克海默、阿多诺对文化工业的批判。20 世纪 80 年代西方马克思主义被介绍到我国后,大众文化一词被视为资产阶级麻痹群众意识的一种资本主义文化类型,认为大众文化的目的是要建立一种模型来培养"大众人",他们丧失独立判断和独立思考能力,盲目接受资产阶级社会的精神准则,以致失去个性、人道、和谐等特征。甚至可以说,大众文化在中国,最初意味着一种粗制滥造、低级趣味的作品。其实,大众文化是现代化的必然产物,其首先起到的是满足人们文化需要的积极作用。

今天,大众文化的传播已经从书籍、电台、电视、电影进入到数字网络阶段。在中国严格地说,只有在网络时代,大众文化才真正充分占有了它自己的本质,因为正是网络的便利,大众文化才真正飞入寻常百姓家。据统计,截至 2018 年 12 月,我国网民规模达 8.29 亿,网络视频用户规模达 6.12 亿,20—29 岁、初中文化程度、学生群体三个特征的网民最多,这意味着网民中"90后""00 后"最多,世界观、价值观、人生观还未稳定的群体最多,这恰恰是最易受大众文化影响的群体特征。

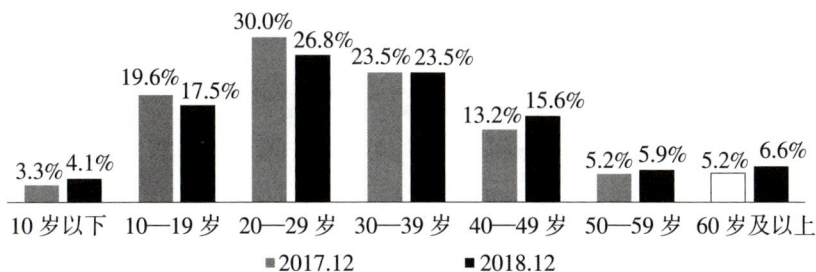

图 4-2 网民年龄结构

数据来源:CNNIC 中国互联网络发展状况统计调查(2018.12)

图 4-3 网民学历结构

数据来源:CNNIC 中国互联网络发展状况统计调查(2018.12)

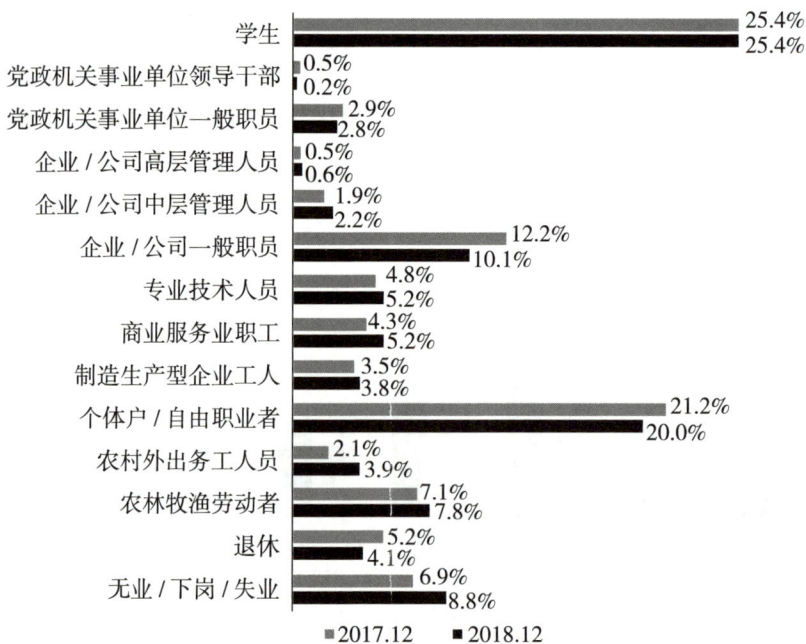

图 4-4 网民身份结构

数据来源:CNNIC 中国互联网络发展状况统计调查(2018.12)

"90 后""00 后"又被为网络原住民,因为他们自出生就际遇于互联网的环境,互联网是其生活不可或缺的一部分。"80 后"及以前出生的人,经历过没有网络或前网络的时代,被称为网络移民。据北京大学心理与认知科学学院 2019 年 4 月 18 日一项报告显示,"95 后"日均使用手机超过 8 小时! 因此,如果说我们所生存其中的现时代是一个无远弗届的大众文化时代,那么以媒体特别是新媒体为载体的大众文化时时处处、无微不至、无缝地满足着大众的精神需要,对大众特别是年轻一代——网络原住民的认知、理解、价值观产生着最贴近而深刻的影响。互联网对年轻一代而言是先验、先天、从来就有的,必须沉浸其间的,互联网对他们的影响是根本性的,这种影响完全不能还原为前互联网时代的某些因素。这也就意味着,这种大众文化深刻影响着人们对美好生活的理解以及诉求的维度、层次和缓急,大众文化的影响成为制约人们实现美好生活的重要因素。

我们可以以网络原住民这个典型群体了解一下互联网及其大众文化对他们有什么深刻的影响。

一是现实经验的倒置。网络原住民天然、不假思索地通过网络来把握世界,甚至认为世界就是网络所呈现的世界。网络成为一个公共世界,现实世界也是一个需要在网络这个公共世界中来展现的世界,所有的现实因此都具有了"景观""秀"的意味。"存在就是被感知"也被理解为只有在网络中被感知到才是真正的存在。于是,通过网络"刷存在感"成为不少青年人的真实"存在"方式,甚至生活渐渐演变为一场旷日持久的现场直播,很多青年也将自己活成了网络上的景观。同时,正因为互联网技术的抽离、再嵌入功能,远距离的事物与当下的事物交互影响,超越民族、区域的空间局限成为可能,从未有一代人像今天年轻的一代这样,深刻而真实地体会到自己是一种全球性的或曰世界历史性的存在。网络原住民基于网络具有了以往时代无法想象的开阔视野,几乎能即时地获得来自世界各个角落的信息。作为网络原住民的认识对象和信息来源的不仅有客观的现实世界和波普尔意义上的、作为人类一般精神产物的"世界 3",而且还有网络原住民最为熟稔的网络虚拟世界。更为重要的是,由于在其成长和知识、经验建构中,先接触、熟悉网络虚拟世界,因而在其中普遍产生了现实经验倒置(reality inversion)现象,虚拟经验先于现实的经验,网络虚拟的经验、知识成为他们认识现实世界的一种"成见",认识现实世界的结果则表现为这种基于网络虚拟世界的成见与现实世界视域融合的"效果历史"。

二是激发虚幻的需要。一如前述,现代性导致了人们欲望的膨胀,甚至混淆了需要和想要,直把想要当成了需要。这其中网络时代的大众文化起到了极其关键的作用。首先,网络开辟了一个亘古未有的虚拟世界,对于很多年轻人来说,娱乐是这个虚拟世界的首要功能,这个虚拟世界的内容也正是按照大众文化商业化、娱乐化的逻辑来设计的,亘古未有的虚拟世界也产生了亘古未有的需要,网络游戏就是典型代表。多少青少年对网络游戏上瘾,沉湎其中不能自拔,就是为了满足以往所没有的虚拟需要。其次,大众文化中存在着一种无处不在的广告亚文化,对青少年起了潜移默化的"皮下注射作用"。其基本原理或套路就是:将人们的想要甚至是想都没想到的想要,其实从根本上说是资本制造出来的想要,说成是人们必须马上满足的需要。这就是为什么不少人购置大量无用物品的重要原因。最后,在物质丰裕的时代,很多人都追求高品质的、精致的生活,其实这本身没什么不对,甚至可以说这直接就是新时代美好生活的诉求。但是很多所谓的品质、精致生活,例如一定要消费某种品牌的产品,往往是名人效应、媒体炒作后形成的追捧,年轻人争相消费,其实在乎的不是这些东西本身的实际使用价值,而是这些消费所象征出来的符号意义,消费的是这些产品所象征和代表的意义、心情、美感、档次、情调、气氛甚至身份、地位,这种消费就是典型的符号消费。这些在本质上都是一种对虚幻需要的满足。

三是使人们追求感性快乐。大众文化本指大众拥有的文化,而在文化工业时代，也意味着满足大众的文化。无论如何大众文化是与精英文化相对的，对崇高、深刻、过于理性的东西保持距离甚至是反感，大众文化也是一种图像文化，能以图片、视频表达的绝不以文字表达，因为大众从这种文化中首要获得的是感性的东西。西方有一种著名的阴谋论：20%的精英拥有80%的财富，80%的大众只拥有20%的财富。这些精英为了麻醉大众使之不至于反抗，就发明了"奶嘴娱乐"，用一类能让人着迷、低成本的低俗娱乐内容填充大众的生活。这种"阴谋论"的说法确实点出了大众文化的娱乐特性。正是因为大众文化的兴起，对人们感性欲望的纯粹满足，导致了所谓"泛娱乐化"现象，即以消费主义、享乐主义为核心，以影视、网络媒介为主要载体，以内容浅薄空洞甚至不惜以粗鄙、出格的搞笑方式，来放松人们的紧张神经，从而使人们达到快感。在这种大众文化氛围中，作为网络原住民的青年一代受到互联网去中心化、去权威化特点的深刻影响，对宏大叙事、理性思考有着本能的疏离，更加注重自己的"小时代"和个体感性生活，更加注重有创意、有意思的娱乐体验，乐于享受个性化定制的服务。大众文化是如此人性化地满足青年人的兴趣爱好，不仅"逢君之恶"，而且"长君之恶"，使不少年轻人沉湎于小趣味而玩物丧志。对感性、快感游戏性的追求也使得不少人失去对崇高、厚重的追求，出现去道德、反道德、反智的倾向。感性、娱乐化、时尚化追求也带来价值观的"粉丝化"倾向，即青年一代的价值判断和选择受"偶像""意见领袖"的影响日益明显，情感、态度在价值追求中发生着极其重要的作用。甚至我们可以极端地说，大众文化还起到一种反向"启蒙"作用，使人沉湎于一种没有激情的感性，一种貌似理性的麻木不仁。

　　四是导致后真相的虚无感。大众传媒在现代社会认识中的决定性作用使得我们与真相愈行愈远。一如波兹曼所言，在大众传媒时代媒介即认识论。在当代这个被智能技术支撑、自媒体加持的景观社会、消费时代，一切事情最先都以新闻的方式为人所知，人们把握世界往往首先表现为阅读新闻，作为把握和改变世界的主体的人也首先成为一个读者、资讯消费者。然而资本逻辑、消费逻辑的共振作用，放大了新闻迅捷、感性、读者本位和可持续开掘的特点，使得我们日益获得的只是关于某个事情的信息，而不是某个事情本身，更遑论事实本身。如果说新闻是现实的仿像（simulacrum）的话，正如波德里亚理解的，仿像日益不再是模仿现实，而是取代现实，人们评论的远距离事件并不是事件本身，而是这个事件的仿像。同时，以新闻呈现的信息总是说着许多各不相同话语的复调性（polyphonic）文本，淹没和解构着所谓的主流观点。层层叠叠的事情及其信息的前后覆盖、交错、相互作用，使得为人所见的往往只是事情迷乱的晕眩。同样，在消费社会中人们生产和消费的越来越只是符号而非具体物品，符号不指向任何现实，而只是一种仿像，这种仿像本身就被资本、政治等权力用来培育幻觉、错觉。哲学家拉康所谓"漂浮的能指，滑动的所指"日益演变成为悖论性的符号游戏。每每遭遇的新闻、仿像，总是激起人们不同的情绪、态度，而预定的炒作则会精到地掌控这种态势，使人们在各持一词中会动辄上升到价值观的"决斗"。在集体无意识的合谋下，人们把真相埋葬了、弄丢了、遗忘了，或者说真相本身远不如舆论所激起的情感、信念更重要——后真相（post-truth）时代终于来临，一些人执着的真理、真相亦如等待的戈多，总是将来却几乎令人绝望地永远未来。正因为如此，不少人们进而认为这世界没有什么是非对错，都是相对的，从而形成一种施特劳斯所谓的由于历史主义顶峰造成的虚无主义思潮。

五是产生生存意义的孤立感。网络、传媒的高度发达，便携式、穿戴式的智能工具使得年轻一代真正过上了"立体多媒体"式生活。类似于同时看着电视、盯着电脑、玩着手机的场景屡见不鲜。表面看来，因信息网络交往关系得以无限扩展，但实际上一方面使年轻人与真正的现实世界疏离，甚至不少年轻人产生了社交恐惧，"宅"文化盛行，现实生命感受力也因之大大下降；另一方面，大数据的智能推送服务带来"信息茧房"的困境，即只是不断加深和累积自己感兴趣的知识，从而造成对其他方面的遮蔽，反而导致知识信息的片面化，进而局限其中。于是，人们在看来形成丰富关系的同时逐渐产生了一种"生存的孤立"，这种孤立不是物的依赖关系上的孤立，而是意义关系上的孤立，"是与实践一种圆满惬意的存在经验所必需的道德源泉的分离"①。在当今中国，很少有孤单的人，但充斥着孤独的人，我们满眼所及，大多是并不孤单的肉身和孤独的灵魂。不少生存的孤立者往往自感被边缘化，甚或自觉边缘化，形成一些"多我一个不多、少我一个不少"的社会"零余"。生存的孤立还意味着热情和责任感（包括对社会和对自己的）的衰退，最终是生存意义的迷失。

五、个体素质的局限

古今中外深刻的思想家们都反对将幸福美好简单地等同于物质满足的快乐，而是更强调内在素质、境界的重要性。康德"德福一致"的思想对于当代人类具有重要启示意义。人要获得幸福美好生活，就必须具备与之相匹配的德性与能力，只有自觉地全面发展自身，才配得上真正的美好生活。马克思早在高中阶段就认识到自己要为"人类的幸福和我们自身的完美"而奋斗。其实，无论是整个人类的幸福，还是个人自己的美好生活，都取决于我们自己

---

① ［英］安东尼·吉登斯：《现代性与自我认同》，赵旭东、方文、王铭名译，生活·读书·新知三联书店，1998 年，第 9 页。

的素质,都是人的本质力量的对象化。真正的幸福美好来自于人的德智体美劳等各方面充分、自由、和谐、整体的发展,人的全面自由发展。反过来说,在社会条件一定的情况下,人自身的素质水平是制约我们实现美好生活的重要因素。

所谓素质,是指人在一定先天条件基础上,通过后天的环境影响、教育和训练所获得的稳定的、长期发挥作用的内在规定性以及他们所达到的质量与水平。这是人从事各种活动的主体条件,具有内在性、稳定性、整体(综合)性、社会历史性等特点。不同学科、不同学者对人的素质进行了不同维度的归纳。我们认为,制约我们美好生活实现的个人素质主要在于身体素质、心理素质、专业素质、科学素养、人文素质五大方面。

一是身体素质。"身体是革命的本钱",身体素质是其他素质的基础,"皮之不存,毛将焉附"。古希腊哲学家伊壁鸠鲁认为,幸福就在于两件事:肉体无痛苦,心魂无纷扰。的确,如果身体素质不行,不堪大事,甚至基本的正常生活都有障碍,就极大地局限了创造美好生活的可能性。众所周知,在积贫积弱的旧中国,中国人被称为"东亚病夫"。据 1948 年的调查,当年壮丁体检19800 人,有明显病残的不合格者竟有 12150 人,占被检查人数的 61.4%。其体质之差,可见一斑。1948 年,中国人口的平均预期寿命仅 35 岁,人口死亡率达 31.9‰,婴儿死亡率高达 200‰。据《2018 年我国卫生健康事业发展统计公报》显示,2018 年我国居民人均预期寿命为 77.0 岁,人口死亡率为7.11‰,婴儿死亡率为 6.1‰。这一切无不昭示着现在的中国人已经变得更强壮、更健康、更长寿。但是由于饮食习惯、生活方式方面的原因,我国公民的身体素质与西方发达国家比较起来还有差距。更令人忧虑的是,中国人体质近年来在总体提升中还存在着隐忧。据国家体育总局发布的《2014 年国民体质监测公报》显示,2014 年成年人和老年人的超重率分别为 32.7% 和 41.6%,比

2010 年分别增长 0.6 和 1.8 个百分点；成年人和老年人的肥胖率分别为 10.5%和 13.9%，比 2010 年分别增长 0.6 和 0.9 个百分点；成年男性国民体质达标率下降 0.1%，"国民体质综合指数"下降 0.41。身体肥胖容易引起一系列影响身体健康的疾病，成年男性在当今仍然是单位和家庭的顶梁柱，他们的体质如何，影响的不只是个人。同时，有报告显示，中风、缺血性心脏病、肝癌、肺癌和慢性阻塞性肺病是导致中国人死亡的主要原因；其中，癌症发病率每年保持约 3.9%的增幅，死亡率每年保持 2.5%的增幅，平均每分钟有 7.5 人被确诊为癌症。在今天生活水平普遍提高的情况下，还有不少人得了"富贵病"，疲于应付，吃各种药，各种忌食，从而大大制约了对生活的享受。

　　二是心理素质。心理素质是以生理条件为基础的，将外在获得的刺激内化成稳定的、基本的、内隐的，并具有基础、衍生、发展和自组织功能的，并与人的适应-发展-创造行为密切联系的心理品质，由认知品质、个性品质及适应能力三方面构成①。人们对生活的满意度、幸福感与心理素质是强相关的关系。由于现代化的高速发展和社会的急遽转型，当前中国民众的心理素质总体堪忧，大大制约着人们美好生活的实现。根据原卫生部的一项调查，我国1/5 人口的心理健康有问题，5%的人口处于心理疾病状态，抑郁症患者为1 亿左右，每年的自杀人口达到 30 万。2017 年《中国城镇居民心理健康白皮书》则显示，73.6%的城市居民处于心理亚健康状态，存在不同程度心理问题的人占 16.1%，而心理健康的人只占 10.3%。2019 年，由中国科学院心理研究所、社会科学文献出版社出版的"心理健康蓝皮书"《中国国民心理健康发展报告（2017—2018）》显示：48%的受访者认为"现在社会上人们的心理问题严重"，主要表现为焦虑症、抑郁症、精神分裂症、强迫症、自闭症、惊恐障碍、

---

① 张大均：《论人的心理素质》，《心理与行为研究》，2003 年第 2 期。

读写困难等。其中,教师、医护人员心理健康水平普遍偏低,都低于全国平均水平。

特别就年轻一代来说,心理素质方面还有一个比较普遍的问题,那就是独立人格的缺失。由于成长在丰裕社会、少子时代,得到父母、长辈乃至社会的百般呵护,导致人已长大甚至成年,但心理还停留在婴儿时期,即所谓"巨婴心理"。最突出的表现,一是"自我核心化"的"万能自恋",以为本人无所不可以;二是"偏执决裂",他们知足于本人的设想,自以为是;三是再细小的实际麻烦都需要依靠他人来解决。这种心理障碍显著阻碍了人们美好生活的实现。

三是专业素质。现代社会是一个分工高度精细的社会,一个人不可能包打天下,而不得不通过专门学习,掌握专门的知识、技能,在特定的领域中做出贡献,从而体现自己的人生价值,实现自己的美好生活。当代中国,市场在资源配置中逐渐起到了决定性的作用,对于个人来说就是进入到一个能力本位的时代,专业素质构成能力的核心,正所谓"因为专业,所以卓越"。专业素质首先是专业知识,没有专业知识就是"门外汉"。在知识大爆炸的时代,很多人面临的问题是专业知识不扎实,知道一些但不深入、不求甚解,满足于"大概其"。专业素质其次是专业技能,没有专业技能就是"假把式"。由于历史原因,中国教育"高分低能"的现象依然比较严重。这里的"低能"主要是指技能、动手能力比较差。这也是制约我们诸多行业能做大却不能做强、做精的重要原因,也是不少个体难以找到满意的工作、获得更好职位的重要原因。

专业素质还包括职业精神。职业精神是指从事专业相关的精神状态、道德、操守,具体还包括职业理想、职业态度、职业责任、职业纪律、职业良心、职业信誉、职业作风等。我们人人都在自己的专业领域中以一定的职业为他人服务,同时也享受着其他人提供的专业化的服务。只有人人都具有良好的职业精神,并以良好的职业精神使自己的知识、技能精益求精,社会才能不断进步,我们的生活才能变得更美好。

四是科学素质。科学技术是现代社会的基本"座架"(Gestell)和核心动力,科学素质是现代公民之为现代公民的重要体现。"五四运动"将科学这位"赛先生"请了进来,科学在中国获得了充分发展,公民的科学素质也得到了显著提高。国际上普遍将科学素质(素养)分为三部分:了解科学知识;了解科学的研究过程和方法;了解科学技术对社会和个人所产生的影响。国际上还统一制定了量表,对各种公众的科学素质进行调查。中国科协组织进行了10次调查,最新一次是2018年进行的。据2018年的调查显示,我国具备科学素质的公众比例达到8.47%,比2010年的3.27%提高了5.2个百分点(2001年是1.44%)。根据《"十三五"国家科技创新规划》,我国科技创新的发展目标之一是到2020年,我国"公民具备科学素质的比例超过10%",达到或超过这一目标也是创新型国家科技人力资源所普遍具备的重要特点之一。必须注意到的是,美国公众具备科学素质的比例在1988年已达到10%,如今这个比例已达到28%;瑞典则早在2005年就达到35%;2014年加拿大已达42%。我们和西方发达国家在这方面的差距很大,不是短时间内可以追上的。现代社会无论是工作还是生活,处处都离不开科学,公民的科学素质大大制约了人们运用现代科学技术为自己造福的可能。

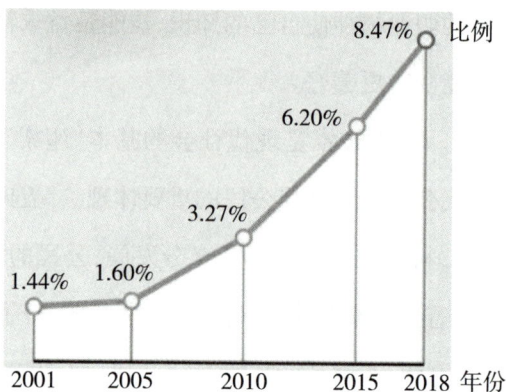

图 4-5　中国公民科学素质水平发展状况

数据来源：《中国人科学素质更高了》（《人民日报》，2018 年 9 月 19 日）

五是人文素质。随着中国经济发展、民众富裕，出国旅行成为一种时尚，但是近年频频传出国人在国外不受待见的事情，主要问题是被称之为"素质低"，比如大声喧哗、随意插队、随地吐痰、贪小便宜等。毫无疑问，这里的"素质"不是指科学素质，而是指人文素质。西语中的"人文"（humanities）直接来源于拉丁文 Humanitas，本来就是人、人类、人性的意思，后来继承了希腊文 paideia 的意思，即对理想人性的培育、优雅艺术的教育和训练。人文就是指人的文化、教养、教育。中国古代典籍《周易》有云："文明以止，人文也。观乎天文，以察时变，观乎人文，以化成天下。"孔颖达将之注疏为："用此文明之道裁止于人，是人之文，德之教。"这是中文"人文"之所出，其实是"以文教化"的意思。现代意义上的"人文"既保持了其古典的含义，又与文艺复兴时期诞生的人文主义（humanism）思潮和现代的学科划分有着紧密的关系。"人文"因此具有了相互关联的两重含义：一层指涉的是对具体的人的生命、价值、意义的关怀；二是指文明教化的学问，即人文学科（the humanities）。从学科划分的角度看，它事实上包括人文科学和社会科学。这里所说的文科是包括人文科学和社会科学的。公民的人文素质是与科学素质相对的素质，套用冯友兰先生的说法,我们可以说,科学素质是使人成为某种人,而人文素质是使人成为人自身。

现代人文素质主要是指公民所具备的人文知识、理解的人文思想、掌握的人文方法、遵循的人文精神的程度与状态。其中,人文知识与人文思想是基础,人文精神是核心和灵魂。人文精神是整个人类文化所体现的最根本的精神,是人类文化或文明的真谛所在。个体的人文精神就是对这种根本精神的习得与体现,即稳定的气质、修养和行为方式。表现为对人的尊严、价值和命运的维护、追求和关切;对人类传承下来的各种精神文化现象的高度珍视;对一种全面发展的理想人格的肯定和塑造,是引导人们确立正确的世界观、价值观和人生观的精神指向。

自20世纪90年代讨论人文精神危机以来,中国人的人文素质及其人文精神应该说有了很大进步,特别是"90后""00后"一代展现出令人惊喜的飞跃。但是粗俗或精致的利己主义并不少见,人性冷漠、去道德化倾向比较严重。一个幸福的国度一定是国民具有较高人文素质的国度,一个拥有较高人文素质的人,不仅会为社会带来美好生活的氛围,也会为自己的美好生活奠定内在的基础。

走向美好生活的发展观

■ 第五章 CHAPTER FIVE ■

综观中国近代以来的历史，也是一个发展观由懵懂走向自觉的历史。在新时代，这种自觉的发展观事实上已经走向了美好生活的发展观——美好生活不仅仅是人民的向往和日益增长的需要，而且正在成为中国共产党自觉的发展观。

一、传统发展观的回顾与超越

在前现代社会,人们有变动、循环、命运的观念,但总体上没有一种发展的观念。发展(development)是一个不折不扣的现代性概念,是西方近代的"发明",其内涵与地位正是由近几百年的知识运动所确定的。众所周知,随着文艺复兴和启蒙运动,现代性才得以诞生。延宕至今,现代性的内涵极为丰富复杂,但有一点是无疑的,那就是现代性首先是一种态度、意识与信念:与过去决裂的态度;面向未来的时间意识;以理性为核心、无限发展进步的信念。现代性观念"既包含对历史事实的陈述性反映,也具有价值判断和规范的意味,它建立在一种对人的智识能力(包括修正性的反思能力)的信任的基础上,有一套系统而严密的哲学支撑,包括自然观、人生观、社会观、价值观、历史观等等,总之是完整的意识形态性的世界观,反映的是一个时代的精神气质……现代性是一种理想,一种时代意识的觉醒,一种新的历史意识"[1]。在本质上,现代性观念是人们对自己存在历史性的觉悟,是一种本然意义上的历史哲学,而发展观念就蕴含在这样的现代性意识之中,是现代性意识的题中之义。或者说,发展观其实首先是一种基于存在的历史性领悟的历史观或历史哲学。

(一)传统发展观的由来与本质

自维科开创作为历史哲学的"新科学"后,思辨的历史哲学成为历史哲

---

① 沈湘平:《全球化与现代性》,湖南人民出版社,2003年,第17~18页。

学的最初形态，这种历史哲学内蕴着启蒙思想的理性、进步信条，试图以逻辑思辨的方式探求历史过程及其规律，康德、黑格尔就是这样的著名思辨历史哲学家。黑格尔还第一次从哲学的高度对发展进行了理解，认为发展是事物从潜在到实在、从模糊到清晰、从贫乏到丰富、从抽象到具体的展开过程，本质上是绝对精神在世界历史中的自我生成和实现。并且在本体论、认识论、逻辑学统一的基础上，黑格尔把发展上升到了涵盖社会历史观的宇宙观层面，世界展现为从简单到复杂、从低级到高级的辩证图景。由于黑格尔对马克思主义的重要影响，这一思想深刻影响了当今人们尤其是中国人对发展的基础性理解。

自黑格尔之后，以批判这个德国教授的形而上学而出场的经典社会学，以"实证"原则把发展锚定在了社会历史领域。正如李大钊指出的："把人类的生活整个的纵向去看，便是历史；横着去看，便是社会。历史与社会，同其内容，同其实质，只是观察的方面不同罢了。"①经典社会学，例如孔德、马克思、涂尔干的社会学理论，在本质上乃是一种历史哲学，都持一种进步主义的社会历史观——尽管马克思曾经明确地反对别人把自己的思想看成一般的历史哲学。事实上，后形而上学的经典社会学的社会变迁理论正是当代社会发展理论的基础之一：发展就表现为不断进步的社会变迁或社会进化。

从一开始，人们对发展的理解就深受自然科学的影响。17、18世纪，随着近代科学技术的兴起，特别是显微镜的发明、解剖学的进步，生物学家们逐渐形成了一种在胚胎发育方面占统治地位的预成说（preformation），认为"胚的原基在卵中就已发现存在，发育仅仅是渐次的膨胀和业已形成的东西的展

---

① 《李大钊文集》（第4卷），人民出版社，1999年，第378页。

开"①。这就是"发展"一词的最初源头,在很大程度上规范了近代人们对发展的理解空间。黑格尔的发展理论也是导源于此,他关于发展的"精神种子"说可以说是"胚胎发育"说的哲学升级版。事实上,自哥白尼、伽利略到牛顿、达尔文的自然科学辉煌成就铸就了科学的至高无上地位,科学逐渐成为了一种被普遍接受的世界观、日益权威的方法论,甚至是一种生活方式和确保合法性的意识形态。在此背景下,18、19世纪的许多思想家其实都试图在社会领域中寻找到类似于牛顿、达尔文揭示的自然规律。康德就认为自己要在社会历史领域中揭示类似于开普勒、牛顿在自然界发现的规律,甚至认为人类历史大体上可以看作大自然的一项隐秘计划的实现。斯宾塞等人奠定的社会达尔文主义(社会进化论)更是直接搬用达尔文进化论思想来解释社会事实。恩格斯也曾多次将马克思的唯物史观与达尔文的进化论对举,认为他们分别发现了人类历史和有机界的发展规律。

在所有试图在社会历史领域中寻找类似自然科学规律的思想家中,对我们今天理解发展影响最为直接的是亚当·斯密。斯密受牛顿的影响,试图在社会经济领域中寻找"看不见的手(上帝之手)",从而开创了古典政治经济学。他的学生约翰·米拉干脆就把老师称为政治经济学领域的牛顿。斯密的贡献还隐含着近代自然科学对人文社会科学的另一层面的重要影响,那就是在寻找社会历史领域的法则、规律的同时,自觉不自觉地把理性理解为科学理性,进而把能否数量化理解为科学的重要标志,依照肇始于伽利略的"自然数学化"思路把社会数学化、发展数学化。在此影响下,由斯密的名著《国民财富的性质和原因的研究》奠定的、可计量的国民财富增长理论因其强大的解释力和可操作性,渐次形成一种"经济学帝国主义"的发展理论:发展就是经济增

---

① ［英］亚·沃尔夫:《十八世纪科学、技术和哲学史》(下册),周昌忠、苗以顺、毛荣运译,商务印书馆,1991年,第542页。

长。如果说自然科学对德国人文社会学的影响使得社会学得以诞生，发展更多表现为社会变迁的话，那么自然科学对英国人文社会科学的影响则使得经济学成为显学，"发展"一度成为经济增长的代名词。

现代社会对发展的理解还与二战之后的重建有着密切关系。正是在以经济增长为核心的战后重建中，发展经济学和发展社会学在20世纪五六十年代形成了稳定的范式。前者主要关注落后国家如何实现工业化、摆脱贫困、走向富裕，后者直接把古典社会学的社会变迁理论或社会进化理论发展为现代化理论，现代化就是从传统社会走向现代社会的变迁，其参照系就是西方发达国家。在现代性视野中，无论是发展经济学，还是发展社会学，都是一种现代化理论，都是将现代化理解为对现代性的追求、展开与实现，而这种现代性都是一元的，即西方诞生的现代性成为普适的现代性。对于广大非西方国家而言，发展因此长期表现为以西方现代化为标准的目标运动。

归结起来，西方近代以来的发展观之所以可能，一是与前现代的古代社会不同，人们在极速的社会变革中，对存在的历史性有了深刻领悟，形成一种变化、生成的世界观和时间意识；二是经由启蒙运动，形成面向未来的现代性信仰，内蕴着与传统、过去、古典性的断裂；三是开启现代世界之初，一切处于上升阶段，形成一种今胜于昔、未来优于现在、无限进步的乐观信念；四是作为现代性核心的理性观念深入骨髓，尤其是形成可以计量的科学理性观念，现代化就意味着理性化尤其是工具理性化。这种发展观是对人的本质力量的极度肯定，以强大的科学理性确证了人在世界中的主体地位。但是这种自负的发展观耽搁了一件大事，那就是从未考虑过存在有可能成为不可能的问题，也就说这些发展观都以人类永恒存在为前提，从未考虑过自身生存可能会出现深刻危机。

以作为发展核心视域的经济学为例，它有两个基本的假设前提，一是理性经济人假设,另一个就是稀缺假设。其所谓的"稀缺"假设表面看来意味着我们要珍惜资源,以更有利于人的存在。但这一假设的背后其实有一个更为深层、一直少为人察的预设或信念,那就是"稀缺"是时空意义上的,需要之物尽管稀缺,但它作为整体是存在且恒在的——有且恒有,而不是不存在——无(nonexistence 或 nothing),问题只在于人们在时空中如何去发现、创造(相对于存在而言,创造不是无中生有,而是使一种存在物变成另一种存在物)和配置它。为了解决资源稀缺问题,人类向大自然进军,西方征服非西方,资本奔向世界,充当"理性的狡计"的工具。人们对需要之物从根本上"只患寡而不患无",只担心一时一地的无,而不担心整个世界和历史中的无。所以经济学本质上是"存在无忧"的经济学。以这种经济学为核心理念的发展观也就是存在无忧或遗忘存在的发展观。

　　与西方经由自己的现代性启蒙不同,中国人的发展观念从一开始就与西方这个强大的"他者"有关——西方可以完全没有中国这个他者而追求现代化,而中国则不可能没有西方这个他者而追求现代化。一如萨义德等人的后殖民理论所揭示的,在西方人看来,他们是上帝的选民,世界历史以他们为中心展开,他们垄断话语叙事,以西方为中心、标准,运用知识来凝视、审查、规训非西方;他们不是遇见了东方,而是以唯一主体的姿态发现了东方;东方不是自然的存在,"东方过去不是(现在也不是)一个思想与行动的自由主体"①,而是西方以其知识、想象发明的东方。其基本的叙事逻辑就是二元对立:西方是理性的、道德的、成熟的、正常的、文明的,代表人类前进方向;东方则是非理性的、堕落的、幼稚的、异质的、野蛮的、边缘的,只会使人类走向没落。界定他者是为了确立自我霸权,西方不仅在知识、文化上想象发明,而且在经

---

① [美]爱德华·W.萨义德:《东方学》,王宇根译,生活·读书·新知三联书店,2007年,第5页。

济、政治、军事上以这种宰制的架构来围堵、排挤、驯化东方,使之东方化(Orientalized),也就是在实践中"创造"出他们心目中的东方。在西方主导的世界历史进程中,中国最初只是作为西方意欲征服和改造的"落后"而存在,1840年以后国人的逐渐觉醒首先也不过是对这种"落后"的逐步确认。严格说来,"赛先生"即科学(science)之于中国既不是请来的,也不是"五四运动"时期才来的,而是鸦片战争以降被西方的坚舰利炮"野蛮"地攻进来的。中国人从洋务运动到戊戌变法、辛亥革命和新文化运动的探索,不过是"落后"意识从物质到制度,再到思想文化的全方位扩展,事实上也是一种发展观的启蒙过程。这种发展观是确认自己落后之后"以洋为师"的追赶式发展观。

由于有着"挨打"的切肤之痛,从孙中山的建国方略、毛泽东新民主主义发展观到社会主义革命与建设时期的现代化实践以及改革开放时期邓小平的发展观,在一定程度上都内蕴着对落后的恐惧和追赶西方的焦虑,因而紧盯发达的"他者",甚至直接提出过多少年要实现"赶""超"的目标。也就是说,中国追赶式的发展观本身就饱含"生于忧患、死于安乐"的存在意识,重要目的之一就是为了避免"落后就要挨打"(毛泽东)、被"开除球籍"(邓小平)的结局。但是由于近代以来的特殊历史经历,这种忧患主要是民族救亡图存意义上的,对人的生存意义上的忧患还不那么直接和集中。自1840年以来的180年、1949年以来的70多年的现代化曲折发展历程表明,我们很好地发挥了后发优势,成功避免了西方发展的一系列问题。但是也在某些方面"继承"和"再造"了它们发展中的一些问题,造成人与自然、人与人、人与自身不同程度的危机,终于使得人的存在成为一个大的问题。

(二)对传统发展观的反思与超越

现代性是流动的,发展观也是变化的。如果说发展本身是一个现代性事件,传统的发展观本质上是一种早期现代性(简单现代性)观念的话,那么当今诸多发展观事实上多多少少是基于对早期现代性的反思,或者说是对早期现代性观念进行批判的结果——尽管实践还远远落后于这样的批判结果。正如反思是现代性进化的重要动力机制一样,人们基于实践对发展观的不断反思也促使发展观自身得以发展。

启蒙思想家卢梭最早看到了人类社会发展中进步的悖谬性。他指出,使人脱离野蛮状态、逐渐文明起来的理性能力,同时也是人类一切苦难尤其是不平等的根源,随着文明而产生的社会为自己所建立的一切机构,都转向了它们原来目的的反面。马克思无疑是迄今对资本主义开创的现代性进行最全面、系统、深刻批判的思想家。众所周知,马克思早期和后期分别从异化劳动和资本逻辑的角度对资本主义现代性展开批判。值得指出的是,无论是早期的异化劳动批判,还是后期的资本逻辑批判,马克思都将人与自然的关系放在历史之谜解答的诸多矛盾之首,认为资本主义的狭隘生产方式决定了人与自然的狭隘关系,导致人与自然关系的危机。在资本主义制度下,"囿于粗陋的实际需要",自然界成为掠夺和占有的私有财产,逐渐丧失了确证人的本质力量的作用。马克思认为,在未来的理想共同体中,"社会化的人,联合起来的生产者,将合理地调节他们和自然之间的物质变换,把它置于他们的共同控制之下,而不让它作为一种盲目的力量来统治自己;靠消耗最小的力量,在最无愧于和最适合于他们的人类本性的条件下来进行这种物质变换"①。马克思对整个资本主义的批判也可以视为是对资本主义发展观和发展模式的批判,其关于"现实的人及其历史发展的科学",当然包含着对发展合理性、合法性的追问,目的就是要实现一种科学的发展、理想的发展。

---

① 《马克思恩格斯全集》(第46卷),人民出版社,2003年,第928~929页。

作为现代化理论鼻祖的马克斯·韦伯认为，现代化是一个理性化的过程，功利主义（目的理性）和形式主义（制度化）是理性化的两大特征，理性化本质上就是目的理性活动的制度化。然而人被自己理性化的产物所异化，人身处形式化的目的理性、工具理性所建构的"铁笼"之中，丧失了真正的自由。而且在韦伯看来，这种形式理性与实质理性、价值理性与工具理性的矛盾在现代化过程中将始终存在而且不可调和。20世纪上半叶，人类经历了两次世界大战，几乎一切自诩为文明的、现代化的国家都参与了这场战争，而发动这两次世界大战的正是最为"理性"的民族——德国。这给人类理性的乐观主义以当头棒喝，文学艺术对此的反思不绝于缕，最终也上升到了历史哲学的层面，以斯宾格勒的《西方的没落》和汤因比的《历史研究》为代表的悲观主义历史哲学出现，认为文明发展有如生命成长，存在兴衰的周期，并非无限的进步。诞生于20世纪二三十年代的西方马克思主义则发挥马克思的早期思想，对资本主义或西方主流发展观念、模式开展了持续、深入的批判，特别是弗洛姆等人明确指出，西方近代以来"一直把他们的信念和希望建立在无止境的进步这一伟大允诺的基石之上"[1]，如今这一"伟大允诺"的"幻想"已经破灭，人类面临着"占有（to have）还是生存（to be）"的当代"哈姆雷特之问"。

不过，这些鞭辟入里、激动人心的人文反思并未对实际的发展产生立竿见影的影响，相反，二战后恢复建设百废待兴，发展经济学、发展社会学正当其时，在它们的助力下，经济发展似乎凯歌行进，现代化也所向披靡。直到70年代出现了所谓"拉美问题"时，才促使把发展仅仅理解为经济增长的社会科学界开始对发展问题进行认真反思。1972年，出现了两部对发展产生深远影响的书——《我们只有一个地球》和《增长的极限》。两本书的共同之处是极

---

① ［美］埃里希·弗洛姆：《占有还是生存》，关山译，生活·读书·新知三联书店，1989年，第3页。

度突显了经济发展对自然生态的严重破坏,认识到发展并不是放任的,而是有其成为可能的极限与前提的——主要是自然生态的前提。1987年,世界环境与发展委员会发表报告《我们共同的未来》,进一步探究了生态破坏对经济发展的制约,第一次系统阐述了"可持续发展"(sustainable development)观念。特别值得玩味的是,报告三个部分的小标题分别叫:"共同的问题""共同的挑战"和"共同的努力"。从"只有一个地球"到"共同"的强调,表明人们在饱受发展任性之苦后终于逼近了发展的一个根本性前提即"共在"。

中国政府1992年参加了联合国环境与发展大会关于可持续发展的《里约宣言》,次年编制了我国追求可持续发展的行动纲领《中国21世纪议程》,并从"九五"计划开始将可持续发展战略放到经济社会发展的突出位置。2003年,胡锦涛总结我国改革开放实践的经验教训,同时也吸取其他国家在发展进程中的经验教训,特别是概括2003年抗击非典疫情的重要启示,提出以人为本、全面协调可持续的科学发展观。2015年,在经济新常态、改革新阶段、世界新形势、中国特色社会主义进入新时代的背景下,习近平提出"创新、协调、绿色、开放、共享"五大发展理念,进一步丰富和发展了科学发展观。

中国共产党科学发展观和五大发展理念的提出,标志着中国人自1840年以来终于实现了发展观的真正自觉与自信。一是从追赶型发展走向常态型发展,不再紧盯他者,仰仗他们的发展观念、原则,极度焦虑地追求快速发展,而是真正拥有了自己独立的发展观,按照自己的思路自信、稳步地发展;二是从增长型发展走向内涵型发展,不再把经济增长尤其是GDP的增长作为发展的唯一指标,而是更加注重科技创新、结构调整、绿色环保和发展方式转变,发展更多体现为一种系统质的优化;三是从单一型发展走向整体型发展,不再把发展仅仅理解为经济发展,而是把发展理解为经济、政治、文化、社会、生态乃至人自身的全方位发展；四是从内生型发展走向开放型发展，不再把发展局限于国内发展，而是走向世界，在全球化和世界历史中协同要素、互利共赢地谋求发展；五是从客体型发展走向主体型发展，不再满足于物质文化产品的创造（无人身的发展），而是把人们的美好生活作为发展目标，突出发展"以人为本""以人民为中心"和"人民共享"的特性。这也是最根本的一条，既鲜明地标识了共产党的政党性质，也表明新时代的发展理念站到了世界发展理念的最前沿，本质上是一种美好生活或幸福的发展观。

二、新时代中国的美好生活发展观

科学发展观和五大发展理念是中国共产党乃至整个马克思主义关于发展问题迄今最自觉的、最系统完整的论述，五大发展理念是科学发展观在新时代的升级版。两者都是坚持马克思主义原理，基于中国发展的实际，借鉴世界各国发展的经验、教训的产物。当然，作为集体智慧的结晶，也直接吸收了学术界的研究成果，有着深厚的哲理、学术基础。

（一）发展伦理学的探索

人们对传统发展观的反思批判也促使了经济学内部重建伦理学与经济学的关系，其中最引人瞩目的是发展伦理学的兴起（国内的发展伦理学则兴起于哲学），阿马蒂亚·森和古莱的相关思想又是最杰出的代表。作为诺贝尔经济学奖得主，森提出的"以自由看待发展"的观念在中国知识界有着十分广泛的影响。森认为，发展是扩展人们享有的真实自由的过程，自由是发展的首要目的,也是促进发展的不可缺少的重要手段。他尤其强调前者,认为"从扩展实质性自由的角度来看待发展,就应该把注意力集中到那些目标——正是它们才使发展变得重要——而不仅仅是某些在发展过程中发挥显著作用的手段"①。后来,森还从"可持续自由"的角度深化了这一思想,提出了以人为本的"全球化世界的发展伦理学"。应该说,森以自由来定义发展,强调以人为本,突出了发展的价值理性而非工具理性维度,大大超越了国民总值增长或工业化发展的狭隘观念。但遗憾的是,一方面以自由作为发展的目的不过是对启蒙思想的重述与强调,而且与哈耶克等人的新自由主义思想虽有差异但本质一致;另一方面,对自由的前提性条件或者说自由与存在的关系仍然缺乏自觉关注,依然延续着近代以来发展观的严重问题,发展是存在无忧的发展,自由是存在无忧的自由,存在依然以自由的名义被遗忘了。

德尼·古莱是美国的经济学教授,是公认的发展伦理学的奠基者。他明确指出,近代以来的"发展使手段绝对化,使价值物质化,并产生结构决定论","发展"成了"反发展",从而把发展的伦理道德问题推向前沿。古莱认同马克思关于人类历史还处于史前时期的判断,认为"发展的真正任务正在于:取消经济的、社会的、政治的和技术的一切异化"②。他明确认为,发展主要涉及的是有关"什么是美好生活"的内容,其中首要的是最大限度的生存。古莱把发展的问题与人们"美好生活"的古老问题直接结合起来,并直接强调生存的第一位重要性,比森的思想更为深刻和彻底,极富启发性。但是我们必须注意到,古莱所说的生存还主要是一种物质资料满足意义上或经济学意义上的生存,其整个发展伦理学依然缺乏一种彻底的、基础的本体论。

① [印度]阿马蒂亚·森:《以自由看待发展》,任赜、于真译,中国人民大学出版社,2002年,第2页。
② [美]德尼·古莱:《发展伦理学》,高铦、温平、李继红译,社会科学文献出版社,2003年,第20、33页。

(二)以存在看待发展

人们都熟知马克思的一个方法论性质的重要观点：理论只有彻底才能说服人，而所谓彻底就是抓住事物的根本。现代发展观的定型是后形而上学的产物，基础本体论的缺失是其先天缺陷，其在实践中带来人人都经验到的诸多问题甚至危机，恰恰是由理论不彻底所导致的。立足今天，检讨各种发展观，对发展进行彻底的、根本性的反思，我们将发现：存在才是发展的真理，以存在看待发展才是我们最需要的发展理念。

发展不过是人存在的方式，而存在则是发展的规定。正如马克思所言，全部人类历史的第一个前提无疑是有生命的个体的存在。因此，我们也一般地认为，存在是发展的前提和基础。但是人的存在与万事万物的存在是不一样的，人是自由自觉的存在，是"站出来"的存在(existenz)，是"去存在"(to be)，是使世界"在起来"的存在(being)，是超越性的存在，是生成的存在，发展不过是存在内在规定的现实展开。发展并非没有条件，也不是没有极限，存在就是它的条件，就是它的极限，连存在都不能保证的发展是没有任何意义的。存在从来不是静止的，也不是盲目的，人们对存在的领悟总意味着一种应然的方向和目的。发展首先是为了能够持续地存在，用马克思的话来说，就是要再生产人们的生活，人们的生活不是一个点，而是一个持续的过程，没有持续的再生产，人就不能存在。同时，现代知识也教导我们，人以发展的方式存在，不发展就意味着不能存在，发展是人存在的特点和宿命。当然，并非所有人特别是一些思想家都认同发展就是从简单到复杂、从低级到高级的线性进步，但无论如何，他们都将最低限度地同意，发展是基于存在的一种积极适应性。因此，在保障持续存在的基础上，发展是为了实现更好的存在。正是在何为"更好的存在"的探索中，自由、平等、正义等对发展的规定逐渐明确起来。以自由为例,存在无疑是先于自由的,自由作为对存在的规定不过是西方近代以降的认识。同时,存在是自由的限度,是自由的合法性标准。卢梭有句名言:"人是生而自由的,但却无往不在枷锁之中。"①这是从自由的角度看到了现代化或发展的悖谬,也可以说是对森的以自由看待发展观念的超前诘问。但今天深究起来,这个自由的"枷锁"归根到底就是人自身的存在。发展承诺自由,但首先要承诺的是存在,存在是发展的前提、基础和起点,也是发展的目的、归宿和限度,人们可以给"好的存在"这样或那样的规定,但"好的存在"即幸福(well being)作为追求的目标从未改变。一言以蔽之,存在是发展的规定。

发展造成诸多问题的本质是加剧非存在的威胁,根源在于发展对存在的遗忘。近代以来的发展观带来的诸多问题可以归结为四个方面:自然环境问题、社会问题、人自身的问题、科学技术发展的问题。自然环境问题主要是指资源枯竭、环境污染、生态失衡等问题,人们往往称之为自然环境危机。其实自然界并无所谓危机,造成这些危机的是人,这些危机也是对人而言的,自然是人的无机的身体,自然环境危机危及的是人的存在,本质上是人的存在危机。在当代人类社会的经济、政治、文化、军事各个领域都存在着各种矛盾和危险,如经济危机、政治腐败、文明冲突、恐怖主义威胁等。但是社会在本质上是处于关系中的人自身,社会问题的根源在于人与人的关系,社会危机当然是人的存在危机。在高度现代性或现代化高速发展的今天,个体的生存焦虑、自我认同危机、虚拟依赖、意义迷失等问题十分突出,这些直接地就是人自身存在的问题。在上述三个问题中,迅猛发展的当代科学技术扮演了极端重要的角色。科学技术是人们把握世界、改变世界最现实、第一位的力量,而

---

① ［法］卢梭:《社会契约论》,何兆武译,商务印书馆,2003年,第4页。

且它已经成为这个世界的一个"座架"。但科学技术自身是盲的,对于人类而言,它是使人变得更加强大还是变得越来越脆弱,是使人更加自由还是日益遭受奴役,是拯救的力量还是毁灭的力量,这是关乎存在的大问题。尤其是现代网络、智能技术的发展确乎在印证马克思当年的警示:"科学的纯洁光辉仿佛也只能在愚昧无知的黑暗背景上闪耀。我们的一切发现和进步,似乎结果是物质力量成为有智慧的生命,而人的生命则化为愚钝的物质力量。"①我们说发展带来这样或那样的问题,说到底都是它使人的存在成为可能的那些条件在逐渐丧失,正在使人成为非存在——终极的意义上就是人类的灭亡。人只要存在,就会遭受非存在的威胁,但近代以来的发展大大加剧了这种威胁。发展是为了更好的存在,最终却适得其反的根本原因就是,人们在追求发展的过程中,错把存在者(beings)当成了存在(being),总是试图通过科学技术的创新进步来创造、占有更多花样的"存在者",却遗忘了存在本身。

风险社会的来临使得存在问题极度凸显。在科学技术、生产力、社会交往的极速发展和制度化编织下,高度现代性时代中的个人、群体和整个人类的行动都与整个世界——自然、社会、人的统一的存在状态紧密相连,拥有丰富、密集的联系,但同时这也导入了一些先前年代知之甚少或者全然不知的风险参量,任何发展都存在"高后果风险"(high-consequence risks)。风险不同于危险,总是意味着未来不确定性的极度增长。这种不确定性在本质上是一种高度复杂性,不能用简单的线性因果关系对行为的结果进行预测——人们常用所谓"蝴蝶效应"来生动地说明。而且这种不确定性所带来的灾难、危险越多越巨大,我们对于所冒风险的真实经验就越少。人类及其个体的任何一个选择与行动都是充满风险的决策,而人类只要存在就必须不断地选择和

---

① 《马克思恩格斯选集》(第一卷),人民出版社,1995年,第775页。

行动。因此,以高度发达的科学技术为支撑的现代文明,不仅为人们创造了便捷、舒适的生活,同时也将人们置于不可预见和驾驭的、高度复杂的风险之中。

可见,存在问题已经成为了当代发展的本质问题。在历史与逻辑统一的高度,发展问题的本质是如何发展的问题,存在问题的本质是如何存在的问题,而当今发展问题的本质就是如何存在和更好存在的问题。如果说发展是硬道理,那么存在就是发展的金规则。套用海德格尔的著名观点,我们可以把以往的发展观称为存在者型(物化)的发展观,而现在需要的是存在型的发展观,需要我们以存在来看待发展。

一如前述,美好生活和幸福是密切相关的观念,都指向人的一种积极肯定的、愉悦的、好的存在状态,差别只在于美好生活(good life)更为外在点,能以更为感性、直观的方式表现出来;幸福(eudaimonia,well being)则更为本质、内在,具有形而上的性质。在不太严格的意义上,也就是一般用语中,两者是完全可以等同的。人是追求目的和意义的存在物。古往今来绝大多数思想家们都指出,人追求的终极目的是幸福。亚里士多德的如下论述可谓不朽:"我们把那些始终因其自身而从不因它物值得欲求的东西称为最完善的。与所有其他事物相比,幸福似乎最会被视为这样一种事物。因为,我们永远只是因它自身而从不因它物而选择它。""不仅如此,我们还认为幸福是所有善事物中最值得欲求的,不可与其他的善事物并列的东西。"①古莱则从发展伦理学的角度直接指出:"在伦理道德上合情合理的惟一发展目的是使人们更加幸福。这也是在伦理道德上合情合理地不要发展的惟一目的。"②当我们说发展是为了更好的存在,也就是说发展的目的在于增进人们的幸福。如果发展

---

① [古希腊]亚里士多德:《尼可马可伦理学》,廖申白译,商务印书馆,2003年,第18~19页。
② [美]德尼·古莱:《发展伦理学》,高铦、温平、李继红译,社会科学文献出版社,2003年,第241页。

的结果不是人们生活得更美好、更幸福,而是生存条件恶化、安全感丧失、焦虑感深重、意义感迷失,那么发展就失去了任何意义。

(三)幸福美好生活成为检验发展的标准

中国共产党从成立开始就把实现共产主义作为最高理想和最终目标,自觉肩负起民族复兴的使命。实现共产主义就是要让全世界的人民都过上幸福、美好的生活,民族复兴的目的就在于让中国人民过上幸福、美好的生活。经过艰难困苦的斗争,中国终于实现了民族独立、人民解放,并在实现民族伟大复兴的过程中探索出了中国特色社会主义这条金光大道。正如胡锦涛曾经指出的:"中国特色社会主义事业是全国各族人民在中国共产党领导下创造自己美好生活的事业。"改革开放以来,党一直强调发展是硬道理,是执政兴国的第一要务,要求"聚精会神搞建设,一心一意谋发展"。科学发展观在党的历史上第一次从指导思想的高度聚焦实现什么样的发展、怎样发展等重大问题,形成了系统的理论体系。科学发展观强调第一要义是发展,并认为这是"基于我国社会主义初级阶段基本国情,基于人民过上美好生活的深切愿望"的;突出核心立场是以人为本,强调"把实现好、维护好、发展好最广大人民根本利益作为党和国家一切工作的出发点和落脚点";突出基本要求是全面协调可持续,强调"不断开拓生产发展、生活富裕、生态良好的文明发展道路";突出根本方法是统筹兼顾,强调"努力形成全体人民各尽其能、各得其所而又和谐相处的局面"。①

进入新时代,习近平提出创新、协调、绿色、开放、共享的新发展理念,进一步科学回答了新时代实现什么样的发展、怎样实现发展的问题,实现了党

---

① 《胡锦涛文选》(第三卷),人民出版社,2016年,第2、618、619页。

的发展思想的又一次创新升级。新发展理念本质上是以人民为中心的发展思想，"彰显人民至上的价值取向"，"把实现人民幸福作为发展的目的和归宿"。①创新是引领发展的第一动力，创新发展注重的是解决发展动力问题；协调是持续健康发展的内在要求，协调发展注重的是解决发展不平衡问题；绿色是永续发展的必要条件和人民对美好生活追求的重要体现，绿色发展注重的是解决人与自然和谐共生问题；开放是国家繁荣发展的必由之路，开放发展注重的是解决发展内外联动问题；共享是中国特色社会主义的本质要求，共享发展注重的是解决社会公平正义问题。②更为重要的是，新时代的发展理念更为自觉地凸显了发展与人民幸福美好生活的本质关系。在十八届中央领导当选之初，习近平就庄严宣誓："人民对美好生活的向往，就是我们的奋斗目标"；强调实现中华民族伟大复兴的中国梦就是要实现"国家富强、民族振兴、人民幸福"，将人民幸福视为民族伟大复兴的终极目的。在党的十九大报告中更是明确了"为中国人民谋幸福"是中国共产党人的首要初心和使命。

事实上，在新发展理念视野中，美好生活应该成为检验一切工作得失成败的标准。同时，只有以人民的美好幸福生活来检验发展，才能真正超越那种物化的、存在者型的发展观；才能彻底超越近代以来形成的追赶型发展观、崛起型发展观；才能真正实现发展以人为本、以人民为中心、人民共享，体现中国共产党的独特规定性、先进性。简单地说，新发展理念不仅是中国近代以来发展观自觉的最新表述，而且因为站到了当今人类发展观念的最前沿和制高点，从哲学的角度看，是以存在看待发展的典型，具有最强的解释力和前瞻性。新发展理念的底线是为了人的存在(being)，终极目的是人民的美好生活和幸福(well being)。因此，在新时代，坚持新发展理念，就是要在确保生活

---

① 《习近平总书记系列重要讲话读本》，学习出版社、人民出版社，2016年，第128页。
② 《习近平新时代中国特色社会主义思想学习纲要》，学习出版社、人民出版社，2019年，第110页。

的基础上过上美好生活,在确保存在的基础上过上幸福生活,人民的幸福美好生活是发展的唯一目的,也是唯一检验标准。

三、在构建人类命运共同体中促进人类美好生活

当今世界面临百年未有之大变局,正处于大发展大变革大调整时期,世界多极化、经济全球化、社会信息化、文化多样化深入发展,全球治理体系和国际秩序变革加速推进,各国相互联系和依存度日益加深,国际力量对比更趋平衡,和平发展大势不可逆转。但是世界和平而不太平,甚至一些地方仍处于动荡之中,世界面临的不稳定性不确定性突出,世界经济增长动能不足,贫富分化日益严重,地区热点问题此起彼伏,恐怖主义、网络安全、重大传染性疾病、气候变化等非传统安全威胁持续蔓延,人类面临许多共同挑战。归结起来,人类面临着生存的危机。"问题就是公开的、无畏的、左右一切个人的时代声音。问题就是时代的口号,是它表现自己精神状态的最实际的呼声。"①中国共产党人从人类的高度把握到了这样的时代精神和脉搏,在世界舞台上为时代鼓与呼,提出构建人类命运共同体的主张。构建人类命运共同体是解答人类面临问题的一种中国方案、呼吁与倡导。习近平在不同场合作了系统阐述,特别是在党的十九大报告中呼吁"各国人民同心协力,构建人类命运共同体,建设持久和平、普遍安全、共同繁荣、开放包容、清洁美丽的世界。"①在一定意义上,我们可以理解为,人类要克服目前遇到的挑战和危

---

① 《马克思恩格斯全集》(第 1 卷),人民出版社,1995 年,第 203 页。

机,获得持续的存在,需要一种一定程度上超越民族的、国家的,共同的文化想象。推动人类命运共同体建设,共同创造人类的美好未来,是中国带给人类的文化想象,也是中国给世界贡献的新的智慧。目前,构建人类命运共同体的理念已经写进联合国的有关文件,获得世界的认同,正在变成行动。

(一)构建人类命运共同体有利于中国人的美好生活

毋庸讳言,中国提出构建人类命运共同体,当然有出于本民族利益、中国人民利益的考虑。或者说,构建人类命运共同体是符合中国利益的。

一方面,为了保障中国人民的幸福美好生活,就必须保障和平的发展环境,尽量延长甚至是创造发展的战略机遇期。与西方特别是美国的霸权主义、单边主义的国际政治思维比较起来,中国要建构的人类命运共同体着眼于和平、发展,是共商共建共享推进的。只有有了和平的国际环境,中国才能聚精会神搞建设,一心一意谋发展,发展不平衡不充分的问题才能循序渐进地得到解决,人民日益增长的美好生活需要才能不断地得到满足。

另一方面,这更是着眼于未来人民美好生活持续可能的需要。改革开放以来,中国埋头于发展自己,在国际事务中坚持韬光养晦、决不当头,充分利用西方制定的游戏规则发展壮大自己。但一直以来在国际上缺少话语权,即使逐渐"富起来"以后也是如此。当西方发现中国熟稔其制定的规则而且成长为这些规则的最大利益获得者时,他们试图改变这些规则。同样,以中国为代表的发展中国家,在自己的力量逐渐强大后,也试图对以往的规则进行基于自己利益的坚守、修订,此即所谓全球治理体系和国际秩序的大变革、大调整,或曰世界面临百年未有之大变局。要变革、调整基本是各国的共识,要如

---

① 习近平:《决胜全面建成小康社会　夺取新时代中国特色社会主义伟大胜利——在中国共产党第十九次全国代表大会上的报告》,人民出版社,2017年,第58~59页。

何变革、调整才是真正的分歧所在。从富起来走向强起来的中国,目前还只是走向世界舞台中央而并非占据世界舞台中央,从话语权的角度看,还处于努力发出更多声音、希望得到众多国家赞同,从而扩大话语权的阶段。国际舞台上有众多玩家、他者,声音很多、很嘈杂,而且对于某些西方国家来说,一直以来主要是他们的声音,国际社会也习惯于听他们的声音。然而当整个人类遇到共同问题时,一直以"负责任"形象示人的西方发达国家要么反应迟钝,要么束手无策,要么无暇顾及,缺乏一种把握全球性时代问题的敏感、解决人类困境的意愿和提供创新性方案的智慧。当此之际,中国及时发出了自己的声音,是治国理政之全球治理的能力彰显,必将有利于在"变局"后的"新局"中提升中国的话语权,甚至确立中国的优势,从而为未来奠定良好的局面。同时,在百年未有之大变局中,基本趋势是以美国为代表的传统国际势力出现衰落,以中国为代表的新国际势力正在崛起。未来,中国将要承担更多的国际责任。只有能为世界做出更大贡献,才能保障未来中国人民的幸福美好生活。

(二)构建人类命运共同体符合中国人自古对美好生活的向往

人类命运共同体思想由中国提出,而不是由西方什么国家提出,这一点都不奇怪,而是顺理成章、水到渠成的事情。从根本上说,当代人类面临的总体性困境主要是由西方文明的现代发展所孕育和推动的, 而与西方文化不同,中华文化一直具有崇生、尚和、重情、系天下的特质,成为当代中国提出构建人类命运共同体的丰厚滋养。或者说,人类命运共同体思想在很大程度上可以视为中华五千年优秀文化的创新性发展。

首先,与西方文化无机、机械的原子论宇宙观相反,中华文化是一种以"生"为核心范畴的有机整体的生命本体论。"生"是中华文化的宇宙本体论。

所谓"天地之大德曰生""生生之谓易"(《周易》),把包括人在内的宇宙万物理解为一个不断生成变化的过程。《道德经》进一步用"道生一,一生二,二生三,三生万物"的经典说法描述了宇宙万物的生成。这是一种大化流行、生生不息、与生命直接相关的宇宙观。牟宗三甚至指认,作为中华文化精髓的中国哲学的开端与核心就在于"生命"。"生"在中华文化中还是一种伦理本体论。《尚书·大禹谟》有"好生之德,洽于民心"的说法,从君子自强不息到市井的"好死不如赖活",古来就有好生、乐生的特质;中华文化强调生活要"因其固然""依乎天理"(《庄子·养生主》),以追求"长生久视之道"(《老子》),形成独特的中华养生文化;中国人还认为,"不孝有三,无后为大"(《孟子·离娄上》),把繁衍后代、生生不息视为一种责任和伦理。同时,中华文化也以一种悲悯、慈悲的情怀看待万物,强调"畋不掩群,不取麛夭,不涸泽而渔,不焚林而猎"(《淮南子 主术训》)。中国人还把一切能使之生、利于生的事物都看成好的、有价值的,相反则是不好的、厌恶的,相传成书于周代的玄学典籍《奇门遁甲》有"八门"之说,其中生门属土,土生万物,是大吉大利之门,对中国民间文化产生深远影响。

更为重要的是,"生"在中华文化中是一种"共生"的存在论。中国人讲的生不是个体的生,一定是一种共生,在家、国、天下中与他人共生,更是"民胞物与"(张载《西铭》),与万物共生。与此不同,基于个人原子主义的西方文化,最终造成"人对人像狼对狼一样",尽管为解决这个问题,从霍布斯开始的近代启蒙思想家提出了契约、法治思想,奠定了现代政治文明,但是其"文明"首先是以民族-国家为界限的,更多是对内的,在对待别的民族、国家时依然狼性不改。中国提出的构建人类命运共同的思想被写进联合国决议,这与特朗普"退群"和"美国优先"形成鲜明对比。

其次,与西方主客二分、冲突、征服思维相对,对"和"的追求"成为了中国文化思想的普遍理想,塑造了中华文明的思维方式、价值取向"。自古以来,中国人不仅在理论上认为"和也者,天下之达道也"(《礼记·中庸》),而且在实践中总体践行着"和为贵"。在政治统治上强调王道而不是霸道,在人与自身关系上讲究身心和谐,在人与世界的关系上追求天人合一,尤其在处理国际关系的时候特别重视和平相处,对和平、和睦、和谐追求深深融入中华文化基因和中国人民的血脉之中。中华文化尚和与崇生有着内在的关系,那就是尊重和包容基于不同历史条件"生长"出来的多样性、差异性,或者可以反过来说,中华文化蕴含着这样的一种观念——多样性、差异性是生命永续的前提和基础。儒家倡导"和而不同",反对"同而不和",这种观念相对于西方传统来说无疑是革命性的。在今天看来,这不仅是一种先进的生态系统观,也是一种先进的文化生态观、文明生态观。西方经过近代以来的政治运动,加上所谓后现代思潮的助力,多样性渐渐成为了一种"政治正确",但本质上还是一种白人至上、西方文化至上的单一、普世主义,西方社会中严重的种族歧视问题就是证明。西方对待文化多样性、差异性只能止步于理论上的"政治正确",根本原因就是缺乏一种深厚的、尚和的文化支撑,而这恰恰是中华文化所固有的。

再次,与西方强调理性、理智的传统相对,中国传统文化具有重情的鲜明特点。当今人类面临的困境正是西方文化主导下人类理性僭越、欲望膨胀的后果。中华文化认为人与动物的主要区别在于情,在人性结构中情甚至比理和欲更为根本,李泽厚还提出了中华文化的情本体说。西方文化讲功利、实惠,讲究合理性,中国人也认同合理性的重要性,但更讲态度和感受,讲求合理与合情的统一,而且是合理先要合情,所谓合情合理者也。在与人交往、相处时,中华文化注重与人为善、用心相交,喜欢推己及人,认为人通此心、心同此理。所谓的伦理黄金规则"己所不欲,勿施于人"正是这样通情而达到的理。确如李泽厚揭示的,中华文化是一种不同于西方罪感文化、日本耻感文化的乐感文化。中国人崇尚一种享受生命的喜乐和愉悦,乐观、豁达而悦纳万物,甚至把是否能收获一种愉悦心情作为事物价值判断的重要标准。即便是陌生的人,中华文化不仅热情好客,而且礼敬在先,甚至视之为亲,待之以亲,所谓"四海之内皆兄弟"者也;不计功利、实惠,"有朋自远方来,不亦乐乎"。在处理各种关系中,真正的中华文化总会透着一种情谊、带着一种温度。相反,随着现代性扩展和资本主义的诞生,理性的西方文化使整个世界逐渐"祛魅"了,正如马克思在《共产党宣言》中所说,"田园诗般的关系都被破坏了",撕下了"温情脉脉的面纱",一切神圣的情感都"淹没在利己主义打算的冰水之中"。事实上,马克思提出的所谓"激情的本体论"与中华文化重情的特质是相通的,这应该也是马克思主义能扎根中国的重要原因之一。

最后,与西方古代的城邦、王国、帝国及近代以来的民族-国家观念相对,中国文化中自古就有超越国家之上的天下观念。自《尚书》以来,中国思想百家争鸣但都尊崇天下之说,尤其是儒家关于修身、齐家、治国、平天下的次第为人所熟知。尽管中国古人讲的国并非今天的国家,也非完全是一个实质性的疆域概念,而是一种关于文明、道德秩序的文化想象,但展现了一种超越的、普遍的维度,蕴含着中国特色的世界主义思想,"天下为公""天下大同"直接成为中国人对理想的美好生活的畅想,"以天下为己任"则成为知识分子的传统。

(三)构建人类命运共同体是坚持马克思主义的必然要求

中国提出构建人类命运共同体思想,不仅有基于现实的考虑,也不仅是中华优秀传统文化的创新性发展,更为深层的是,它是马克思主义共同体思想的最新体现。

马克思主义是中国的指导思想,也正是因为马克思主义的武装,使得中国共产党在世界舞台上站到了人类思想理论的高地。马克思认为:"全部人类历史的第一个前提无疑是有生命的个人的存在。"①而这些个体从来不是独立地存在的,而一定是在一定的社会共同体中以一定的共同活动方式存在的。这些共同体是有机的,最基础的功能就是把个体维系在一起,保持"有生命"及其持续可能,其实也就是命运共同体。或者说,所谓人类命运共同体最基本的是人类生命的共同体。人类发展的历史也是共同体发展的历史,直接地说也是不同类型的命运共同体模式的发展史。

最初的共同体完全是因为血缘、宗族自然形成的,局限在狭小的家庭、氏族部落直至民族范围内。这些共同体事实上是不同的群体,个人从属、依附于这个群体,才能保障生命和实现价值。但随着生产力和交往的发展,人们的活动日益突破民族、地域的局限,历史向世界历史转变,不同民族、国家的人之间也开始建立了丰富的关系,甚至是你中有我,我中有你,人类才逐渐在经验上理解了什么是"人类"。马克思曾明确指出,不能像费尔巴哈那样把人类理解为"一种内在的、无声的、把许多个人自然地联系起来的普遍性"②。的确,除开纯粹的生物学意义上的人类,社会、文化意义上的人类是一种历史结果,需要经由实践建构出来。在马克思看来,人区别于动物的特有存在形式是"类"的基础之维;在实践的基础上发生着社会关系的人的具体的统一性,是类的现实之维;而"人的完成了本质统一的存在状态"则是类的理想之维。也就是说,从现实的角度看,人类之所以称之为人类,一定是"人类社会或社会化的人类"——世界历史性存在的人类。立足于此的人类历史才是真正的历史,在此之前都是人类的史前史。马克思学说与其他一切理论相区分的关

---

① 《马克思恩格斯选集》(第一卷),人民出版社,2012年,第146页。
② 同上,第135页。

键就在于,它的立足点不是"市民"社会,而是人类社会或社会化的人类。以"市民"社会为自足点的共同体是民族、国家的共同体,而以人类社会或社会化的人类为立足点的共同体则是人类共同体。当然,在马克思看来,人类理想的共同体应该是自由人的联合体。而从今天现实的角度看,构建人类命运共同体是一种在世界历史性条件下,超越自然共同体但未达到自由人联合体的反思性诉求。唯此,整个人类历史才有可能、才有未来。

这样一来,构建人类命运共同体思想的提出与实践,也意味着我们对"人民"以及"人民的美好生活"应该有着更新更深刻的理解。"人民"是近代资产阶级在反抗封建等级制度时发明的概念,也就是说其首先是与传统的"臣民"概念相对的。在历史发展中,人民逐渐成为一个与敌人相对的政治观念。无疑,在战争与革命的年代,人民的界限是比较清晰的。在和平与发展的年代,世界范围内的意识形态斗争并未终结,人民与敌人划分依然管用。但是当我们倡导构建人类命运共同体的时候,事实上就有一种这样的吁求在其中,那就是期盼世界各国、各民族、各文明能从"命运共同体"的角度反思,化干戈为玉帛,摒弃"我"与"他"的敌对意识,增强"我们"的共同认同意识。因此,从应然的角度说,无论我们在意识形态上有什么样的分歧,只要作为人类命运共同体中的一员,就是"我们"中的一员。同样,当我们谈及人民的美好生活的时候,就不仅仅指一个民族、国家内部人民的美好生活,而且也包括着全世界人民的美好生活。而这恰恰是一个马克思主义指导的政党及其领导下的国家的初心、使命所在,与其他社会制度的国家相比的优越性所在。

(四)在为中国人民谋幸福的同时促进世界人民的美好生活

马克思、恩格斯所开创的共产主义事业,说到底就是为全人类谋求幸福美好生活的事业。最初,马克思设想共产主义在世界各主要发达国家一起革命而取得胜利,但晚年他进一步研究复杂的世界历史状况,将目光投向遥远的东方,寻找共产主义的东方道路。这事实上为列宁的"一国胜利论"留下了理论接口,也逐渐开启了这样一种阶段论,那就是对于落后国家而言,共产党人的使命有终极使命和现实使命之分,终极使命是实现共产主义和人类幸福,而现实使命就是首先获得民族解放和人民幸福。中国共产党一经成立,就是把实现共产主义作为最高理想和最终目标,义无反顾肩负起实现中华民族伟大复兴的历史使命。在党的十九大报告中,习近平明确指出,"不忘初心、方得始终。中国共产党人的初心和使命,就是为中国人民谋幸福,为中华民族谋复兴","中国共产党是为中国人民谋幸福的政党,也是为人类进步事业而奋斗的政党。中国共产党始终把为人类作出新的更大的贡献作为自己的使命"。[①]这其实就意味着,现阶段中国共产党完整的初心与使命其实是三个方面,即为人民谋幸福、为民族谋复兴、为人类谋进步。2018 年 4 月 8 日,习近平在会见联合国秘书长古特雷斯时指出:"我们所做的一切都是为人民谋幸福,为民族谋复兴,为世界谋大同。"[②]事实上已经确认了这三个方面。"大同"是中国传统文化中对终极理想社会的描述,在不太严格的意义上,很多人把共产主义社会也称为大同社会。因此,"为世界谋大同"是中国共产党人的终极使命的中国特色表达。不过,对于西方世界来说,目前"为世界谋大同"的说法容易让他们从敏感的意识形态角度理解,认为共产党就是要颠覆他们、消灭他们,从而成为西方世界"中国威胁论"的重要"证据"。因此,就目前而言,"为人类谋进步"的说法比"为人类谋大同"的说法可能更为妥当。

确认当代中国共产党的初心与使命是为人民谋幸福、为民族谋复兴、为

---

① 习近平:《决胜全面建成小康社会 夺取新时代中国特色社会主义伟大胜利——在中国共产党第十九次全国代表大会上的报告》,人民出版社,2017 年,第 1、57~58 页。

② 《为人民谋幸福 为民族谋复兴 为世界谋大同》,《人民日报》,2018 年 4 月 9 日。

人类谋进步三个方面,也就意味着,不仅要为促进本国人民的美好生活而奋斗,而且也要为全世界人民的美好生活而奋斗;不仅要努力增进本国人民的幸福,而且要努力增进整个人类的福祉。由此,我们能得到一些重要启示。

其一,只有不断促进整个人类的福祉,才能确保本国人民过上可持续的美好生活。正如一个国家内部不同区域、群体的发展总是不太平衡的一样,各民族、国家的发展水平也是不一样的。但在今天这样一个一荣俱荣、一损俱损的命运共同体时代,极端悬殊的发展差距就会导致各种冲突甚至战争,而以损害别人的利益来获得自己的发展则更是会种下仇恨、惹出祸端。正如在国内必须靠促进社会公共正义才能更好维护社会稳定一样,在国际社会或全球治理中只有保障世界各国都能不断进步,将发展差距控制在适当范围内,世界才可能总体安全,这对中国来说才是最有利的。更何况中国共产党还有着更为高远的理想追求。中国通过提出和落实"一带一路"倡议、建设亚投行等举措,帮助被西方发达国家遗忘的欠发达地区发展,促进那里人民的福祉,这不仅是高远理想、国际道义的体现,而且正是因为这样的开拓,突破某些发达国家的遏制,中国才能真正在世界的舞台、在全球的场域中谋求自己的发展,有了空前广大的回旋余地,使中国人民的美好生活获得了更为长足的保障。同时,这些做法也在让欠发达地区的人民共享中国发展机遇与成果的同时增强了中国的文化软实力,反过来更进一步对中国的发展、中国人民的幸福产生积极影响。

其二,民族、国家、文明之间的冲突有不少是美好生活之间的冲突,即"美美"冲突。世界上不同民族、国家、文明的情况千差万别,但是他们的人民都向往幸福美好生活。如前所及,古今中外的思想家们都指认,幸福美好生活是人人追求的终极意义所在,差别只在于不同的理解。正所谓"天下一致而百虑,同归而殊途"(《周易》)。其实,不同民族、国家、文明的文化内核、核心价值观乃是对何为美好生活以及如何实现美好生活的理解，并最终落实到理念、制度、器物、心理的不同层面。因此，不同民族、国家、文明之间的矛盾、冲突，从根本上说是利益的矛盾、冲突，而所谓利益就是被意识到的或自觉的需要，需要有不同层面，其中美好生活的需要最为根本。每个民族、国家、文明的人民都有其根据自己的理解追求自己的美好幸福生活的权利，而不同民族、国家、文明之间的矛盾、冲突其实是不同理念、模式的美好生活之间的冲突，即因为"各美其美"导致的"美美"冲突。这意味着，一方面不应该把不同民族、国家、文明之间的冲突简单地看成善恶、种族、文明与野蛮之间的冲突；另一方面，通过交流互鉴、公共性批判，寻找作为复数的美好生活之上的公共的美好生活是唯一的出路。不少人喜欢引用费孝通先生的"美人之美、美美与共"来解答"美美"冲突，但这里的"美美与共"一定是和而不同的、公共性选择的结果。

其三，使本民族强大才能更有能力提升包括本民族在内的人民的美好生活。任何一个民族都本能地倾向于认为本民族对美好生活的理解是正确的，很多民族也有自信来促进整个人类的福祉。但是打铁还需自身硬，只有自己发展好了，才能更多更好地为人类贡献智慧和力量。对于中国而言，新时代比以往任何时候都更接近中华民族伟大复兴的目标、更接近实现现代化。或者说，中华民族的伟大复兴、中国的现代化就差"临门一脚"。这一脚踢好了，中国人民的美好生活就有了根本性的保障、牢固的奠基，中华民族也就能为世界人民的福祉增进做出更大贡献。也正因如此，以美国为首的一些西方发达国家感受到了前所未有的所谓"威胁"，实质上是深层的恐惧。他们竭力遏制中国发展，认为这是最后的机会，过了这一坎，就是将中国"虎放深山""龙归大海"，他们将力所不逮了。中国必须识破这些计谋，始终保持清醒，既要有理有利有节地与之周旋、斗争，更要保持定力，咬定青山不放松，继续练好内功,真正使自己尽快足够地强大起来。

其四,要警惕和超越狭隘的民族主义。进入新时代以来,世界面临百年未有之大变局,随着美国不断的毁约、退群,一时逆全球化潮流强劲,以特朗普"美国优先"口号为代表的民族主义拥趸者甚众。实事求是地说,一方面,优先追求本民族利益这是一种本能。培根早就指出"种族假相"是认识中始终存在的问题。马克思也曾深刻指出,凡有某种关系的地方,都是为我的关系。人类最开始就是从氏族、部落而后至民族、国家、全球逐步构建起关系的。当今时代,民族-国家依然是世界的脊梁。另一方面,当下的逆全球化或曰再民族-国家化本身是全球化发展到目前阶段的一种表现,并没有改变世界联为一体且日益紧密的客观事实与趋势。在全球一体、命运共担的时代,不是说民族、国家利益不重要或退居其次了,而是一个有理性的民族、国家能够在注定不能从根本上超越种族中心的基础上,正视、敬畏人类共同的利益——这种共同利益从长远来看也符合其本民族的利益,从而在一定程度上将自己本民族的利益相对化。在全球一体的时代,要反对那种"只要我过得比你好",对别国人民生活漠不关心的民族利己主义;尤其是那种以邻为壑,挖空心思损害别国、别民族福祉以满足自己国家的所谓美好生活的极端民族主义。

其五,要坚守共在的人类底线。存在是发展的本体,但存在从来都是存在者的存在,只有特殊的存在者即人才能追问和揭示存在的意义。人只要存在就从来不是孤立的个人存在,而是与他者的共在(co-being/being with others)。存在是发展的真理,而共在是存在的真理,存在一定是共在,不能共在就不能存在。在价值规范的意义上,人类的意识往往远远落后于客观需要,而人们的行动又常常落后于自己的意识,即使认识到了应该怎么做,却总是不能变成马上、有效的行动。当今人类,由于科学技术的进步,形成了人的世界历史性存在,导致相互敏感依赖的风险整体性存在。高度不确定的风险消解了那种"谁作为,谁负责"的简单逻辑,任何一个个体的行为都可能牵一发而动全身,造成世界性的影响。当我们说"生存还是毁灭,这是一个问题"时,追问的不是某个人,而是整个人类。尽管人类因为意识形态、价值观的差异导致分裂,但到目前为止,我们都"被抛"到这个地球上,我们不能选择谁和我同在地球,正如一个国家无法选择自己的邻国一样。因此,从自我中心主义、"种族假相"出发,只要逻辑彻底,则都将走向体认共在的前提。也只有在维系共在这种底线的绝对命令的基础上才可能"共同",而共在的这个"共"完全靠存在的反思或澄明就可以达到,并不需要现实的构建。

在共在的意义上,发展与和平这个两个时代主题与存在本质是同一的。推而广之,是否能持有和践行共在的发展理念也是任何一个发展主体获得、延续、巩固其合法性的重要源泉。或者更为简单地说,如果说各民族、国家、文明的人们追求自己的美好生活是天然合理的,在"美美"冲突的背景下需要通过交流互鉴、公共性讨论来寻找"公分母"的话,那么保障人类"共在"就是一切讨论的前提和基础。

总之,中国人的美好生活必须在构建人类命运共同体中才能得到保障,而我们构建人类命运共同体就意味着,不仅要追求和创造中国人的美好生活,我们还要有"以天下观天下"的情怀,努力促进全人类的幸福美好生活。

幸福美好生活不是空谈、玄想就可以实现的,从创造自己的幸福美好人生的角度说,除开一些知识、技能外,更需要的是增长一些追求幸福美好的智慧。从人与世界的关系角度看,增长追求人生幸福美好的智慧主要在于三个方面:正确认识自己以明了幸福的真谛;正确认识世界以廓清幸福的前提;达成与世界和解,渐次达致美好生活,获得现世的幸福。

一、正确认识自己以明了幸福的真谛

我们都是人，但正如卢梭所言："人类的各种知识中最有用而又最不完备的，就是关于'人'的知识。"①古希腊德菲尔神庙上的铭文"认识你自己"是对所有人的警示，因为认识自己是最难的。犹太法典有句箴言：如果我不为自己，我为谁？如果我只为自己，我是谁？的确，我们最熟悉又陌生的就是自己，当"我是谁"的问题没有清晰答案的时候，人生所追求的一切就失去了意义，而所谓的幸福美好生活也就无从谈起。

(一)认识自我的内在结构

认识自我，首先是要认识到自我具有什么样的属性、特征。综合古往今来思想家们的探索，有如下三对辩证关系是基础的，必须予以把握。

一是自我既是肉身性的存在也是意识性的存在。我们的肉身与生俱来，是自我的基础和保障。虽然在人的一生中肉身会发生一些变化，但离开肉身也就没有了自我。同时，每个个体都具有或强或弱的反身意识或自我意识（self-consciousness），自我（self）因此一定是自己意识到的存在。

二是自我既是历史性的存在也是同一性的存在。在现实中，不仅自我的肉身始终处于变化之中，自我的经验、经历也总是变化着的，具体的经验、经历相对于整个人生而言都只是一些片断，自我是一个不断构建的过程。所以

---

① ［法］卢梭：《论人类不平等的起源与基础》，李常山译，商务印书馆，1997年，第62页。

有"士别三日当刮目相看"之说,有"重获新生"之谓。但是这些变动又不是"无物常在"的,自我有相对于肉身、经验的超越的方面,使自己作为一种前后一贯的持续的存在。也正是在这个意义上,我们才说今日之我与昨日之我是同一个我。一如佛教所启示的:生命相似相续、非断非常。

三是自我既是社会性的存在也是私人性的存在。个体来到世间,就无往而不在社会之中。自我是在社会中获得经验,从而历史性地形成真实的或想象的自我意识。但是任何一个个体自我的存在都是独特性的存在,始终存在着不可公度的、别人难以"进入"的私人世界,对于这种私人性的尊重与保障正是现代社会政治生活的前提。

认识自我,更重要的是认识到自我的内在结构,马克斯·舍勒称之为"心灵秩序"。中国自古以来,把自我区分为身与心,身心合一是天人合一的重要表现,身心分离就会造成极大的痛苦,或曰不幸福、不美好。"身在曹营心在汉""身在沧州,心老天山"莫不如是。在古希腊,从毕达哥拉斯开始就认为每个人都是由灵魂和肉体两部分组成,并把灵魂看成是不死的,可以轮回的。在此基础上,柏拉图认为灵魂是最真实的,而肉体只是幻相;灵魂本身又由三部分构成:理性、激情和欲望。柏拉图还有个著名的"灵魂马车"比喻:人的灵魂好比两匹马拉的马车,一匹马是激情,一匹马是欲望,而理性则是驾车人。当理性、激情、欲望相谐有序时,人的灵魂就获得了圆满的幸福,否则就是痛苦的。

在中世纪基督教文化看来,人是上帝创造的,由灵(spirit)、魂(soul)、体(body)这三个元素构成。这一思想很有启示、影响深远。用今天的话来说,那就是我们必须认识到每一个人都是生理、心理、心灵的存在。其最具启发性的地方就在于区分了魂与灵即心理与心灵。在今天,因为身体(生理)而不能幸福的人越来越少了,心理学的大热也促使人们相信,幸福更多关乎心理,不少心理学从业人员也号称从事灵魂、心灵的工作。其实,心理和心灵是两个完全不同的范畴,简单地说,心理是一个科学范畴,而心灵是一个纯粹的人文范畴。在心理学中,一切心理问题都能通过科学的方式方法来解决:有心理医生,可以开处方,打针、配药、催眠甚至电击。心灵则是人精神中最接近神性、最具灵性的部分,是任何科学技术所不及的。再高倍的望远镜望不到人生意义,再高倍的显微镜看不到人性和人的品质。今天很多人生活不够幸福,往往不是生理(体)的方面没有得到满足,也不完全是心理(魂)方面没有得到满足,而是心灵(灵)无处安放,缺失心灵家园,处于精神上的无家可归状态。人们很轻易就能发现,在如今心理学、心理咨询大热的背景下,不少人还是自觉不自觉地寻找各种"心灵鸡汤",参加各种所谓的"灵修"。且不管这些现象背后存在何种问题,但至少表明人们自觉不自觉地感到很多问题仅仅靠心理满足的方式是远远解决不了的。总之,认识到这种自我结构,我们就会意识到,在生理、心理满足的基础上,幸福更根本的方面在于心灵的安顿。

弗洛伊德认为,我们所谓的"我"其实是由"本我"(Id)、"自我"(Ego)、"超我"(Superego)三部分构成,这一思想具有十分广泛的影响,能帮助我们进一步细致地认识自己。本我是"利比多"(Libido,性欲)的原始的、生理的永恒冲动,属于无意识范围,是欲望的我,遵循着快乐原则,怎么快乐怎么来;超我则是后天社会规范(法律、宗教、道德)中的是非标准与价值判断所构成的下意识,即"良心",是仲裁的我,遵循道德原则;自我就是我们一般理解的意识的自我,它是思维的主体,对本我和超我起着调节的作用,是主宰的我,遵循现实原则。弗洛伊德认为,本我、自我、超我协调的人就是心理正常的人,而发生自我认同危机、患有精神疾病的人,其根源就在于这三者的失调。推而言之,只有三者得到协调,我才有稳定的我,才可能真正幸福。

正如第一章提到的,关于何为幸福,历史上形成了功利主义、禁欲主义、犬儒主义、来世主义等不同观点。而从对自我的认识来看,人生的幸福首先当然是体现在个体的生命安顿上。就个体而言,知情意、感性与理性、身与心的安顿是缺一不可的。其实,古希腊哲学家伊壁鸠鲁早就指出,幸福就在于两件事:肉体的无痛苦与灵魂的无纷扰。尽管人们关于自我结构的认识越来越复杂、精微,但只要正确认识自我,我们就能接受这样的一种幸福观:真正全面的幸福是身心健康和灵魂的宁静。

(二)确认在世(在世界中)是人最基本的状态

天地万物,人居其间。人类生生不息,世代更替,创造了无数的人间奇迹。人类作为一个整体,确证着自己不同于其他万物的本质特征;作为众多个体,展现着无数精彩的人生。每个人的人生有成功,有失败;有喜怒哀乐,有酸甜苦辣;或大气磅礴,或静谧陶然;或万众瞩目,或桃李无言,都是不可复制的风景。但这一切的一切都有一个可以用纯粹经验的方法来确认的前提,那就是我们首先得活着。"死去原知万事空",活着,一切才有可能。正如马克思所说,人类历史的第一个前提无疑是有生命的个人的存在。哲学家海德格尔一语中的:人必须"在世界之中存在"(In der Welt sein),即在世。

在中国人看来,活着就是在世,所谓人生在世。从时间上说,所谓在世就是出世(出生)与去世(死亡)之间的状态;从空间上说,所谓在世就是"在世界中"。其实,"世界"是既指涉时间又指涉空间的概念。汉语中的"世界"本是从印度而来的佛教用语,过去、现在、未来曰"世",天上、地下、人间曰"界"。因此,"在世"也就可以理解为"在世界中"了。任何事物都存在于一定的时间、空间中,人也不例外。"人不是抽象地蛰居于世界之外的存在物。人就是人的世界。"①现实的人须臾也不能离开他所在的世界。也就是说,"在世"或"在世界中"是人最基本的状态。

我们所说的世界有着十分复杂的含义,在比较普遍地被接受的含义上,有广义和狭义之分。广义的世界就是指整个宇宙。中国古人认为:"四方上下谓之宇,往古来今谓之宙。"(《淮南子·齐俗训》)狭义的世界一般指人类所居住的地球,尤其是生物圈。人所在的现实世界(人直接交往的世界)一般又可以分为三部分:自然、社会和人。当然,一般而言,人们所说的自然界是特指人类所直接依赖的地球,它包括无机物、有机物、植物和动物,它们都是以自发的、无目的的方式存在着的。现代科学证明,我们所在的地球起源于大约46亿年前,此后,随着物质的运动、变化和发展,逐渐从无机界中产生出生命,生命经过漫长的演化,直到三四百万年前才诞生了人类。有了人就有了人类社会,社会是人类活动的共同体,是人们交互作用的产物。人是社会的存在物,人不能离开社会。所以当我们说"人在世界中"的时候,也就是指"人在自然中""人在社会中""人在人中"三者的统一。

所谓在世是人最基本的状态,也就是说人的一切都以存在为前提和起点。万物存在,生物生存,而人则是生活,生活就是人的存在方式。所谓美好生活(good life)和幸福(well being)就是人的一种理想的、好的存在状态,是人的本质得到圆满实现的状态——康德甚至说:"幸福是我们一切偏好的满足(既在广度上就满足的杂多性而言,也在深度上就程度而言,还在绵延上就存续而言)。"②生活的理想是为了理想的生活,人们存在的意义乃是为了更好的存在。人生就是从在世(being)到好的在世状态(well being),这并不需要繁琐的逻辑推理,而是需要每个人的人生领悟。因此,作为人生的终极意义所

---

① 《马克思恩格斯选集》(第一卷),人民出版社,2012年,第1页。
② 《康德著作全集》(第3卷),中国人民大学出版社,2004年,第514页。

在,幸福就是人生意义的自澄明。

这样的领悟也带来一种崇生、厚生的底线思维。用马斯洛的需要层次理论来说,人最基本、最底线的需要是生理的满足。当然,活着、在世、有生命的状态还必须是可持续的,这就是健康。世界对每个人而言就是人的世界,是他所及的世界。身体是最原始的"本钱",没有了好的身体,其他都谈不上;失去了生命,也就失去了世界。因此,热爱世界首先要爱惜自己,爱惜自己首先是爱惜自己的身体,任何更高层次的追求都应该以此为底线。古人云:"仁者以财发身,不仁者以身发财。"(《礼记·大学》)这值得汲汲于功名利禄的当代人好好思考。

(三)把握幸福与快乐的差别

对于中国人来说,正确认识自己,明了人生幸福的真谛,特别需要将幸福与快乐区分开来。诚如李泽厚先生指出的,中华民族具有乐感文化的基因。中国人对带来愉悦、使人快乐的事物极其敏感,乃至将之作为富有意义的追求对象。本来这种快乐、愉悦包括身心两方面,但在长期的发展中,特别是在以娱乐化为重要特征的大众文化时代,很多人都将这种愉悦作了更接近享乐的理解。具体而言,幸福和快乐在如下几个相互关联的方面的差别是十分关键的,不可不察。

一是愉悦的向度不同。快乐是由外而内的愉悦,总是由于外界的刺激而"感到"的愉悦。幸福则是由内而外的愉悦,我们常常说是内心油然而生一种幸福感。

二是愉悦的源头不同。快乐来自感官满足,而任何感官的满足都需要外在的刺激,也就是物质保障,一切物质的东西在如今的市场经济条件下都可以兑换为一般等价交换物即钱。这也就意味着,有物质保障就能找到快乐,或者干脆说,有钱就有快乐。一如今日,很多人会发现,只要有钱,就能很轻易地找到快乐、放松甚至放纵的满足。但是哪怕是最普遍的平常百姓,都懂得这样一个朴素的"鸡汤"道理:有钱未必幸福。因为幸福更多是源于精神的愉悦,而且这种精神的满足不是一时的刺激,而是一种绵长的滋润。对一个人来说,不是要等到什么都有了才幸福,幸福生活往往就是在追求幸福过程中度过的生活。

三是愉悦的层次不同。一如前述,自我有着生理、心理、心灵三个层面的结构。对生理、心理的满足都只能达到快乐,而只有对心灵的满足才是真正的幸福。从古希腊开始,幸福"eudaimonia"——包含"eu"(好的或善的)和"daimon"(神灵、守护神)——一词就强调超越世俗的感性,突出神性、灵性的维度。这与西方天、地、神、人的宇宙观有关,而中国人的宇宙观是天、地、人,没有神的位置。抛开有神论思想不论,人确实需要有心灵超越的维度,而这种心灵超越带来的宁静才是真正的幸福。中国古人强调的修身养性,"至诚如神"可以达到这种效果,而今天许多国人不幸福的根源恰恰在于心灵的浮躁、荒芜,没有脚踏实地的基础,更缺乏"仰望星空"的维度,无法享受心灵超越的愉悦。真正的幸福来自于灵魂深处,而不是生理、心理的满足。

四是量度与质态的差别。快乐由于源于外在物质的刺激,故物质刺激的程度就会影响快乐的程度,而所有物质的东西都可以量化、计数。现代生物学、心理学研究已经证实,人是否快乐在于是否分泌多巴胺(Dopamine)及其分泌多少。幸福(well being)则不然,being 即存在是哲学中最高、最玄奥的观念,well being 直接表达的是一种存在状态,一种好的存在状态,描述的是人存在的质的状态和感受。尽管坊间存在着各种各样的幸福指数排行之类的,但从根本上说幸福是不能被量化的。

五是死与生的不同前途。快乐的极致追求将把人引向毁灭、死亡。弗洛伊德指出,快乐的爱欲追求和死亡冲动是人的两大本能,而且两者常常互换。在超我失去作用的时候,死亡的本能往往带来巨大的快乐。当然,这种死亡本能是广义的,包括毁坏、攻击、侵犯和自残等。波兹曼还提出一个著名论断:娱乐致死(Amusing ourselves to death)。相反,幸福(well being)是人的好的存在状态,对生命持肯定、积极的态度,并蕴含着对生存更好的追求。人生在世,除开生死,都是小事。快乐与幸福的前途是如此不同,以至完全相反。

六是手段和目的的不同。快乐是有价值的,但更多具有的是工具价值,因为快乐经常被当作消解、缓解不快乐的手段。幸福则本身就是目的。正如亚里士多德所说:"我们把那些始终因其自身而从不因它物值得欲求的东西称为最完善的。与所有其他事物相比,幸福似乎最会被视为这样一种事物。因为,我们永远只是因它自身而从不因它物而选择它。""不仅如此,我们还认为幸福是所有善事物中最值得欲求的,不可与其他的善事物并列的东西。"①也就是说,幸福是人类一切活动的最高、最终的目的,是人们追求的终极意义。我们可以说努力工作是为了过得更幸福,但不能说追求幸福是为了努力工作。同理,中国梦的内涵——"国家富强、民族振兴、人民幸福"顺序是不能调换的,因为国家富强、民族振兴都是手段,只有人民幸福才是终极目的。

通过快乐和幸福差异的比较,我们发现,在经历站起来、富起来,进入物质丰裕时代的当今中国,相对而言,快乐是比较简单的,幸福却很难。在日常生活中,我们凭借本能都会以快乐乃至放松、放纵来对冲生活的焦虑。但经验告诉我们,以追求快乐的方式消解焦虑只是暂时搁置、遗忘了焦虑,快乐结束之后不仅焦虑依然是焦虑,甚至可能更加焦虑。换言之,当今不少人的幸福感不够高,其中一个原因,恰恰是混淆了快乐与幸福,错把快乐当作幸福进

---

① [古希腊]亚里士多德:《尼可马可伦理学》,廖申白译注,商务印书馆,2003年,第18、19页。

行追求,结果自以为很幸福,其实未必,换来的极有可能是更深的焦虑。每当节日、亲朋生日之际,我们往往献上"节日快乐""生日快乐"之类的祝福,其实在我们这个时代快乐是易得的,而真正宝贵难得的是幸福。

二、正确认识世界以廓清幸福的前提

人生在世,充满了不确定性,自立于世的那些自我规定,都需要自我选择、自我设计和自我实现。在此意义上,萨特关于"存在先于本质"是正确的,我们都是自己人生的主人,如果人生如戏,那么我们就是"剧作者",自己就是自己人生这出戏的导演和编剧。但是人从来都在既定历史条件下生活,这样的条件就决定了人生可能性的总体限度,在这个意义上,我们又都是"剧中人"。在我们领悟到什么是幸福、美好生活的同时,必须正确认识自己所在的世界,这是我们现实的人生幸福美好的前提。

(一)明了人在世界中的命运

人最基本的状态就是必须在世界中存在,相对于世界而言,人的存在是一个有过程的事件,世界构成了人生的最大背景,也在最深层面决定了人的命运,当然也就影响了我们的现实生活。

人以生活的方式存在,生活是一种自觉的生存——不仅是自己意识到的生命活动,而且是创造生存意义的生命活动。马克思曾经形象地比较了灵巧的蜜蜂和蹩脚的人类建筑师。他说,蜜蜂建筑的精美蜂巢,使得人类的建筑师都感到惭愧。但即使是最拙劣的建筑师,一开始也优越于最灵巧的蜜蜂。因为人类的建筑师在建筑之前,已经在自己的头脑中把它建筑成了,而蜜蜂却不行。马克思还总结道:"动物和自己的生命活动是直接同一的。动物不把自己同自己的生命活动区别开来。它就是自己的生命活动。人则使自己的生命活动本身变为自己意志的和自己意识的对象……有意识的生命活动把人同动物的生命活动直接区别开来。"①比之于其他万物的存在,人的存在是被自己意识到的存在,这种意识就意味着人对自己在世状态的感悟与思考。由于包括人在内的世界是一个时空性的存在,人对于世界的感悟首先总是,或者归根结底总是时间和空间方面的。一当人们作这种感悟与思考时,就会发现自己在空间上的渺小和时间上的短暂。当然,这种渺小和短暂是相对于宇宙、世界的伟大和不朽而言的。

整个宇宙在空间上是无边无际的,在时间上是无始无终的。即使就人类目前能观测到的宇宙而言,空间上它的半径有 200 亿光年(光年是光在一年内走过的距离)之巨,时间上它已经存在了 130 多亿年。地球存在了 46 亿年,其空间体积相对于宇宙来说已然渺小;人类只存在三四百万年,不过是地球上物质演化这条长藤末梢的果实;每个个体的人则只能存在 100 年左右,相对于整个人类而言可谓微不足道,更遑论比之于地球和宇宙。可见,人相对于地球,尤其是整个宇宙来说,在空间上十分渺小,在时间上十分短暂。难怪中国古人感慨:"人生天地之间,若白驹之过隙,忽然而已"(《庄子·天下》),又若"寄蜉蝣于天地,渺沧海之一粟"(苏轼《前赤壁赋》),所谓"飘飘何所似,天地一沙鸥"(杜甫《旅夜书怀》)。即使是对于人所身处的社会,个人也经常有一种"人在江湖,身不由己"的无力感;一种"多我一个不多,少我一个不少"的无意义感。确实,和我们所处的世界比较起来,人,尤其是个体的人显得有如

---

① 《马克思恩格斯选集》(第一卷),人民出版社,2012 年,第 56 页。

九牛一毛,似乎无足轻重。

渺小和短暂是人在思考自己在世状态时最为直接的感受,这其实就是领悟到了世界的无限(伟大与不朽)与自己的有限(渺小与短暂)之间的矛盾。这种领悟必然使人产生敬畏和焦虑:敬畏于世界的无限,焦虑于自己的有限。于是就有了"前不见古人,后不见来者,念天地之悠悠,独怆然而泣下"(陈子昂《登幽州台歌》)的感叹;有了"怅寥廓,问苍茫大地,谁主沉浮"(毛泽东《沁园春·长沙》)的疑问。但是人类认识到自己的渺小和短暂之后并没有从总体上走向一种消极与自卑。和世界上的万事万物相比较,人没有足够强健的体魄和技能,例如,人的眼睛不如鹰锐利,人奔跑不如狮虎迅猛,人攀援不及猿猴敏捷,人的嗅觉不如犬类灵敏……甚至可以说,人是生物界最脆弱的一种。但是,能认识到自己的渺小和短暂恰恰是人的高明之处,因为只有人才能获得这种认识。法国哲学家帕斯卡尔有一段脍炙人口的名言:

> 人只不过是一根苇草,是自然界最脆弱的东西;但他是一根能思想的苇草。用不着整个宇宙都拿起武器才能毁灭他;一口气、一滴水就足以致他于死命了。然而,纵使宇宙毁灭了他,人却仍然要比致他于死命的东西更高贵得多;因为他知道自己要死亡,以及宇宙对他所具有的优势,而宇宙对此却一无所知。因而,我们全部的尊严就在于思想。正是由于它而不是由于我们所无法填充的空间和时间,我们才必须提高自己,因此,我们要努力好好地思想;这就是道德的原则。能思想的苇草——我应该追求自己的尊严,绝不是求之于空间,而是求之于自己思想的规定。我占有多少土地都不会有用;由于空间,宇宙便囊括了我并吞没了我,有如一个质点;由于思想,我却囊括了宇宙。[①]

① [法]帕斯卡尔:《思想录》,何兆武译,商务印书馆,1985年,第157~158页。

确如帕斯卡尔所启示的,是因为思想,人才可以脱离当下,婆及八方而思接千载,可以包举宇内而自豪地宣称"天地在我心""万物皆备于我"。当人们用自己的思维来认识和反思自己在世界中的状态时,就试图超越自身的渺小和短暂——有限性,以达到伟大和不朽——无限性。"身无分文,心忧天下"是有限之人试图把握无限世界在空间上的写照;"人生不满百,常怀千岁忧"则是有限之人试图把握无限世界在时间上的表现。中国古代著名学者刘勰曾说:"生也有涯,无涯惟智";"器分有限,智用无涯"。(《文心雕龙》)可见,思想和知识是人超越自己有限性的重要途径。不过,思想的尊严还不止于对世界的认识和反思,还在于以认识、反思来指导生命活动,即通过人们的生命实践活动创造出一个意义的世界。世界不会自动地满足人,人决心以自己的行动来改造世界。"一个种的全部特性、种的类特性就在于生命活动的性质,而人的类特性恰恰就是自由的有意识的活动。"①这一自由的有意识的活动就是改变世界的实践活动。

在整个世界中,正是因为人的能动活动,才改变了"自然"原来的模样。亚里士多德有云:我们当尽力以求不朽!人们通过自己的生命实践活动所创造的空间上的伟大和时间上的不朽并不是自然意义上的,而是社会价值意义上的。也就是说,人们通过自己的实践活动可能并不能使个体的力量变得无限伟大,也不能使个体的生命无限延伸。但是人能借助实践的力量使整个人类的力量增强,使整个人类获得不断的发展。当每一个个体为人类的进步做出杰出的(物质或精神)贡献时,我们就说他达到了伟大和不朽。或者说,人们是通过自己的生命实践活动创造价值,以超越有限而达到无限的。对于人的伟大与不朽的表现,古今中外的说法很多,中国古人叔孙豹的说法十分精

---

① 《马克思恩格斯选集》(第一卷),人民出版社,2012年,第56页。

彩,在中国的影响极大。他说:"太上有立德,其次有立功,其次有立言,虽久不废,此之谓三不朽。"(《左传·襄公二十四年》)可见,对于每个个人而言,自然生命的终结并不意味着价值生命的终结。相反,自然生命终结之时,有可能价值生命才刚刚开始。

从自然的存在方面看,人类及其个体注定是渺小和短暂的,而从价值存在的角度看,人又可以是伟大和不朽的。正如法国哲学家狄德罗说过的,人是一种力量和软弱、光明和盲目、渺小和伟大的复合体,这并不是责难人,而是为人下定义。丹麦哲学家基尔凯郭尔认为,人生在世,"就是无限与有限、永恒与瞬间所孕育的孩子,因此它是持续不断地斗争着的"①。软弱与力量、盲目与光明、渺小和伟大、永恒与瞬间,进而是有限与无限,其辩证转换的中介、桥梁就是创造价值、赋予意义的人类实践活动。人所在的世界,既不是莱布尼兹认为的可能世界中最好的世界,也不是叔本华认为的可能世界中最坏的世界,人以自己的实践活动创造着真正属于自己的世界。

(二)知道身处时代的特点

人在世界、宇宙中的命运是个人的命运,也是整个人类的命运,普遍适用于任何社会、任何时代的任何人。对于 21 世纪的中国人来说,更需要知道自己身处的特殊时代的特点,才能以此为前提去追求自己的幸福美好生活。

第一,这是一个全球化的时代,意味着幸福美好生活一定是开放的。自15 世纪以来,人类进入到全球化时代,所谓全球化就是人类活动日益联为一体的趋势与过程。全球化在 21 世纪因为互联网数字技术的高歌猛进而加速发展,尽管出现过所谓的逆全球化潮流,但总体上这本身就是全球化的重要

---

①　转引自叶秀山、王树人主编:《西方哲学史》(第 7 卷上),凤凰出版社、江苏人民出版社,2005年,第 448 页。

表现。就像马克思说人是只有在社会中才能孤立的动物一样,当代的民族-国家也只有在全球化中才谈得上民族-国家化。对于某个民族、国家或群体来说,全球化的不可避免性就意味着一种开放的必然性,意味着封闭与落后的关联性。在传统社会,中国人畅想的美好生活往往具有某种封闭的特点。要么是"鸡犬之声相闻,民至老死不相往来"的"小国寡民"状态;要么是"不知有汉,无论魏晋"的"世外桃源"幻想;要么是"躲进小楼成一统"的隔绝。在今天,这些从根本上是不合时宜的。封闭、原始、淳朴状态可能还会存在,但一方面一定是少数的,另一方面恰恰只有作为开放时代的一环出现才具有其暂时的意义。不少人羡慕偏远地区的宁静生活,但那里的人们特别是年轻人只要外出打工,见识了外面世界的精彩,往往就不愿意再回到乡村,这正是如今农村空心化的重要原因。我们并没有资格和权利去批评这些年轻人的忘本,因为人人都有追求自己理解的美好生活的权利。他们的选择恰恰表明,他们对幸福美好生活的向往顺应着全球化、开放时代的变化。

第二,这是一个市场化的时代,意味着不能离开利益来谈幸福美好生活。中国的改革开放是以市场经济为取向的,1992 年开始真正开始市场经济建设,2001 年加入世界大市场。在很大程度上,改革开放、顺应全球化,就意味着市场化。党的十九大报告明确强调市场经济要在资源配置中起决定作用,这也是改革再出发的重要规定。市场经济是以承认包括个人在内的市场主体的独特利益为前提的。说白了,市场经济就是一种利益配置机制。人们的美好生活需要尽管越来越表现为一种精神文化上的需要,但物质利益的需要仍然是基础。正如亚里士多德、马克思的思想所示的,幸福美好生活一定是在物质生活必需品得到保障之后的生活。"人们奋斗的一切都同他们的利益有关","道德一旦离开利益就注定要出丑"。因此,我们虽然和亚里士多德一样反对庸俗的快乐主义幸福观,但也不简单认同道德主义幸福观,而需要一种协调利益与道德的现世智慧,保证德福同在。对于一个国家而言,要让人们过上幸福美好生活,就必须富起来,并且是共富起来;在真正实现共富之前,要提高社会保障水平,实现民生"兜底"。对于个人而言,就意味着要努力工作,在创造更大价值过程中获得更多报酬,为自己和家人的幸福美好生活奠定物质基础。

第三,这是一个信息化的时代,意味着认知迷惑是扰乱我们幸福美好生活的重要因素。信息时代每天每时每刻都遭遇海量的信息。很多人早上起来第一件事情是看手机,晚上睡觉前最后一件事情是看手机,乃至半夜起来上个厕所也要打开手机,无处不在的"两耳不闻身外事,一心只看手中机"的低头族……这意味着我们时刻在进行信息交流。但问题在于这些信息往往是泥沙俱下、鱼龙混杂、真伪莫辨的。特别是由于媒体的高度发达,一如波茨曼所言,媒介即认识论,我们所了解到的世界上的每件事情都以新闻的方式呈现出来,而这些新闻呈现的角度、叙事的方式不是取决于读者,而是取决于有态度、立场的媒介,通过媒介认识世界是时代的必然,但从任何媒介所获得的认识都是一种文化偏见。当然,媒介也有自己的纠偏机制,那就是所谓新闻的反转。可是,在无数次的"反转"中,人们越来越关注的是事件激起的情感、态度,而不是事情的真实性本身,这便是所谓"后真相"时代的来临。信息的多重交叠,我们看到的往往都是"关于"某事物的"晕眩",而不是某事物自身。这种信息的迷惑扰乱了我们对世界的认知,进而也就扰乱了我们的心智,使得我们的灵魂得不到安宁。

第四,这是一个高速现代化的时代,意味着身心上的必然不适应。整个人类历史的发展就是一个不断加速的进程,特别是开启现代化以来更是如此。中国从1840年起就追寻现代化,但严格意义上的、整体意义上的、快速的现代化只是最近四十多年来的事情。中国改革开放四十多年所取得的成就为世界瞩目和惊叹,西方甚至有人指认,这是人类历史上发展最快的四十多年。然而现代化速度快意味着什么?不仅意味着日新月异、翻天覆地的物质、技术的进步,也意味着人们的心理、心灵需要快速与之适应。事实上,中国用四十多年的时间走过了西方发达国家三四百年走过的历程。如同做化学实验时先要给烧瓶、试管均匀加热,否则会碎裂、爆炸一样,西方发达国家的人们的心理、心灵相对而言有一个缓慢的加热过程,故今天看到他们的生存焦虑感似乎没有中国等发展中国家强烈;但中国人的心理、心灵缺少这么一个缓慢的加热过程,极速的现代化使得心理、心灵一时难以适应,产生诸多问题是完全可以理解的。

第五,这是一个转型的时代,意味着纠结的情绪会贯穿始终。从1978年到2049年的70年,是中国实现现代化的70年,其实也是实现社会大转型的70年。今天我们就处于这种漫长的社会大转型之中。我们说的转型既包括从计划经济体制到市场经济体制的体制转变、从传统农业社会到工业社会的社会形态转型,也指整个的社会结构和生活变迁,例如社会经济结构、文化形态、价值观念乃至人们的行为方式、生活方式的深刻变化。转型就意味着未定型,而所有的"型"都意味着一种"范"。在长长的转型期,既有旧的规范失去作用而新的规范尚未形成的情况,也有新旧规范犬牙并行的情况,还有一些试错性的规范未等待定型就已退出历史舞台的情况。在一定的时间内,某些规范的遵从与否,未必有强制性的措施,但未遵从也未必就不受到惩罚。一方面,我们拥有不少的自由选择,既可以这样,也可以那样;另一方面,我们选择的结果如何却并不确定。不确定性期待带来的纠结只有等到转型完成,各方面形成成熟、稳定的规则状态才有可能逐渐消解。

第六,这是一个复杂性的时代,意味着我们的生活充满不可预见的风险。人们总倾向于认为,幸福美好生活应该是简单、单纯、纯粹的生活,但今天我们已经进入到一个复杂性的时代，任何事情发展的结果都具有日益增长的不确定性，这其中就蕴含着一些不可预料的危险。一如前述，所谓风险就是不确定的危险。对于我们每个人来说，事业日益充满风险，一个极小的原因就可能导致我们事业或职业的崩盘。情感特别是其中的爱情充满风险，能和初恋结婚的越来越少，结婚了不离婚的越来越少，不离婚感情还一直好的越来越少。最关键的是科技的进步不仅为人们的美好生活打开了广阔的可能世界，而且也为人的死亡带来方式的多样性和时代高度上的不确定性，也就是说，我们越来越不知道自己将在什么时候以什么样的方式离开这个世界。凡此种种，既是我们这个时代无法避免的残酷现实，也是现代人无法逃脱的命运。

第七，我们处于社会主义初级阶段，这是我们追求幸福美好生活的最大现实前提。共产主义事业就是解放人类，让全人类过上幸福美好生活的事业。这个事业分为不同阶段，即广义的社会主义阶段和狭义的共产主义阶段，而中国目前正处于社会主义初级阶段。这一方面表明，中国已经进入社会主义，为人民的幸福美好生活奠定了坚实基础，特别是经过七十多年的奋斗，已经从站起来到富起来进而进入强起来阶段，人民的美好生活需要作为社会主要矛盾的方面凸显出来，为人民谋幸福也成为执政党更加自觉的使命。但是另一方面，我们必须认识到，我们在相当长的时期内还处于社会主义初级阶段的这一基本国情没有发生根本性变化，我国仍然是世界上最大的发展中国家这个国际地位没有变，发展不平衡不充分是制约我们满足人民日益增长的美好生活需要的根本瓶颈。作为现实的表现，不仅总体上我们的幸福美好生活还没有真正实现，而且不同区域、不同阶层、不同群体、不同个人的美好生活程度或幸福感也是不平衡的，甚至差异还比较大。

幸福美好生活不是空中楼阁、不能靠悬想。无论是从整个人类的命运，还是从我们身处时代的特点来看,还是延展到每个个体的现实处境的分析,目的就在于廓清我们追求幸福美好生活的前提,就是让我们领悟一个看似简单的道理:我们是在不完美的世界中追求着尽可能的幸福。

三、智慧地与世界辩证和解

幸福美好生活是人存在的一种积极的、好的存在状态,从终极的角度看,这种好的存在状态就是要处理好人与自然、人与人、人与自身的关系,也就是要处理好人与世界的关系。传统中国崇尚和谐关系,无论是人与自然、人与人、人与自身都是如此,因此那时的中国人总体上处于恬静、自足的原初美好状态。当然,在现代化的摧枯拉朽下,这种田园诗般的美好已经烟消云散。我们今天的生存焦虑更多是由近代以来,特别是近三四十年的高速现代化带来的,其中主客二分且强调主体对客体的征服、改造是重要的根由。当然,解决之道不是全盘否定现代化本身,在中国现代性依然是未竟的事业,现代化还在实现之中,还是我们追求的目标。因此,我们唯一的态度是,以真正的智慧,在今日的现实条件下,去谋求自己与世界关系的和解,从而获得一种日臻完善的幸福。

一要敬畏世界。人生在世,面对各种挑战,总要有所筹划,即所谓应战。一如汤因比所言,正是在这种应战中,文化、文明诞生了。但是应战方式也即文化、文明的模式是有差别的,这种差别不仅表现为横向的差异,也表现为纵向的不同。在中国走向现代化的过程中,高扬主体性,创造了许多人间奇迹。但是也不能不说,今日很多问题特别是制约我们实现美好生活、造成生存焦虑的许多问题,都与某种过于盲目的征服世界、"人定胜天"观念有关,结果却适得其反。世界是我们的栖身之所,我们的存在归根到底就是要在世界中,自然界则是我们的无机身体,所谓的自然环境危机、生态危机等说到底是人自身的危机。因此,改变世界的前提是敬畏世界,敬畏世界就是珍惜人自身。敬畏世界就要敬畏自然、敬畏社会他人、敬畏自己的生命。孔子曾经说:"君子有三畏,畏天命,畏大人,畏圣人之言。"在今天看来,依然具有启发意义。所谓"畏天命"就是要尊重规律。如果说获得自由是幸福美好的重要表现的话,自由既意味着免于某种控制,更意味着对规律的认识和按照规律行事。不敬畏规律,生存都可能成为问题,美好幸福生活就更谈不上。"畏大人"在今天就可以理解为尊重领导、长辈、榜样,他们所经历、积累的,要么在时间上先于我们,要么在高度上超越我们,敬畏是学习、借鉴的前提。"畏圣人之言"在今天就可以理解为要敬畏历史上流传下来的人类精神财富,真理是时间的女儿,能在人类历史长河中流传下来的一定有其深刻之处,不应该轻视甚至轻侮。德国哲学家海德格尔还发现,思考(英文 think,德文 gedanke)和感谢(英文 thank,德文 danke)在词源上是一致的,这也就意味着,真正的思想都趋向于对世界的感激,真正认识、把握世界首先意味着要尊重世界,向它致敬。

二要参透欲望。哀莫大于心死,欲望是人一切行动的原始动力,没有欲望就没有人生。我们不能禁欲、无欲,但确实应该参悟欲望,智慧地对待欲望。一应知晓欲望本身有需要(need)与想要(want)之分。在一定社会历史条件下,需要总是有限的,而想要是无穷的,这山望见那山高,人心不足蛇吞象,欲壑难填,烦恼徒增。特别是在当今无处不充斥着一种混淆需要与想要、把想要当作需要的社会亚文化时,欲望满足的急迫性与实际不能达到之间的矛盾极端彰显,就会导致内心极大的痛苦。二应在功利追求之上培养审美情趣。对于大多数人来说,功利可以淡漠但不能没有。不过,今天的人们更多的只有功利的追求,内心焦灼于功利,缺少一种超功利的欲望的维度,那就是纯粹的审美维度。无论是大自然、社会还是人自身,超越功利的眼光,才能发现其美好之处——世界并不缺乏美,而是缺乏发现美的眼睛。三应懂得舍与得的辩证法。人活着是为了存在和更好的存在,而不是为了占有。常言有得必有失,其实有失也必有得,关键是得失的分别是什么,是否真的关乎幸福美好。日本学者山下英子的畅销书《断舍离》提出杂物管理的三个重要原则观念:断,就是不买、不收取不需要的东西;舍,就是及时处理掉没用的东西;离,就是摈弃对物质的迷恋,让自己处于宽敞舒适、自由自在的空间。这也是现代人关于舍得的智慧洞见。四应超越有用与无用。生活中,我们总希望展现自己的优秀,以获得让自己成功的机会。但也有人说真正的智慧在于韬光养晦,无为而无不为。其实,这种有用和无用之说在现代社会都未必是终极智慧的体现。《庄子·山木》记载:"庄子行于山中,见大木,枝叶盛茂。伐木者止其旁而不取也。问其故,曰:'无所可用。'庄子曰:'此木以不材得终其天年。'夫子出于山,舍于故人之家。故人喜,命竖子杀雁而烹之。竖子请曰:'其一能鸣,其一不能鸣,请奚杀?'主人曰:'杀不能鸣者。'明日,弟子问于庄子曰:'昨日山中之木,以不材得终其天年;今主人之雁,以不材死。先生将何处?'庄子笑曰:'周将处乎材与不材之间。材与不材之间,似之而非也,故未免乎累。'"材与不材即有用与无用,真正的智慧会对两者进行超越的妙用,知道什么时候该有用、什么时候该无用,超越有用与无用才是真正的智慧所在。

三要看惯复杂。社会关系的日益复杂化不以个人的意志为转移,那种憧憬活得越简单、纯粹越美好的想法越来越不切实际。人在现实性上就是一切社会关系的总和,而人生就是要处理好这些关系所构成的局面。所谓复杂就是这些关系更多、更繁复,蕴藏更多不可预料的风险,往往牵一发而动全身,任何一个关系没处理都可能全盘皆输。既然不能逃避，我们就只能面对它、看惯它、尽可能驾驭它。看惯复杂意味着，我们每个人不仅要有能力还要有能耐。能力更多体现的是知识、技能，在竞争激烈的今天，几乎无人不在努力提升自己的能力，但比能力更为重要的是能耐。所谓能耐是在能力的基础上还要加上忍耐、耐心、耐烦，耐得住复杂性的挑战。看惯复杂意味着，我们要宽容不足、感恩所得、理解无奈。"夫物之不齐，物之情也。"(《孟子》)在复杂性的条件下，现实总是不平衡发展的，存在某些不足特别是差异是正常的，故而要宽容；在复杂性的条件下，任何人的生存、发展、成功都离不开别人、社会的帮助，故而要感恩；在复杂性的条件下，每个人的选择乃至整个社会的发展尽管已经尽力，但也未必结果都十分理想，故而要理解各自的无可奈何之处。

看惯复杂还意味着，把接受复杂局面的锻炼看作增益人生智慧的机会。追求幸福美好需要人生智慧，但智慧不在于背诵一些名人名言、看些心灵鸡汤的书，或是读些深奥的哲学著作，真正的智慧饱含着丰富的人生阅历，是人生实践的结晶。同一句话，例如"人活着真不容易啊"，一个两三岁的孩子和七八十岁的老人都能说出来，但是小孩说的会让人觉得滑稽，甚至毛骨悚然。而老者说出，我们会觉得语重心长、意味深长。区别在哪儿？就在于生活的历练。黑格尔就说："老人讲的那些宗教真理，虽然小孩也会讲，可是对于老人来说，这些宗教真理包含着他全部生活的意义。即使这小孩也懂得宗教的内容，可是对他来说，在这个宗教真理之外，还存在着全部生活和整个世界……意义在于全部运动。"①中国四大名著之一的《西游记》，描述了唐僧师徒四人历经九九八十一难才取得真经，修成正果的故事。其实，他们所取之"经"似乎理解为"经历"更好！只有有了九九八十一难的经历，才能真正读懂和领悟

---

① ［德］黑格尔：《小逻辑》，贺麟译，商务印书馆，1980 年，第 423 页。

经书。经历中的挫折更是增益智慧的契机，正所谓"吃一堑，长一智"。

四要向死而生。人是一种可能性的存在，但人固有一死，这是确定无疑的。因此，人生可以说是立基于这一确定大限的无限可能性。哲学家们都认为，所谓人生意义的反思就是基于对这一大确定性的反思。从苏格拉底开始，很多哲学家都确认，真正从事哲学就是学习死亡，学习处于死的状态。加缪则认为："真正严肃的哲学问题只有一个：自杀。判断生活是否值得经历，这本身就是在回答哲学的根本问题。其他问题……都是次要的，不过是些游戏而已。"①海德格尔认为，当人一出生，他就立即老得足以死去了。也就是人从出生那天起就向着死亡迈进。人只有自由地去就死，才能赋予存在以至高无上的目标。在中国传统哲学中，也特别强调参透生死方得人生的大智慧。在佛教看来，三千繁华，弹指刹那，烟云散尽，不过一捧黄沙，了悟生死才能大彻大悟。用雅斯贝尔斯的话来说，哲学"要求采取高傲的人生态度，这种态度虽然并不'盼望'死亡，但把死亡当做一种一直渗透到当前现在里来的势力而坦然承受下来"②。

归根结底，人生幸福并不能从自然意义上超越死亡，人生意义的真谛在此乃是向死而生，生而幸福。推而广之，死亡不仅仅指自然生命终结的那个端点与时刻，而且还指那些终我一生一直在威胁着我们，试图使我们丧失本真的存在状态，成为非存在的那些东西。例如，焦虑、空虚、无聊、罪过、孤独、荒谬等。这种意义上的死亡威胁并不是病态的，而是现实的存在。无论这些威胁是否会变成一种现实的灾难，我们一生中每天都或多或少、这样或那样地面对着这些威胁。它们是我们日常生活中的一部分，是我们存在的真实和不间断的一部分。人生在世，死亡时时窥伺，逃避不是正道，真诚面对才是智慧。

---

① ［法］加缪：《西西弗的神话》，杜小真译，西苑出版社，2003 年，第 4 页。

② ［德］卡尔·雅斯贝尔斯：《生存哲学》，王玖兴译，上海译文出版社，2005 年，第 73 页。

常有人见轻生者而感慨:死都不怕还怕活着？其实,活着尤其是有意义地活着比死更需要勇气。正如哲学家梯利希所启示的,面对非存在的危险,我们必须鼓足勇气去生存!

五要有悲剧意识。人生追求幸福美好,但往往理想是美好的,现实却是残酷的,结果是不确定的。从不同的角度认识世界,会形成积极、乐观与消极、悲观的不同态度。但这两种简单的态度都不是智慧的态度。人生的智慧态度不应该是简单地乐观、积极或悲观、消极,而应该是既积极又消极,既乐观又悲观,是积极与消极、乐观与悲观的辩证统一。这种辩证统一的态度就是所谓悲剧的态度。悲剧本是一种戏剧概念,鲁迅曾说,所谓悲剧就是把有价值的东西撕毁给人看,而喜剧则是把没有价值的东西撕毁给人看。恩格斯的论断更为经典:悲剧是"历史的必然要求和这个要求实际上不可能实现之间"的冲突。①对于每个人而言,这种冲突就可以理解为良好愿望在实现中得不到实现的矛盾,这是人生的常态。如果只是一味地想着最好的结果,从不预见不理想的结果,也就是一味地盲目乐观、积极,最后即使获得了在别人看来是不错的结果,也会被自己理解为不可承受的痛苦与伤害,不少在鲜花掌声中长大,稍遇挫折就厌世甚至自杀的青少年的病灶就在于此。

当然,如果一味只想着最坏的结果,在忧虑中放弃努力,也就是一味的悲观、消极,毫无疑问是不足取的。正确的态度是运用底线思维:做最坏的打算,争取最好的结果。这便是两者的辩证统一,"知其不可而为之",不因积极而盲目乐观,不因消极而放弃努力。其实,中国远古的神话传说,如夸父逐日、精卫填海、愚公移山等,反映的都是这种悲剧精神。或者说,悲剧意识本身就是中华民族在追寻和创造属于自己的幸福美好生活中所体现的一种精

---

① 《马克思恩格斯选集》(第四卷),人民出版社,2012年,第443页。

神特质。

六要惜缘惜福。当我们说要追求幸福美好生活时，并不意味着当下是完全不幸福、不美好的。而应该说，许多人已经拥有了一定的幸福、美好，正在努力使自己的幸福、美好成为可持续的，进而追求更大的幸福，更美好的生活。因此，首要的是把握住、珍惜好已经拥有的稳稳的幸福，这也意味着一种对待幸福的节制态度，幸福需要细水长流，细细品位，而不能一次享尽。清代名将左宗棠有一副著名的对联，后来荣毅仁、李嘉诚等都奉之为座右铭："发上等愿，结中等缘，享下等福；择高处立，寻平处住，向宽处行。"上联就直接关涉惜缘惜福。所谓"发上等愿"就是要志存高远，格局要大，孔子所谓"君子坦荡荡，小人长戚戚"是也。一个没有高远理想、格局太小的人的幸福必然也是有限的、脆弱的。所谓"结中等缘"就是对人生际遇的条件、机遇、缘分不必强求、抱怨，一般即可，随遇而安在此不是贬义，而是境界。"享下等福"即生活中的享受则要返璞归真，看得透亮，不要享尽荣华富贵。这启示我们对于幸福、美好的事物既要追求，也不要太贪太执。更为重要的是要领悟我们追求的是好的存在状态本身，而不是作为物质的存在者。

七要有文化信仰。幸福美好的生活并非自在的生活，而是经由反思理性选择的生活。关于追求幸福美好的那些智慧总是不得不以文字、知识的方式进行传播。问题在于，这些知识并不会自动变成智慧、带来幸福，而是需要在行动中去自觉履践。然而在我们这个时代，比较普遍地存在这样的问题：知识归知识，行动归行动，两者是脱节的，即言行不一致。言行怎样才能一致？直接地说要依靠意志力的贯彻，从根本上说要靠信仰的支撑。其实，如前反复述及的，当代中国人的不幸福感主要来自心灵的不宁静，精神上找不到可以安顿的家。换一种说法就是信仰的危机。就一个民族、国家来说，确实是"人民有信仰，国家有力量，民族有希望"，其中"人民有信仰"是基础和前提；对一个个人而言，有信仰才能找到人生意义，而不止于人生意思——所谓意思是行动的目的指向自己及亲人朋友带来的获得感，意义则是行动的目的指向超越自己及亲人朋友之上更大集体时的力量源泉。哲学家蒂利希指出，面对非存在的威胁，需要生存的勇气，勇气有个性的勇气、参与的勇气之分，但归根结底来自超越的信仰。只有有了信仰，我们才不会"瞎"和"混"，清晰地看见前行的路，勇敢地扛住各种挫折和困难。

但是信仰有多种，有原始信仰、宗教信仰、政治信仰和文化信仰之分。随着现代化快速发展，原始信仰的地盘越来越小。在中国这样一个自古比较缺乏宗教信仰传统的世俗国度，宗教信仰虽然表面上有扩展趋势，但从根本上不太可能成为多数人的信仰。相对于原始信仰、宗教信仰，政治信仰是一种现代信仰，在中国单独的政治信仰存在两个缺口：一是只有少数人才能真正了解、理解政治主张并信仰它，大多数人不太可能如此，他们更多看的是政绩、效果；二是政治信仰可能是真实可信的，但形式上往往是不太可爱的，也就是解决不了王国维所说的"可爱者不可信、可信者不可爱"的矛盾。这两个缺口恰恰需要文化信仰来弥补。有政治信仰者只有靠文化信仰滋养、支撑才能有本有源，而没有政治信仰者则可以依靠文化信仰而获得精神安顿。所谓文化信仰首先是对某种文化样式例如戏曲、书法、音乐感兴趣，觉得有意思，而后服膺其文所载之道，觉得其有意义，并以之作为自己的价值遵循、人生信条。人们可能很熟悉所谓"钱学森之问"即中国大学为什么培养不出杰出人才，但我们以为在当今中国还有一问值得重视，即"文天祥之问"。文天祥是南宋抗元英雄，被俘后元朝的皇帝劝他投降，南宋被俘的皇帝、文天祥弟弟也劝他投降，但他不为所动，英勇就义。在其牺牲时，留下了如下文字，事实上解释了他为什么不投降："孔曰成仁，孟云取义，惟其义尽，所以仁至。读圣贤书，所学何事，而今而后，庶几无愧。"其中，"读圣贤书，所学何事"就是文天祥之问。文天祥以自己的行动作了回答。他并不是一个宗教徒,而只是一个儒家文化的信仰者,他的行动说明了文化信仰的力量。

陈独秀先生曾经形象地说,"五四运动"从西方请进了两位先生:"赛先生"和"德先生",即科学(Science)和民主(Democracy),十分切中肯綮。然而两位"先生"来到中国后,由于战乱、"文革"等因素,长期得不到很好的发展,于是邓小平在1978年开启改革开放,在1992年又从西方引进了市场(Market)经济,按照其特点,我们不妨称之为"马女士"。果然,"马女士"风情万种,其在资源配置中逐渐发挥决定性作用,中国获得了令世界瞩目的高速发展,"赛先生"即科学技术取得了可与美国媲美的成就,"德先生"即民主也有了巨大的进步。但是在中国人民总体上实现小康之时,对美好生活的需要日益增长,对幸福更加渴望。为了实现这一点,仍有许多工作要做,其中关键是树立文化信仰。当我们从富起来进入到强起来阶段后,我们有了更为自觉的文化自信,要构建中华民族共有的精神家园。构建一种新时代的文化信仰,不仅能使我们的灵魂得到安顿,而且能把我们关于获得幸福美好生活的知识、方法、智慧真正转变为行动,在实践中使我们的生活变得更加幸福美好。

结　语
为幸福美好生活而奋斗

当反思我国改革开放四十多年、新中国成立七十多年取得辉煌奇迹的原因时,有不少人特别是经济学家们会将巨大的人口红利作为重要之点。马克思早在 1857 年就指出,"在经济学上从作为全部生活生产行为的基础和主体的人口开始,似乎是正确的。但是,更仔细地考察起来,这是错误的",因为离开了具体的社会历史因素,这里的人口就只是"一个抽象""一句空话""什么也不是"。因为现实的人口不仅是"口",而是"具有许多规定和关系的丰富的总体"。①确实,我们说人口红利中的人口绝不简单是自然、经济资源意义上的人口,否则就难以解释世界上其他有着同样人口红利的国家为什么没有创造出这样的奇迹。严格地说,我们的人口红利就在于有着伟大奋斗精神的中国人民,他们传承和发扬了中华民族千百年来形成的自强不息、吃苦耐劳、不畏牺牲的精神基因,以自己的聪明才智和辛勤汗水续写了民族的传奇。伟大的奋斗精神是中华民族的独特品质,也一直是我们自立于世界民

---

① 《马克思恩格斯选集》(第二卷),人民出版社,2012 年,第 700 页。

族之林的核心竞争力所在。

经过新中国成立七十多年,特别是改革开放四十多年的艰苦奋斗,中国终于从"站起来""富起来"走向"强起来",人们生活水平总体上得到极大提高,综合国力位居世界前列,中国在世界的地位也发生了显著变化。不少人在扬眉吐气的同时觉得终于可以"歇口气",放松放松了。但特别值得忧虑的是,作为物质丰裕社会、消费社会、大众文化时代和信息网络时代原住民的年轻一代,不少人没有艰苦的记忆、辛勤的习惯和奋斗的意愿,甚至沉湎于玩乐,好逸恶劳,出现"未富先奢""未强先懒"的现象。近年来,有两种青年亚文化特别值得注意:一是所谓佛系青年,二是所谓丧文化。如果说前者追求平淡、平和还有一定积极意义的话,那么后者则完全是消极、颓废的。但两者都表明年轻一代的奋斗精神有衰退的危险,在一些人身上甚至已经丧失。奋斗精神是中华民族的民族精神,丧失奋斗精神就是民族精神的萎缩,这是一个事关中华民族前途的大问题!

事实上,走进新时代,踏上新征程,追求更加幸福美好的生活,我们比以往时候更加需要发扬中华民族的伟大奋斗精神!

走过四十多年,我国改革开放真正进入了深水区,剩下的都是难啃的硬骨头;2020 年我们将全面建成小康社会,但如何可持续地予以巩固,也是一个艰巨的任务;21 世纪中叶我们将全面建成社会主义强国,今天我们从未如此接近民族伟大复兴,但是"行百里者半九十""为山九仞,功亏一篑",越是接近目标越不能松懈。同时,当今世界面临百年未有之大变局,并不安宁,我们在扩大对外开放、推进"一带一路"建设、构建人类命运共同体、促进人类进步过程中,正遇到诸多新老问题和风险挑战,特别是某些大国遏制甚至不惜走向对抗的意图日益明显,我们有可能在一定时期内面临比较恶劣的国际环境。这些都意味着我们要百尺竿头、更进一步地继续发扬奋斗精神。

　　随着中国的日益强大,西方世界的"中国威胁论"甚嚣尘上,其实他们害怕的是中国人埋头苦干,一点一滴积累起来的改变西方霸权格局的力量,在很大程度上我们可以说,西方人真正害怕的是我们的奋斗精神。放眼世界,西方国家特别是一些发达国家,囿于不切实际的所谓政治正确和骑虎难下的高福利,公民普遍追求安逸、不思进取,与自强不息、勤劳进取的中国人形成鲜明对比。一些西方人不仅不反思自己的懒惰,反而嫉恨、迁怒于中国人的勤劳,这恰恰表明,我们要迅速赶超发达国家,必须要保持和发扬奋斗精神这一民族法宝。

　　进入新时代,人们对美好生活的需要日益广泛,不仅对物质文化生活提出了更高要求,而且对民主、法治、公平、正义、环境以及安全感、获得感、幸福感的需要,特别是有关尊严、体面、自由等主观色彩很浓的需要日益增长。人们追求幸福美好,但中国人民自古就明白,幸福美好生活不会从天而降,世界上没有坐享其成的好事,一切幸福美好都要靠奋斗。生活在今天的人们特别是年轻人,条件好了,思想解放了,诱惑也多了,但不应该把幸福美好就简单地理解为安逸、享受,其实真正的幸福美好是一种积极肯定的生活状态,一种理想的、好的存在状态。而奋斗本身就是这样一种状态,正如习近平指出的,奋斗本身就是一种幸福。

　　当然,在新时代发扬奋斗精神一定有其与时俱进的方面。我们依然要改变世界,但不是征服自然、人定胜天的简单逻辑,而是要以辩证的智慧,构建自然、社会及人的和谐关系;我们依然要吃苦耐劳,但不等于都要"脸朝黄土背朝天""5+2""白+黑",而是重在有攻坚克难的决心,持之以恒的耐心,一丝不苟的细心和精益求精的匠心;我们依然要艰苦奋斗,但不是要吃糠咽菜,故意去过苦日子,而是强调能目标长远,懂得先苦后甜的道理,能够从过分的娱乐、享受中解放出来,始终把最主要的精力、最主要的资源用在发展自己、服务社会上；我们依然要不畏牺牲，但不是一味蛮干和做无谓的牺牲，而是讲究科学方法，懂得理性思考，在大是大非面前能作出正确取舍，服从大局、甘于奉献。

新时代的奋斗精神不仅体现在正规的工作、学习中，而且更多体现在对待闲暇时间上。爱因斯坦说过，人与人的差异在于闲暇时间。由于生活密度增大和节奏加快，现在人们的闲暇时间已经高度碎片化，而这些闲暇时间往往被手机、网络所填充。无处不在的低头族主要是玩游戏、刷朋友圈和浏览各种稍纵即逝、有如泡沫的信息，最终耗费了时间却很少有益身心，严重者甚至疲惫不堪、心智迷茫。从虚拟世界中解放出来，是当代人特别是年轻人面对的一个极为现实和紧迫的课题，不能做到这一点就谈不上奋斗。

当然，社会也应该创造更多更好的条件让年轻一代拥有奋斗的意识、勇气和希望。要创造更好的公平机制，让踏实奋斗者得到激励；要形成积极向上的氛围，有效遏制过度娱乐、奢靡、浮躁、颓废的风气；要从家庭教育抓起，让孩子适当承担家务，在劳动中领悟幸福美好生活需要自己双手去创造的道理。

后 记

古今中外的人们都向往和致力于实现美好生活，但只有中国共产党从立党、执政的高度自觉地宣告：人民对美好生活的向往就是我们的奋斗目标。进入新时代，当中国人民在以自己的热情、智慧和汗水创造属于自己的美好生活的时候，究竟什么是美好生活，怎样才能实现美好生活，能实现什么样的美好生活，这些问题是时代和人民赋予的、迫切需要回答的重大理论课题。

近年来，我围绕上述问题作过一些尝试性的思考，例如在《马克思主义研究》发表了《正确理解和引导人民的美好生活需要》(2018 年第 8 期)一文，主编了《城市与美好生活》(中国社会科学出版社，2019 年)一书。天津人民出版社郑玥女士，不以为陋，建议专门写一本讨论美好生活的书。我邀请中央党校哲学部的邓莉副教授、首都师范大学马克思主义学院的秦慧源副教授一起攻关。全书由我设计总体框架和提纲，邓莉撰写了第一章、二章、第三章，我撰写了前言、第四章、第五章、第六章，秦慧源参与了全书讨论并起草了第三章、第四章的初稿。

必须指出的是,本书专题探讨美好生活,涉及学术思想、政治实践和个人体悟等多方面、多层次,但作者水平有限,很多问题还是力所不逮,所论只能算是一种初步的探索。我们恳请读者和有关专家批评赐教。

沈湘平

2020 年 4 月